Pötter
Otto und Elisabeth

•

Das Lesebuch von der Ems
Ein heimatverbundenes
Haus- und Lebensbuch

Immer strebe zum Ganzen
Und kannst du selber kein Ganzes werden,
Als dienendes Glied
Schließ an ein Ganzes dich an.

                                       Friedrich von Schiller (1759 – 1865)

Unseren lieben Söhnen

Andreas, Tobias und Markus

als Erinnerung an ihr Elternhaus
am schönen Steinburgring
in

Rheine an der Ems

Für die Korrekturlesung danken wir unseren Nachbarn
Helga und Albert Ovel

Impressum

I S B N 3-7923-0757-X

© Verlag Regensberg, 48163 Münster, Harkortstr. 25
Gegründet 1591
Copyright by Otto und Elisabeth Pötter
Layout: Tobias Pötter
Umschlag-Aquarell: Emmy Pötter

Alle Rechte, insbesondere des – auch auszugsweisen – Nachdrucks, der fono- und fotomechanischen Reproduktion, Fotokopie, Übersetzung, Mikroverfilmung oder jeglicher anderen Aufzeichnung, Wiedergabe und Verwertung dieser hier veröffentlichten Texte und Illustrationen durch bestehende und künftige Medien, vorbehalten. Das gilt auch für die Einspeicherung und Verarbeitung in elektronische Systeme.

Druck: Bitter–Medien,
  45659 Recklinghausen, Wilhelm-Bitter-Platz 1

Printed in Germany

Das Lesebuch von der Ems

Heitere und philosophische Betrachtungen zu plattdeutschen Sprichwörtern und Redensarten

entlang der Ems

Ein heimatverbundenes
Haus- und Lebensbuch

von

Otto und Elisabeth Pötter

Illustrationen von
Ted Berges

Umschlag-Aquarell:
Spätsommerliche Abendstimmung an der Emsaue
von
Emmy Pötter

Aus: **An den Ufern der Ems**

von Hermann Rosenstengel (1887-1953)

> Da träumt die braune Heide
> Im weiten platten Land
> Da schlingt durch Wies' und Weide
> Die Ems ihr grünes Band

... Voll Ehrfurcht stand ich vor langen Jahren an deiner Quelle. Dein Quellteich in der Senne wirft richtige Blasen von reinen Wassern, die dem tiefen Schoß der Erde entströmen und sogleich mit munterem Lauf den fernen weiten Ebenen zueilen. Als ich dann einmal später am Emder Außenhafen stand und sah, wie Ozeanriesen sich auf deinem Rücken schaukelten, da konnte ich kaum glauben, dass aus deinem kleinen Quell so etwas Großes geworden war...

... Gewiss, der Ort deiner Geburt ist nicht von Sagen umwittert, ist nicht mit Denkmälern gekrönt, ist nicht mit riesigem Granit eingefasst, nein, dein Ursprung, liebe Ems, ist genau wie dein ganzes Wesen: still, geheimnisvoll, unaufdringlich, vornehm, fast verschämt.

... Es gibt Leute, die lachen mich aus, wenn ich von einem gewissen Persönlichen spreche, das mich mit dir, liebe Ems, verbindet. Die sagen mir: Wie kann da etwas Persönliches in einem Wasser sein, das sich zufällig in der Nordwestdeutschen Bodensenke gesammelt hat und nun nach genau physikalischen Gesetzen der Nordsee zustrebt. – Und doch, ich will es nicht wahr haben, dass dieser dein Wasserlauf nicht etwas Persönliches, keine Seele haben soll, dass er nicht etwas Besonderes, ganz Eigenartiges sein soll, und dass er nicht nur zur Landschaft gehört, wie die Landschaft und die Menschen zu ihm gehören.

Auch will ich nicht glauben, dass das immer wieder fremdes Wasser ist, das da angeflossen kommt, ebenso wenig wie ich glauben möchte, dass das immer wieder fremde Wolken sind, die da angezogen kommen, wenn ich zur schönen Sommerzeit am grünen Ufer liege und deinem langsamen Zuge blinzelnd nachschaue. Wie oft schon hast du mich, wenn die großen und kleinen Fragen des Lebens mich bewegten, zum Träumen gebracht, liebe Ems... Ein halbes Jahrhundert schon wohne ich an deinen Ufern und ich kann getrost sagen: Wo wäre ich geblieben, wenn du nicht gewesen wärst...

9 Inhaltsverzeichnis:

10	Vorwort
12	Vorweg eine Auslese
18	Worte wirken weiter: Sprüche spiegeln Sprache
23	Spruchreife Worte im Wertsack
33	Die Ems: Ein Fluss im Fluss des Lebens
59	Heimat: Zugehörigkeit in Freiheit
70	Wahrheit und Klarheit gehen mit der Sonne nicht unter
77	Das rechte Wort zur rechten Zeit verhindert Streit und Traurigkeit
90	Goethe und das Plattdeutsch – Schwanksprüche und Hochdeutsch mit Streifen
104	Herz und Hand hegen Haus und Hof
136	Gesund und munter: Ein voller Bauch, ein lustiger Kopf
160	Jopp ist König und Sefa sitzt auf'm Thron
181	Kluge Leute und fremde Faxen: Anders als andere
207	Stur durch und kein Gedööns
227	Lebe geistlich und pfeif auf die Welt
252	Tu du das Deine, dann tut Gott das Seine
267	Jedem steht sein Tag bevor
281	Was bleibt?
287	Literaturverzeichnis

Vorwort

Auf den ersten Blick stehen plattdeutsche Sprichwörter und Redensarten für eine – fast – versunkene Welt. Sie entstanden in einer Zeit, in der unsere Dörfer noch Bauerndörfer waren und selbst die Kleinstädte noch zu einem Gutteil, wenn schon nicht bäuerlich, so doch zumindest ackerbürgerlich geprägt waren. Das ist kaum eine Lebensspanne her – so mancher ältere Mensch weiß noch vieles von diesen Zeiten zu erzählen – doch in der Veränderung des ländlichen Raumes ist seither eine Wandlung eingetreten, wie es sie zuvor in Hunderten von Jahren nicht gegeben hat.

Früher war das Leben auf dem Lande geprägt von harter körperlicher Arbeit, oftmals recht kargen Lebensbedingungen und einer klaren, nicht selten durchaus als schroff und ungerecht empfundenen Standes- oder Sozialordnung. Man denke nur an die zahllosen Familien, die als Heuerleute ihr Leben fristeten, oder an die Lebensbedingungen der Knechte und Mägde auf den Höfen. Das Leben lief in aller Regel in verhältnismäßig festen Bahnen ab. Die Möglichkeiten zur Mobilität waren gering, die Bildungschancen für die große Mehrzahl äußerst dürftig. Allen gemeinsam schließlich war eine enge, in gewisser Weise auch vertraute und nicht selten trostreiche Bindung an Kirche und Religion.

Damals entstanden jene prägnanten plattdeutschen Sprichwörter und Redensarten, die so kurz und treffend jeweils ein Stück Lebenserfahrung auf den Punkt bringen. Manche dieser Sprichwörter und Redensarten haben sich bis heute auf dem Lande erhalten. „Up Naobers Patt dröff kien Gress wassen" ist so eine bekannte, treffende Kurzformel, die zum Glück nicht nur noch oft zitiert, sondern auch beachtet wird. Eine ganze Reihe dieser Sinnsprüche sind in die plattdeutsche Literatur eingegangen. Im Emsland beispielsweise ist so manches Sprichwort durch die aus Mehringen stammende Maria Mönch-Tegeder überliefert und literarisch bearbeitet worden. Wer möchte dieser Emsland-Dichterin, die im Jahre 2003 ihren hundertsten Geburtstag hätte feiern können, nicht zustimmen bei dem so lebensbejahenden Ausspruch:

„Eenmaol lachen is better äs sewenmaol Medizin."

Auch wäre damit schon ein stückweit das Grundthema dieses Buches von Otto und Elisabeth Pötter aus Rheine bezeichnet. Plattdeutsche Sprichwörter und Redensarten können in ihrer Aussage auch jenseits einer vergangenen bäuerlichen Welt treffend und bedenkenswert, ja hilfreich sein.

So bilden zahlreiche Sprichwörter und Redensarten, die man heute gemeinhin eher in einer volkskundlichen Sammlung vermuten würde, hier das Grundgerüst für eine Fülle zu Papier gebrachter Ideen, wie man heute sein Leben vernünftiger leben könnte.

Dieses „heimatverbundene Haus- und Lebensbuch" ist nicht gedacht für eine Lektüre in einem Stück. Man sollte es vielmehr von Zeit zu Zeit immer mal wieder zur Hand nehmen, um nachzusehen, wie in früheren Zeiten Probleme des alltäglichen Lebens oder Lebenserfahrungen auf den Punkt gebracht wurden, welche Nach-Gedanken Elisabeth und Otto Pötter äußern und welche Schlüsse für den Leser selbst möglicherweise zu ziehen sind.

Über diesen Rahmen persönlicher Interessen und Fragen sollte dem Leser schließlich nicht entgehen, dass die plattdeutschen Sprichwörter und Redensarten ein wertvolles Kulturgut bilden, eingebettet in eine Sprache, deren Bedeutung für unsere regionale Identität leider immer noch viel zu oft unterschätzt wird.

So wünske ick datt Book väl Glück
up sienen Wech tau de Lüe in Stadt un Land
So wünsche ich diesem Buch viel Glück
auf seinem Weg zu den Leuten in Stadt und Land.

Josef Grave

Geschäftsführer des Emsländischen Heimatbundes
Schloss Clemenswerth – Sögel

Vorweg eine Auslese

Guter Wein gedeiht nur auf einem guten Boden – eine Auslese gar ist aus erlesenen Trauben gereift. Dass das bekömmlich ist und gut tut, kann sich jeder vorstellen. Ähnlich ist es auch mit unserem heimischen Wortschatz. Der altgermanische Wortstamm von „lesen" bedeutet so viel wie: „verstreut Umherliegendes aufnehmen und sorgfältig zusammentragen".

Nach dem Duden-Herkunftswörterbuch schließt das auch auf die Bedeutung des Hauptwortes „die Lese", ja, „die Auslese", mit der Bedeutung von „Sammeln" bzw. „Ernten". So möchte **das „Lese"-buch von der Ems** eine Auslese aus dem Erfahrungsschatz unserer Heimat entlang der Ems bieten und damit zugleich **ein „Lebens"-buch für heute und morgen** sein. Denn:

Nach wie vor bietet sich uns reiche Ernte vor der eigenen Haustüre. Wenn hierbei auch noch „häppchenweise" eine Auslese getroffen wird, hat man es fürs eigene Leben geradezu **mündekesmaote** (mundgerecht). Das setzt Offenheit und eine Liebe zur Heimat voraus.

Kaum ein anderes Wort wie **Heimat** weckt angenehmere, aber auch einengendere Empfindungen. Die einen verbinden damit schöne Erinnerungen, während andere lieber auf Distanz gehen.

Eines ist nicht möglich, das einfach bei Seite zu schieben, was uns als Kind geprägt hat, die Menschen, denen wir unser Leben verdanken und die uns ins Leben führten: Eltern, Verwandte, Nachbarn und Freunde; Menschen, die es gut mit uns mein(t)en, das Haus unserer Kindheit, der Ort und die Landschaft, in der wir aufgewachsen sind und von wo aus wir den Weg ins Leben antraten – und bei all dem all die Worte, die unser Gemüt bildeten; Worte, die noch heute unser Denken formen, unsere Gefühle bewegen und unser Handeln beeinflussen.

Dat is as met 'n Flitzebuogen:
de Piel, dat is de Jugend – un de Buogen, dat bünd de Ollen.
Das ist wie mit einem Flitzebogen:
der Pfeil, das ist die jüngere Generation –
der Bogen, das sind die Alten.

Im übertragenen Sinne ließe sich hinzufügen: Und die Spannkraft des Bogens, das sind die verinnerlichten, „die heimisch gepflanzten" Worte.

Dabei halten gerade die Menschen entlang der Ems nicht viel von **vull Geküer** (viel Gerede). Sie sagen sich:

Better swiegen as dumm Getööt.
Besser schweigen als dummes Gerede.

Entlang der Ems haben solche Mahnungen hohen erzieherischen Wert:

Wäöge diene Waorde!
Wäge deine Worte. – Bedenke, was du sagst!

Wu dat Snacken, so dat Backen.
Wie über das Gebäck geredet wird, so schmeckt es nachher auch.
An der Sprache erkennt man Tat und Werk des Menschen.

Hier entlang der Ems sind sie nicht gut gelitten, **Lüe, met 'ne graute Muule** (Leute mit einem großem Mund). Leere inhaltslose Worte, die nur so dahergeplappert werden, **üm sick uptoblaosen** (um sich wichtig zu machen), so ein **Gepuche** (Angeberei) oder so eine belanglose **Paokerie** (Gerede) ist einem waschechten **Emskopp** zuwider; denn **wenn all de Gäppe up un daale geiht, dann nich, üm met Waorde män bloß so harümtospüttern** (wenn der Mund schon bewegt wird, dann nicht, um mit Worten nur so herumzuspucken). Nein. Hier gilt: Wie vieles Kratzen der Haut, so schadet vieles Schwatzen dem Gemüt... **Flattern is hier nich so Mode** (Worte wie Schmalzkringel kommen entlang der Ems nicht an).
Also bitte kein **Lüllen**, kein inhaltsloses Einschleimen, keine Sonntagsreden, keine Worthülsen, Worttürme oder Wortfluten, kein **Gesabbel,** was nur einlullt und ehrliche Absichten verwischt. **Dat geiht derbiher** (das erzürnt nur und geht voll daneben). **Drüm laot dat achterweges, weil: dat is nich wat sall dat** (Also spar dir das, lass das sein, das ist nichts für uns). Wenn überhaupt, dann **kuort un bünnig** (kurz und bündig), **ehrlich weg un frie van 'e Leber** (ehrlich heraus und frei von der Leber).
Ja, wenn wir „er-zählen", offenbart sich das, was „zählt" von dem, was einmal war. Nicht umsonst geht auch das niederdeutsche **Vertellen** auf „die Zahl" zurück. Und das eng verwandte holländische „taal" für „das Wort", hat seine Wurzel im urgermanischen „talô". Das bedeutet so viel wie „Einschnitt"; es ist auch die Urform des Wortes „Kerbholz", wo bekanntlich etwas als Besonderes „als Merkkerbe" im Holz festgehalten wird.

Und hier schließt sich wieder der Kreis, indem nämlich das Gesagte durch „das Auszählen des Besonderen" den Zusammenhang des Ganzen im Leben aufdeckt. Wir können es drehen und wenden wie wir wollen:

Das, was „zählt" im Leben war und ist immer auch zugleich mit besonderen „Einschnitten" im Lebenslauf verbunden – genau darum auch ist es im Nachhinein „erzählenswert". Und was zählt wohl mehr als unsere Kindheit und Jugend? Erst aus dem, was uns von klein auf gesagt wurde, aus unserer Herkunft heraus, wird „das Leben", so wie wir es heute leben, verständlich. Darum wird hier zu Recht gesagt:

**Wi Mensken könnt vull missen –
män nich usen Kinnerstuoben.**
Wir Menschen können viel entbehren –
nicht aber unsere Kinderstube.

Denken wir an Zuhause, „hören" wir sozusagen „aus uns heraus" sogleich wieder viele typische Redensarten; auch gehen damit viele Bilder und Erlebnisse einher: Mutter, Vater, Geschwister, wie sie... – die Landschaft, die Nachbarschaft, Freunde und Bekannte, wie sie...

Und doch hat das Wort Heimat auch etwas Verdächtiges. Es steht auch für geistige und räumliche Enge, nicht mehr zeitgemäße Traditionen, lästiges Angepasstsein und Verbiegung durch unzeitgemäße Zwänge.

Zugegeben: Heimat bedeutet nicht immer zugleich auch „heile Welt", dennoch ist manche Kritik ihr gegenüber plump. Denn geht es um die Heimat, hat – alles in allem – wohl kaum jemand keinen Grund zu Dankbarkeit und Freude. Bedenken wir nur:

Wir alle tragen einen Namen. Er ist uns nicht gegeben worden, um uns zu isolieren. Im Gegenteil. Entlang der Ems gibt es auch noch die Eigenart, besondere Menschen mit einem **Bienaomen** (Beinamen) zu versehen, der entweder in der Formulierung **„genannt"** (z.B. Böckenfeld gt. Schulte) amtlich zum Nachnamen gehört oder auch „inoffiziell" nur Eingeweihten geläufig ist, wie z.B. bei **„Holzken Mimi"**, jene alteingesessene Wilhelmine, „die's zeitlebens nur in Holzken tut"; so sagt man das hier „veremst – auf gut Deutsch", wenn jene Frau nur in ihren **städigen** (stattlichen) Holzschuhen **guet to Foote** (gut zu Fuß) ist.

Wir sehen: Erst der Name – „unser weltliches Etikett" – zeichnet uns im sozialen Gefüge als Person, als „Aus-druck" unseres Wesens, aus.

Wer könnte (und wollte) schon Name, Identität und Heimat trennen? Es wäre unmenschlich, sozial verwaist namenlos herumirren zu müssen. Insofern wäre eine Korrektur gedankenloser Sichtweisen angebracht, wenn es um „die Heimat" geht.

Das ist auch wünschenswert für so manche Zeitgenossen, die, völlig zu Unrecht, die plattdeutsche Sprache nicht entsprechend zu würdigen wissen. **Dao löpp vull kunträr, mehr äs so in´t Näppken geiht** (da läuft vieles schief, was dieser guten alten Sprache nicht dient).

Sprache bewahrt die Erinnerung, formt die Gegenwart und wirkt in die Zukunft. Diesem Anliegen fühlt sich als Herausgeber dieses Buches auch der Regensberg-Verlag aus Münster verpflichtet. Der Regensberg-Verlag ist einer der ältesten Verlage in Deutschland. Er wurde vor über einem halben Jahrtausend im Jahre 1591 gegründet. Wir empfinden es als gut, dass gerade dieser geschichtsträchtige Verlag – aus einer der ursprünglichsten Emsecken heraus – Gedanken unseres Lebens veröffentlicht; denn:

Keiner lebt für sich allein; keiner lebt allein aus sich selbst heraus. Hier wie dort ist es ein wesentliches Merkmal der Kultur, gute Erinnerungen nicht nur zu bewahren, sondern sie auch gut und klug zu hinterfragen, sie zeitgemäß zu pflegen und an nachfolgende Generationen gewissermaßen als Stimulans weiterzugeben. – Gerade viele durch viele Generationen überlieferte Sprüche und Redensarten aus dem Plattdeutschen sind es wert, aktuell erhellt zu werden, um aus dem reichen Erfahrungsschatz der Ahnen heute interessante Sinnspuren für das eigene Leben zu entdecken.

So möchte dieses **Lesebuch von der Ems** zugleich auch **ein heimatverbundenes Haus- und Lebensbuch** sein.

Ja, es lohnt sich, hin und wieder über das eine oder andere ein wenig mehr nachzudenken. Damit stehen wir sicherer „in unserer Welt". Ohne dass es uns bewusst ist, drücken wir uns oft entlarvend präzise aus. „Welt" ist von seinem Ursprung her sogar ein Doppelwort. Das englische „world", mit dem „unsere Welt" eng verwandt ist, bedeutet seinem Sinn nach so viel wie „Lebenslauf"... Denn World und Welt entstammen dem Urwort „worolt" mit dem Stamm „wer" aus dem lateinischen „vir" = Mensch und „old" im Sinne von Alter, also: „Menschen-alter" oder auch „Lebens-lauf", „Lebens-geschichte". Es stimmt:

Wer auch immer sich über „die Welt" äußert, sagt gleichzeitig viel über seine Herkunft und sich selbst. Auch reden wir völlig korrekt von einer weltlichen und geistigen (geistlicen) Dimension des Lebens.

**Quaterie is Quaterie
un Gott de Här is Gott de Här.**
Gerede bleibt Gerede und Gott der Herr bleibt Gott der Herr
Alles ist nichts im Vergleich zu den Wundern der Schöpfung.

„Die Welt" ist nicht nur „objektiv" unsere Außenwelt, sondern schließt emotional immer zugleich auch Träume, Sehnsüchte und Empfindungen mit ein.

Unsere Gedanken über das Warum und Weshalb verleiten uns wie von selbst zum philosophischen Staunen. Wie öde, ja, wie kalt und nackt wäre ein Leben ohne Philosophie, ohne „Hintergrundwissen", ohne „spirituelle Klimmzüge", ohne religiöse Bezüge und ohne glaubende Zuversicht.

Auch Heimat und Geschichte sind weitaus mehr als nur Ansammlungen markanter Daten, die die Zeit „beweg(t)en".

Was woll(t)en sie uns sagen, die Fakten?

Was ist heute damit gemeint, wenn früher jenes gesagt wurde?

Was empfinden wir dabei?

Diese Fragen gehören zur „Welt", gehören zur Heimat und zum Leben überhaupt; sonst wird alles gefühllos, kalt und stumpf.

So ist auch **die Ems** für die, die mit ihr verbunden sind, mehr als einfach nur ein Fluss. Als Teil der Schöpfung, als **belebendes Element der Natur**, stiftet dieser die Landschaft prägende Fluss eine heimatliche Identifikation, etwas, das den Sinnen gut tut, ohne dass man es irgendwie groß erklären kann. Vergessen wir nicht, dass die uns umgebende Natur das uns eigentlich Vertraute und damit zugleich auch **das uns Zugetraute** ist.

Um die Ems herum haben sich im Laufe der Geschichte die verschiedensten „typischen" Sprichwörter und Redensarten gerankt – plattdeutsch natürlich. Viele davon finden sich in den nachfolgenden Seiten wieder.

Der Leser wird auf eine Art und Weise angesprochen, die in der heutigen Literatur kaum noch zu finden ist: es ist die Buntschriftstellerei, die, wie in alten Hausbüchern üblich, Wissenswertes aus den verschiedensten Disziplinen in zwangloser und unterhaltender – eben in bunter – Form kurzweilig darbietet.

Da begegnen einem unvermutet hier die zehn Gebote und dort eröffnen sich bei der Hinterfragung einer alten Spruchweisheit Sinnfragen über Wert und Unwert bestimmter Traditionen.

Und der, dem Fragen über Gott und die Welt zu tiefschürfend sein mögen, findet sogleich ein paar Seiten weiter aus der Heimat allerlei Heiteres aus Geschichte und Gegenwart, bis hin zum Rezept der guten Emstorte.

Für **ein unterhaltendes Haus- und Heimatlesebuch** gibt es kaum ein besseres Rezept. Darum wurde bewusst auf dieses Stilmittel der Buntschriftstellerei zurückgegriffen, das bereits in den klassischen hellenistischen Werken der griechischen Antike geschätzt wurde.

In der griechischen Weisheitsliteratur waren besonders die sogenannten Apophthegmata (gr.: Aussprüche) beliebt. Der Literaturwissenschaftler Christoph Gutknecht („Geflügelte Worte und ihre Geschichte", S. 20, C.H. Beck) versteht darunter „pointierte Sinnsprüche". Es sind, aus alter Überlieferung ins Heute ausstrahlende Lebensweisheiten, die zu aktueller Lebenshilfe anregen. So werden aus nicht wenigen Apophthegmaten – mit lebensfroher Leichtigkeit und philosophischem Feinsinn aktualisiert und neu interpretiert – im Laufe der Zeit Gnomen (gr.: prägende Erkenntnisse, Meinungen) und Sentenzen (lat.: Beurteilungen, Leitgedanken), die bis heute nachfolgende Generationen präg(t)en.

Das Lesebuch von der Ems ist als **ein heimatverbundenes Haus- und Lebensbuch** voll von zeitgemäßer, zeitkritischer und zeitloser Gedanken – eben „eine gute Auslese".

Der Vergleich mit einer guten Flasche ist nicht abwegig. Erweitern wir diese Metapher auf die Flaschenpost, so werden wir daran erinnert, dass jedes gedruckte Wort seinem Wesen nach als „Sendwort" eine ins Weite, eine an unbekannte Empfänger gerichtete Nachricht ist. So verstehen wir auch den Inhalt dieses Buches.

Lassen Sie sich überraschen.

Worte wirken weiter:
Sprüche spiegeln Sprache

Was vergangen, kehrt nicht wieder;
ging es aber leuchtend nieder,
leuchtet's lange noch zurück.   Karl Förster (1784-1841)

Worte wirken weiter... „Land-läufige" Worte verdichten sich mit der Zeit zu („ge-läufigen") Redensarten. „Merk-würdige" Redensarten gehen weiter von Mund zu Mund und von Generation zu Generation.

Aus beachtenswerten Redensarten entwickeln sich „typische Sprichwörter"; sie wiederum prägen wichtige Lebensvorstellungen vieler Generationen.

So spiegelt sich aus Sprichwörtern und typischen Redensarten unverstellt und natürlich das Leben und der Lebensraum der Menschen wider, die sie verinnerlicht haben.

Mit dem was Menschen sagen, gestalten sie ihr Leben und wirken durch ihr Beispiel zugleich wiederum über sich selbst hinaus belebend in den Lebensraum anderer hinein.

Vergangenheit prägt die Gegenwart, und immer wird in der Gegenwart (wenn auch unbewusst) die Zukunft „besprochen".

Kein Wort, das nicht schon früher gesprochen wurde.
Nullum est iam dictum, quod non sit dictum prius.
(Terenz, um 195 - 159 v.Chr.)

Die Sprache der Menschen gleicht ihrem Leben.
Talis hominibus fuit ratio qualis vita.
(Seneca, 4 v. Chr. - 65 n. Chr.)

Geringes genügt, ist es nur passend gewählt.
Parva, sed e parvis callidus apta dato.
(Ovid, 43 v. Chr. – etwa 18 n. Chr.)

Es sind oft nur wenige Worte, die uns berühren und zu dauerhaften Lebensbegleitern werden. Oft vergessen, sind sie dennoch plötzlich wieder präsent. Es ist, als ob sich auf einmal die flüchtige Zeit verdichtet. Da machen unerwartet die so gelassen ausgesprochenen Worte eines Alten in seiner Gebrechlichkeit mehr als nachdenklich:

Wi alle bünd män bloß unnerwegens.
Wir alle sind nur auf der Durchreise.

Wenige gute Worte sagen oft mehr als noch so geschliffene Reden.

'n düftig Schur Riägen un 'n guedet Waort gaoht deep.
Ein ergiebiger Regen und ein gutes Wort dringen tief ein.

Das Bild passt, die Worte wirken – und diese Worte wirken weiter. So wie ein fruchtbarer Landregen die Saat im Boden keimen lässt, dringen gute und prägende Worte tief ins Gemüt ein und entfalten dort ihre gute Kraft. Das, was tief eindringt, ist nicht nur von kurzer Dauer, sondern schlägt Wurzeln, gibt Halt, bringt Frucht und vermittelt Beständigkeit. Sich dessen bewusst zu sein vermittelt das gute Empfinden, auf jene Kräfte bauen zu können, die uns mitgegeben wurden und die wir entfalten können: das Denken und Fühlen, Hören und Sehen, Schaffen und Gestalten.

An dem was wir sind, haben viele Menschen Anteil, auch viele Menschen, die uns unbekannt sind – und viele auch, die schon lange nicht mehr sind. Wir brauchen einander. Der Kabarettist Hanns-Dieter Hüsch sagte:

„Was wir nicht brauchen, und zwar nicht nur bei uns im Städtchen, sondern auf der ganzen Welt, das sind jene, die meinen, andere nicht zu brauchen, jene, die ihre Wurzeln verleugnen, das sind Arrogante, Hochmütige und Eingebildete, die immer noch meinen, nur sie allein bewegten die Welt. Nicht diese weltgewandten Schlauberger brauchen wir, nicht diese traditionslosen Besserwisser, nein, was wir brauchen, sind Demütige und Mitfühlende, die aus Liebe und Dankbarkeit vor der eigenen Haustüre auf das schauen, das ihr Leben bereichert, die wissen, dass wir einander brauchen und dass wir alle nur mit allen anderen zusammen etwas wert sind."

Es geht also um **ein gesundes Traditionsbewusstsein**, das dem Leben dient. So gesehen haben wir alle allen Grund, dankbar zu sein. Doch auch wir haben eine soziale Verpflichtung; denn mit uns hört das Leben ja nicht auf – ob es uns bewusst ist oder nicht, auch wir prägen Traditionen. Ein Plakat der KAB (Katholische Arbeitnehmer Bewegung) verkündet:
Tradition ist die Weitergabe der Glut –
und nicht die Bewahrung der Asche!

Entsprechend auch die Aussage des ehemaligen Bundespräsidenten (1984–1994) Richard Freiherr von Weizsäcker:
„**Tradition ist bewahrter Fortschritt –
Fortschritt ist fortgesetzte Tradition.**"

Alles was ist, keimt aus „Überliefertem"; es ist die deutsche Übersetzung des Wortes „Tradition". Dem liegt das Lateinische „tradere" zu Grunde, dessen Stamm wiederum auf „dare = geben" zurückgeht. Von vornherein ist einem jeden von uns unverdientermaßen vieles mitge- „geben", um „sein" zu können; ja, um „dazwischen sein" zu können, um mit Interesse leben zu können – und davon wiederum zu geben. Das besagt auch das Wort Interesse: lat. inter = zwischen und lat. esse = sein.

Alles hat seine Entwicklung und seine Geschichte. Nichts kommt von ungefähr. „Alles hat seine Zeit", sagt der Prediger im Buch Kohelet des Alten Testamentes. Wie alles zusammenhängt, das wissen wir nicht, dazu reicht ein Leben nicht aus. Aber im Gegensatz zum Tier haben wir die Möglichkeit, uns gemäße Antworten auf unsere Existenz zu geben, also nicht willkürlich, sondern ver-„antwort"-lich zu handeln, Gewesenes zu reflektieren, Gesagtes zu hinterfragen, auf die Gegebenheiten des Lebens uns gemäße Antworten zu geben und über den Augenblick hinaus weiter zu denken und zu handeln, sogar bis in das zweite Futur, die vollendete Zukunft, hinein: „Ich werde gelebt haben..."

Jeder Mensch ist durch viele Bande sowohl in nähere als auch in fernere Gemeinschaften verflochten, und es ist eine Täuschung, dass er außerhalb dieser Beziehungen er selbst sein könnte. Wir alle sind hörende Wesen. Auf soziale Kontakte angewiesen, brauchen wir für ein gelingendes Leben Anerkennung und viele gute Worte! Wecken Worte gute Erinnerungen und Empfindungen und berühren wohltuend das Herz, vermitteln sie **Heimat**.

Es ist nicht nur unterhaltend, sondern auch lebensbereichernd, typischen Wortspuren aus der Heimat nachzugehen, sie auf heute hin zu interpretieren und ihren Sinn zu hinterfragen. Aus „land-läufig" heimischen Wortspuren leuchtet immer auch der unverwechselbare Reichtum jener Landschaft, der sie entspringen – in unserem Falle: **die Ems.**

So wie die Landschaft der Ems den Lebensraum der Menschen prägt(e), so prägen auch die Menschen, die hier leben, diesen Fluss, dessen stille Anmut für all jene Heimat ist, die ihn mit seinem Rauschen und Murmeln in ihr Herz geschlossen haben.

Gerade weil die Menschen entlang der Ems keine Freunde großer Worte sind, achten sie ge-„hörig" auf das, was sie sagen – und das sagt oft mehr als rhetorische Raketen oder viele eitle Formulierungen.

Die Menschen hier sprechen nach wie vor gut und gerne „ihr" Plattdeutsch, pflegen „ruhig weg" ganz auf ihre Art ihren Mythos, sind bibelfest und wissen:

„Jedes Wort, das aus unserem Mund kommt, wirkt auf andere, wirkt auf uns selbst zurück. Damit liegt göttliche Macht in uns. Wie der Regen und der Schnee vom Himmel fällt und nicht dorthin zurückkehrt, sondern die Erde tränkt und sie zum Keimen und Sprossen bringt, so ist es auch mit dem Wort, das meinen Mund verlässt: Es kehrt nicht leer zurück, sondern bewirkt, was ich will und erreicht das, wozu ich es ausgesandt habe." (Jes. 55, 10 f)

Spruchreife Worte im Wertsack

Sie wird oft gedankenlos benutzt, die Redewendung: „Ehrlich gesagt"... Wenn dem so ist, kann daraus gefolgert werden, dass eben vieles, was gesagt wird, nicht so ganz ehrlich ist... Das fängt schon bei der „durchtriebenen", ja, nicht selten geradezu zynischen Wortwahl an, wenn wir meinen, uns nicht so ganz deutlich ausdrücken zu müssen. Wer da geschwollen von „Restrukturierungsmaßnamen" spricht, meint, ehrlich gesagt, nichts anderes als Entlassungen, also Stellenabbau. Den Menschen entlang der Ems stehen bei derartigem Wortgeklingel die Haare zu Berge. Denn die Dinge werden nicht einfach dadurch besser, je weniger ehrlich wir mit ihnen umgehen. Das Gegenteil ist häufig der Fall, zumal am Ende niemand mehr so richtig weiß, was denn nun eigentlich wirklich gemeint ist. Was bedeuten denn, ehrlich gesagt, die ach so verklausulierten Zeugnisbeurteilungen in Wirklichkeit? Wer blickt da noch durch?

Wenn es beispielsweise als Beurteilung im Zeugnis eines Metzgerlehrlings heißt: „Benno war ehrlich bis auf die Knochen", kommt man schon ins Grübeln, ob da nicht ein entscheidendes Komma fehlt...

Ganz anders dagegen die sprichwörtlichen Aussagen.

Ein gutes Sprichwort ist genau das Gegenteil von nichtssagenden rhetorischen Vernebelungen und/oder fachlich verzwickten Schachtelsätzen. Zugegeben: Ohne Sachkenntnis lässt sich im Beruf kein gutes Gespräch führen. Spezialwissen ist mehr denn je gefragt. Hierzu gehören „Spezialwörter". Das darf aber nicht dazu führen, dass ein Unbeteiligter kaum noch „mitkommt". Wir alle kennen die Haarspalterei vielsilbiger Wortblähungen wie etwa beim überzüchteten Kanzlei- oder Behördenstil. Das ist jeder natürlichen Redewendung fremd. Zwar haben Gesetzgeber und Behörden eine nicht zu leugnende Pflicht zum logisch erschöpfenden Wort, doch kann „die Verkopftheit der Sprache" auch in „klugem Irrsinn" münden, wenn es so richtig offiziell wird.

Warum müssen beispielsweise Briefmarken offiziell Postwertzeichen heißen, nur weil sie hin und wieder auch auf Päckchen kleben? Die Exaktheit kann sogar zum Fimmel werden. Ein Beispiel hierfür ist die ehemals gültige „Amtliche Verlautbarung" der früheren Deutschen Bundespost zum § 49 der ADA (Allgemeine Dienstanordnung) – es wäre empfehlenswert, vorher noch einmal kräftig durchzuatmen... **Nu to denn** (Also los):

„Der Wertsack ist ein Beutel, der aufgrund seiner besonderen Verwendung im Postbeförderungsdienst nicht Wertbeutel, sondern Wertsack genannt wird, weil sein Inhalt aus mehreren Wertbeuteln besteht, die in den Wertsack nicht verbeutelt, sondern versackt werden. Das ändert aber nichts an der Tatsache, daß die zur Bezeichnung des Wertsacks verwendete Wertbeutelfahne auch bei einem Wertsack Wertbeutelfahne heißt und nicht Wertsackfahne, Wertsackbeutelfahne oder Wertbeutelsackfahne. Sollte sich bei der Inhaltsfeststellung eines Wertsackes herausstellen, daß ein in einem Wertsack versackter Versackbeutel statt im Wertsack in einem der im Wertsack versackten Wertbeutel versackt wurde, so ist die in Frage kommende amtliche Versackstelle unverzüglich zu benachrichtigen. Nach seiner Entleerung wird der Wertsack wieder zu einem Wertbeutel und er ist auch bei der Wertbeutelzählung nicht als Wertsack, sondern als Wertbeutel zu zählen."

Dä! Dao woll eene maol wier 'n graut Lock smieten! (Na bitte! Da wollte sich mal wieder jemand mächtig hervortun). Und wieder einmal haben es neunmalkluge Vorschriftentüftler geschafft, alle Klarheiten zu beseitigen:

Viel Gerede wie eine verwickelte Kette –
nichts zerrissen, aber alles durcheinander.

Man liest und liest, nur um am Ende völlig konfus aufzugeben.
Ein Dilemma aber auch, wenn das Geschriebene nicht zu lesen ist. Um dem vorzubeugen, scheute einst so mancher weder Zeit noch Mühe. Da rief oft fürsorglich die Mutter durchs Haus:

Kinner in' Bedde, Papa mäck Unnerschrift.
Kinder ins Bett, Vater muss etwas unterschreiben.

Ganz anders die Akademiker. Gerade früher meinten die ach so Gebildeten, sich durch möglichst undeutliche Kritzeleien hervortun zu können. Ihre Verunstaltungen des Papiers gipfelten häufig in der verzweifelten Feststellung:

Dat kann kien Swien liäsen!
Das kann kein Schwein lesen!

Was noch heute als verzweifelter Ausruf bei Deutungsversuchen undefinierbarer Hieroglyphen erschallt, hat mit dem im Koben grunzenden Hausschwein nichts zu tun. – "Die Swiens" waren im 17. Jahrhundert eine entlang der Ems weit und breit angesehene norddeutsche Gelehrtenfamilie, sie waren sozusagen "ein schriftgelehrtes Familienunternehmen". Zu ihnen kamen die einfachen Landbewohner, um sich Schriftstücke und Urkunden vorlesen, deuten und schreiben zu lassen. Wenn aber eine Aufzeichnung selbst für die "Swiens" nicht mehr zu entziffern war, dann konnte es tatsächlich **"kien Swien liäsen"**.

Doch selbst wenn "alles klar" ist, sollte man darum nicht zuviel **Gedrüüs** (Getue) machen. Torheit und Stolz wachsen auf einem Holz... Ohnehin findet entlang der Ems **vull Buhai** (viel Aufhebens) keine Beachtung. Man begegnet solch einem Getöse mit den schlichten Worten:

Vull Geschrei un weinig Wulle.
Viel Geschrei und wenig Wolle.

Hohles Geschirr klingt am lautesten... Mit anderen Worten: **Vull Wind üm nix** (viel Aufwand um nichts). Das ist die Sprache der einfachen Menschen, die jeder sogleich versteht. Zeugt aber, wie oft unterstellt, eine klare und verständliche Sprache wirklich nur von einem "schlichten Gemüt"? Nein. Hand aufs Herz:

Rühren aus undeutlichen und abstrakten Satzungetümen und eitlen Satzverdrehungen nicht die meisten Verständnisschwierigkeiten? Müssen Sätze immer noch mit möglichst unverständlichen Fremdwörtern angereichert werden, um Eindruck zu schinden? Nur darf sich dann keiner wundern, wenn er falsch verstanden wird. Also:

Laot di nich wat up de Ohren küeren.
Lass dir nichts aufschwätzen.
Lass dich nicht durch gestelztes Gerede verunsichern.

Quaterie und Pucherie is es 'n blinden Speigel.
Rederei und Angeberei gleichen einem blinden Spiegel.

Ja, die Sprache lebt weniger von der Genauigkeit als vielmehr davon, dass sie bildlich und emotional trifft.

Prägender als das Ganze (und das obendrein womöglich auch noch in allen Einzelheiten) ist der entscheidende Teil – und genau dadurch zeichnet sich ein Sprichwort aus. Gerade weil Sprichwörter und typische Redensarten ihren eigenen Reiz ausstrahlen, sagen sie uns mehr als Gerede oder hochgestochene Worte. Nur wenn wir in das Sprichwort „hineinhören", erkennen wir mehr. Beispiel:

Et giff alltiet wat Nies, män nich ümmer wat Guedes.
Immer gibt es etwas Neues, aber nicht immer etwas Gutes.

Im 1. Brief an die Thessalonicher schreibt Paulus im Kapitel 5, Vers 21: „Prüfet alles, und behaltet das Gute!"

So ist es auch mit den Sprichwörtern; die guten überleben durch ihren guten Kern, sonst wären sie längst vergessen. Interessant aber ist auch die Feststellung: Wer bei Sprichwörtern genau hinhört, „sieht" auch mehr; denn sie zeichnen sich fast immer durch eine bildhafte Sprache aus. Der Sozialphilosoph Wilhelm Ernst Barkhoff sagt:

„Die Angst vor einer Zukunft, die wir fürchten, können wir nur überwinden durch Bilder einer Zukunft, die wir wollen."

Visionen bewegen Kopf und Herz; es sind keine kleinkarierten Worttüfteleien. Wer sich unkompliziert und bildhaft ausdrücken kann, kommt an und bewegt zugleich etwas. Jeder kann sich vorstellen, wie es weiterzugehen hat. Da juckt es in den Fingern, zuzupacken. Diejenigen, die Plattdeutsch „drauf haben", wissen davon ein Lied zu singen, denn das Plattdeutsche ist überwiegend bildhaft, unverstellt und ehrlich. Genau das macht diese Sprache so unvergleichlich sympathisch. So ist auch vieles, was auf Plattdeutsch gesagt wird, auf Hochdeutsch nicht möglich.

Keggen rieke Lüe prozessen un keggen 'n Wind anpissen, dat geiht ümmer an 'e eegene Büx.
Gegen reiche Leute prozessen und gegen den Wind pinkeln, das geht immer an die eigene Hose.

Bildhafter und zugleich amüsanter geht es kaum, das sitzt. Allein dieses Beispiel zeigt, dass zum Wesen der Sprichwörter gespeicherte Erfahrungen und Wertungen von Lebensumständen gehören, die durch passende Worte in einem passenden Bild zum Ausdruck kommen.

Diese Sprachbilder prägen sich ein und werden bei passender Gelegenheit von Mund zu Mund weitergegeben. – Demgegenüber weisen nach Röhrich Redensarten keine feste Prägung auf. Sie sind beliebig einsetzbar und weitgehend wertfrei. Lutz Röhrich sagt in seinem Lexikon der sprichwörtlichen Redensarten:

„Ihr verbal bildhafter Ausdruck muss zuerst in einen Satz eingepasst werden, damit sich eine feste und plausible Aussage ergibt. Wer drückt wem, wann und wofür die Daumen? All das muss erst passend formuliert werden. Insofern sind die sprichwörtlichen Redensarten noch ungeformter sprachlicher Rohstoff. Ihre offene Form bringt es mit sich, dass sie auch keinen festen Inhalt haben können. So lässt sich aus ihrer Aussage allein auch kaum eine Spruchweisheit ableiten. Diese an sich klaren Unterschiede der Form schließen jedoch nicht aus, dass es auch Übergänge von Sprichwörtern und Redensarten und umgekehrt gibt." – Da heißt es beispielsweise sprichwörtlich:

Een Lot Glück is better äs 'n Pund Verstand.
Ein Lot Glück ist besser als ein Pfund Verstand.

Als Redensart aber ließe sich auch ebenso sagen: **H e häff mehr Glück äs Verstand** (er hat mehr Glück als Verstand). Ebenso ist es möglich, im Sprichwort zu äußern:

Keggen 'ne Kaore Mess kanns nich anstinken.
Gegen eine Karre Mist kannst du nicht anstinken.

Aber auch die redensartliche Anwendung lässt an Deutlichkeit nichts zu wünschen übrig: **Keggen em kanns nich anstinken** (gegen ihn kannst du nicht anstinken, hast du keine Chance). Nach Röhrich hat die Redewendung mit dem Sprichwort das kräftige und einprägsame Bild gemein, das in seinem Wortlaut traditionell festgelegt ist. Es heißt nun mal: Ins Bockshorn „jagen"; keiner käme auf die Idee, ins Bockshorn „treiben" zu sagen.

Besonders die sprichwörtlichen Redensarten aus dem Bauernleben gehören zum ältesten Sprachgut überhaupt, die mit Humor und direkter Offenheit, aber auch mit heiterer Ironie oder bitterem Sarkasmus auf die Begebenheiten des Lebens eingehen.

„Bauernschläue" nimmt das Verhalten der Mitmenschen und ihre Schwächen aufs Korn, vermittelt volkstümliche Erkenntnisse und gibt umfassende Ratschläge fürs Leben.

Guet Land will guet uppasset sien.
Gutes Land will gut aufgepasst und bestellt sein.

Fuule Buern find't kienen gueden Acker.
Faule Bauern finden keinen guten Acker.

De Müöhl dreiht sick nich nao den Wind van gistern.
Die Mühle dreht sich nicht nach dem Wind von gestern.

**Schinnt de Sönne up 'n Messhaup,
so giff he Antwort met Gestank.**
Scheint die Sonne auf einen Misthaufen, antwortet der mit Gestank.

Well de Slechten schont, schadet de Gueden.
Wer die Schlechten schont, schadet den Guten

**„Wat geiht mi de Welt an", sagg de Landstrieker,
„ick häb de kien Huus drin."**
„Was kümmert mich die Welt", sagte der Landstreicher,
„ich hab kein Haus darin".

Wör ick Herzog, pöss ick de Gäöse hauch to Perde up.
Wäre ich Herzog, hütete ich die Gänse hoch zu Pferde.

**„Ich weide meine Schafe", sagg de Dübel, dao wiesede
he grautweg up 'n Tropp besuopene Päöterkes.**
„Ich weide meine Schafe", sagte der Teufel, da zeigt er
mit großer Geste auf eine Gruppe betrunkener Mönche.

Better natt van' Riägen äs natt van Sweet.
Besser nass vom Regen als nass vom Schweiß.

Better duun äs unwies.
Besser betrunken als verrückt.

**Wenn de Kuckuck röpp un de Iäsel singen will,
mott de Nachtigall swiegen.**
Wenn der Kuckuck ruft und der Esel singen will,
muss die Nachtigall schweigen (wenn Unvernünftige reden,
kommen Vernünftige nicht zu Wort).

**„Ick häb auk ′ne feste Anstellung", sägg Bäänd,
dao stönn he met ′n Rüggen an ′e Wand.**
"Ich habe auch eine feste Anstellung", sagte Bernhard,
da stand er mit dem Rücken zur Wand.

′n graut Schipp bruuk vull Waater.
Ein großes Schiff braucht viel Wasser.

Hinter jedem Spruch und hinter jeder Redewendung steckt mehr als nur eine einfache Aussage, die uns schmunzeln lässt, ja, es kann sogar sein, dass uns das Lachen im Halse stecken bleibt.

Gerade weil die Aussagen nichts an Deutlichkeit vermissen lassen, fühlen wir uns auf eine herzerfrischende Art und Weise angesprochen. Wir haben es hier nicht mit „Sprachgrimassen" zu tun, sondern mit unverstellten Ausdrucksweisen. Da kann es auch schon mal „dicke" kommen. Doch wir wissen: Schlimmer als Rücksichtslosigkeit ist gespielte Rücksicht und vorgetäuschte Höflichkeit. Wir fühlen uns ernst genommen, als Mensch bestätigt, so wie wir sind, mit allem Drum und Dran. Genau darum hören wir auch „mehr" als nur ein paar gute Worte. – Wir verbinden das Gesagte mit unserem Leben, machen es fest an individuelle Gegebenheiten und „halten" uns daran. Tatsächlich geben viele Sprichwörter dem Leben Halt.

Auk nao ′ne slechte Ernte mott man wier saihen.
Auch nach einer schlechten Ernte muss neu gesät werden.

Kümp Tiet, kümp Raot.
Kommt Zeit, kommt Rat.

Tiet dött Wunner.
Zeit bewirkt Wunder.

Knapp deniäben is auk vörbie.
Dicht daneben ist auch vorbei.

För den Daut häff auk de Könnig kien´ Stellvertreär.
Für den Tod hat auch der König keinen Stellvertreter.

Wat as Haarrauk upstigg, föllt as Riägen daale.
Was als Dunst aufsteigt, fällt als Regen nieder.

Et pläddert nich uut jede Wulke.
Es gießt nicht aus jeder Wolke.

Schmüstern is deeper äs lachen.
Schmunzeln kommt mehr vom Herzen als lachen.

´n wööst Schuer Riägen duert nich lange.
Ein kräftiger Schauer Regen dauert nicht lange.

Wat ´ne verrückte Welt:
De Jugend weet et nich – un dat Öller kann et nich.
Was für eine verrückte Welt: Die Jugend weiß es nicht
und das Alter kann es nicht.

All das sagt mit wenigen Worten „mehr", weil uns diese wenigen Worte sogleich ein Bild vermitteln. Dadurch können wir uns unsere eigene Situation „ausmalen".

Doch setzt dieses „Mehr" nicht nur Phantasie, sondern auch „ein Erkennenwollen" voraus, so wie die Wirklichkeit und das Erkennen der Wirklichkeit zwei getrennte Erfahrungswerte sind.

Jede Erkenntnis einer objektiven Wirklichkeit ist zugleich immer auch ein subjektives Empfinden und Erleben. Übersteigen Ahnungen nicht oft das Wissen?

In diesem Zusammenhang soll nicht unerwähnt bleiben, dass noch heute gebräuchliches Sprachgut dem uralten Märchen- und Sagenschatz unserer Vorfahren entstammt. Ursprünglich dienten die alten Volksmärchen nicht den Kindern, sondern den Erwachsenen.

Die **Mären** dienten der Kultur- und Menschenbildung; es waren herzerfrischende Ahnungen, Träume und Lebensvisionen unserer Ahnen über Gott und die Welt, Deutungen bestimmter Lebensumstände, alles in allem:
Erzählungen mit ausschließlich bildhaftem Charakter.

Da die Menschen damals keinerlei schulische Bildung erhielten, ersetzten die erzählten Bilder der Mären große Bereiche der Volkserziehung. Durch die beispielhafte Bildersprache prägten sich den erwachsenen Menschen soziale Verhaltensregeln ein. Hinterfragen wir unter diesem Aspekt die Märchen, finden wir in ihnen – wie auch in vielen alten Sprichwörtern und Redewendungen – nach wie vor viel Vorbild- und Beispielhaftes, Moralisierendes sowie Mut- und Mitleiderweckendes. Die Menschen konnten sich die verschiedenen Märchengestalten und deren Erlebnisse gut zum Vor-„bild" nehmen.

Es ist schon beeindruckend, dass in einem ehemaligen alten Kloster im Bentlager Wald, malerisch an der Ems in Rheine gelegen, die Europäische Märchengesellschaft ihren Sitz hat. Ein Besuch dort – auch des im Hause befindlichen „naturnahen" Klostercafés – ist sehr empfehlenswert.

Märchen- und Spruchbilder rühren an die Gefühle und bleiben so in ihrer bildhaften Aussage emotional in den Seelen von Generationen haften. Und sitzen wir entspannt auf einer Bank am stillen Ufer der Ems, so tut es gut, „märchenhaft" zu denken, tagzuträumen – und sich der Natur einfach hinzugeben. Gesund und schön ist es auch, sich ganz entgegen anderer Urlaubsgewohnheiten, entlang der Ems **to Foote up ´n Patt** (zu Fuß auf den Weg) zu machen. Ein „quer durch die unberührte Natur" führender Weg entlang der Ems ist der

108 km lange Ems-Auen-Weg:

Dieser Wanderweg beginnt in Rheine am alten Kloster Bentlage und führt über Emsdetten, Saerbeck, Greven, Münster und Telgte bis nach Warendorf. Die Route orientiert sich am natürlichen Emslauf und erlaubt ungewohnte Einblicke in die reizvolle Emslandschaft. Den Brücken über die Ems gilt dabei besondere Aufmerksamkeit. An ruhigen Stellen erlauben sie weite Ausblicke auf die stillen, unverwechselbar schönen Emsauen. Der Ems-Auen-Weg ist also mehr als nur eine Wanderverbindung zwischen einigen Emsstädten. Er will uns Erlebnis- und Erzählwerte vermitteln und zur Auseinandersetzung mit der eigenen heimatlichen Umgebung einladen.

Während wir dieses hier schreiben, steht in der Heimatzeitung ein Bericht über einen amerikanischen Austauschschüler, der nach Jahren heute als Professor seinen einstigen Gasteltern in Rheine einen Besuch abstattete. Bis heute unvergessen war ihm die 10-tägige Wanderung durch die stille Natur über den in nördliche Richtung verlaufenden

162 km langen Emsweg von Rheine nach Leer.

Auch zeigte er sich gerührt darüber, dass an der malerisch gelegenen dritten Emsschleuse im Bentlager Wald bei Rheine seine Bank an der Ems noch stand, „weil in vielen stillen Stunden mein Leben dort auf dieser Bank an der Ems Zielklarheit und Struktur angenommen hat".
Eines ist unumstritten: Natur klärt und ist Balsam für die Seele.

Holt un stille Waater löchtet us uut.
Wald und stille Wasser durchleuchten uns (und unser Tun) –
sie machen nachdenklich, weitsichtig und weise(r).

Wie oft wurden die Heldinnen und Helden der alten Märchen nach allerlei Verstrickungen in Wald und Natur geschickt, wo sie plötzlich mit sich allein sind. Doch auch dort lauern an spiegelnden Seen oder unüberwindlichen Flüssen Gefahren – und die Wege lassen Fragen offen, wohin sie führen. Sie verlaufen sich, drohen zu scheitern...

Und wir, wir merken auf einmal, wie jene Märchengestalten diese Erfahrungen mit uns Menschen des dritten Jahrtausends teilen; mit Menschen, die im falschen Beruf gelandet sind, mit Menschen, die in Familie und Partnerschaft Probleme haben, mit Menschen, die an Ängsten und Zweifeln leiden.

Wir erkennen uns in Menschen, die kopf-, rast- und ziellos durchs Leben hasten, weil sie vor Überforderung, Einsamkeit oder Angst fliehen, oder wir erschrecken, weil wir merken, dass auch unsere Kräfte nachlassen und die Jahre dahinfließen. Wohin? Mit dem gleichförmigen Rauschen des Wassers werden Ahnungen wach, es eröffnen sich neue Perspektiven.

Wird nicht ein Fluss in einem Ort als Bereicherung empfunden? Auch die Ems, als besonderes Element der Natur, hilft uns, die Wirrnisse des Alltags zu entflechten. Ihr gleichförmiger Wellengang bewirkt, dass wir „klein" werden und uns (wieder) danach sehnen, Kraft zu schöpfen. Allein dieses Wort verweist auf das Wasser als die Grundbedingung des Lebens überhaupt. Es ist gut, den Verstand hin und wieder zur Ruhe kommen zu lassen und dafür das oft vernachlässigte Herz zu öffnen, dem Murmeln und Rauschen der Ems zu lauschen; in sich zu blicken, zurückzublicken, „durch"zublicken, nach vorn zu blicken – und ein wenig tiefer einzutauchen in das Geheimnis des Lebens. Je mehr wir uns der Natur öffnen, umso mehr Gelassenheit, Ruhe und Zufriedenheit finden wir.

Die Ems
Ein Fluss im Fluss des Lebens

Kreuzworträtselfrage: Nordwestdeutscher Fluss mit drei Buchstaben...
Richtig: **E m s** gehört in die drei dafür vorgesehenen Kästchen. Doch wer weiß schon, was sich „da oben in Deutschland" hinter diesen drei Buchstaben noch weiter so verbirgt? Wer sich hier nicht auskennt, tut sich schwer, mitzusingen auf die Melodie von „Weißt du wieviel Sternlein stehen":
„An der Ems hier ist's am schönsten in der weiten, weiten Welt..."
„Und was ist an der Ems so schön?"
„Das Schlichte und Einfache."
„Wie bitte? Das Schlichte und Einfache?"
„Fraog den Dübel, waorüm et so schön is in 'e Höll." (Frage den Teufel, warum es so schön ist in der Hölle.) – Und wem der Mund immer noch offen steht, der bekommt zu hören: **„Weil he et dao ümmer so kommodig warm häff..."** (Weil er es da immer so schön warm hat...)
Klar? – Also:
„Deswegen sehen wir an 'er Ems auch alle so glücklich aus."
„Waas?! – Glücklich seht ihr aus??"
„Jau. Weil us de Arbeit hier noch Spass mäck...." (Ja, weil uns die Arbeit hier noch Spaß macht...)
Ja, so is dat hier... Erst die Arbeit, dann das Spiel. Stimmt doch, oder? Man muss bloß richtig drüber nachdenken... Siehst'e, und das tun wir. Und tüchtig arbeiten, das tun wir obendrein. Darin steck viel Wahrheit:

**Den Ersten de Daut, den Twedden de Naut,
un den Deerden dat Braut.**
Dem Ersten der Tod, dem Zweiten die Not
und dem Dritten das Brot.

Wer einst entlang der Ems die Arbeit scheute, wurde nicht heimisch. Unwegsame Gebiete mussten mühsam kultiviert werden, um alles „unter Dach und Fach" zu haben. Wie viele Generationen mögen daran mitgewirkt haben, dass wir uns – da, wo wir heute sind – zuhause fühlen? Doch nicht nur viele Menschen haben Teilhabe an unserem Leben, auch die uns umgebende Natur hat Anteil daran, wie wir leben.

Die Ems – urkundlich **amisia, emase** – das ist unter vielen nicht einfach nur „so ein Fluss daher"; nein, wie kaum ein anderer Wasserlauf hat dieser Fluss über Epochen und Generationen Mensch und Landschaft geprägt und einander näher gebracht.

In der Sennebauernschaft Moosheide, nordöstlich von Hövelhof im Kreise Paderborn entspringt die Ems. Was hier im Ostwestfälischen, am Süd-West-Hang des Teutoburger Waldes, als kleines munteres Rinnsal durch Sand, Äcker und Wiesen murmelt, entwickelt sich über **insgesamt 371 km** zu einem stattlichen Fluss.

In der Nähe von Rietberg und Wiedenbrück beginnt unweit von Harsewinkel ihr Weg durch das Münsterland über Warendorf, Telgte, Greven, Emsdetten und Rheine.

Hinter dem so romantisch im Wald gelegenen Kloster Bentlage, in Nähe der schönen Salinenanlagen am Zoo, führt ihr Weg weiter über Salzbergen in den benachbarten Kreis Emsland.

Dort windet sie sich über das **Listruper Emswehr** gen **Lingen**, diese schöne alte Emsstadt, die von 1597 bis 1702 als **Stadt der Oranier** zum Gebiet der Niederlande gehörte. Davon ungerührt nimmt die Ems weiter ihren Lauf über Meppen, Haren, Lathen, Dörpen und Rhede.

Dass wir nun im Emsland sind, merken wir an den schwarzbunten Rindern auf den weiten, grünen Weiden. Sie wurden um 1800 aus den Niederlanden eingeführt, als die bis dahin kleinwüchsige, rotbunte und krankheitsanfällige großhörnige Rasse mit rund einer halbe Million Tieren an Rinderseuchen eingegangen war. Seitdem sind Emsland und Ostfriesland „schwarzbunt". So eine Kuh gibt immerhin ca. 5000 Liter im Jahr.

Bei Dörpen liegt heute **der Zusammenfluss von Ems und Küstenkanal.** Dieser Kanal verbindet über Oldenburg die Ems mit der Weser. Hinter Rhede ist die Ems eingedeicht. „Emsdeich", wem ist bei diesem Wort schon bewusst, dass diese geschlossenen Schutzhügel als kilometerlange Flussbauwerke den Bau der Pyramiden übertreffen...

Herden von zahllosen Schafen halten auf dem Emsdeich die Grasnarbe kurz und treten mit ihren Hufen den Untergrund fest. So strebt die Ems nun „kultiviert" über die ostfriesischen Städte Weener und Leer auf die alte See- und Handelsstadt Emden zu.

Kurz hinter Emden musste selbst der 1401 in Hamburg öffentlich hingerichtete Seeräuber **Störtebecker** nach verlorenem Kampf in der Emsmündung klein beigeben.

Er floh in nördlicher Richtung nach Marienhafe und fand dort Unterschlupf im Turm der alten Marienkirche, noch heute im Volksmund „Störtebeckerkirche" genannt.

Nicht weit davon entfernt durchfließt die Ems bei Pogum auf ihren letzten Metern die tiefste Fläche Deutschlands.

„Da hinten" im Rheiderland liegt sie bei 2,50 Meter unter Normal Null. Dort, am **Endje van de Welt** ergießt sie sich in die weite **Dollartmündung vor Borkum** mit täglich rund einer Milliarde Kubikmeter Wasser in die Nordsee. Dort ist auch von den einst vielen Emsfähren immer noch die nördlichste Motorfähre von Ditzum nach Petkum in Betrieb.

Hier oben an der Flussmündung liegt zwischen den Dörfern Gandersum und Nendorp **das größte Sperrwerk Deutschlands**. Am Dollart-Trichter, der die Emsmündung mit der Nordsee verbindet, liegt seit 2002 **das 476 Meter breite Emssperrwerk**. Dieses gewaltige technische Bauwerk der Ems dient einerseits dem Küstenschutz im Binnenland und darüber hinaus soll das Sperrwerk der Meyer-Werft in Papenburg ermöglichen, fern von der Küste weiterhin große Luxusschiffe zu bauen und diese Riesen der Weltmeere gefahrlos von Papenburg aus über die Ems in See zu bringen.

Es ist schon nachdenkenswert: Seit eh und je hat die Ems über Fähren, Brücken und all den vielen alten **Emspünten** (Emsschiffe) Ostwestfalen, Münsterländer, Emsländer und Ostfriesen einander näher gebracht.

**Vör Dettske Wännkers, vör Mettingske Kauplüü un
vör Püntkers uut Haren, mott sick de Mensk vör wahren.**
Vor Emsdettener Wannenmacher, vor Mettinger Kaufleuten und vor den Emsschiffern aus Haren sollte man sich in Acht nehmen.

Die früher traditionell in Emsdetten aus Weiden geflochtenen Wannen, waren weit gedehnte, schalenartige Flachkörbe, die den verschiedensten Zwecken der heimischen Landwirtschaft dienten, so u. a. auch zur Säuberung des Kornes durch das Sieben und Schütteln mittels der **Dettsken Wannen** (der Emsdettener Wannen). In Emsdetten ist in der Ortsmitte ein Besuch im Wannenmachermuseum – in einem schönen Park mit altem Baumbestand – empfehlenswert.

Im Übrigen ist dieser Spruch hier entlang der Ems nun wahrhaftig nicht **minnachtig** (abwertend) gemeint, sondern zeugt vielmehr von geschäftlichem Wagemut und Fleiß der Menschen hier entlang der Ems.

So begann nahe ihrer Quelle einst der Bielefelder August Oetker mit der Herstellung von Puddingpulver und legte damit den Grundstein zu einem weltweit agierenden Handelskonzern. Und im nahe der Ems gelegenen Gütersloh druckte fleißig sein „Nachbar" Bertelsmann, der damit die Voraussetzungen für das größte Medienunternehmen der Neuzeit schaffte.

Ebenso rege zeigen sich bis heute die fleißigen und tüchtigen Mettinger Kaufleute, deren bekannteste Vertreter als „die Brenninkmeyer's" den renommierten Bekleidungskonzern C & A führen.

Ebenso haben zu Wasser qualitätsbewusste Schiffbauer in Haren, Leer und Emden den guten Ruf deutscher Reeder mit begründet. Nach der Zerstörung Rhedes im Dreißigjährigen Krieg (1618–1648) überließen die Schiffer den **Harener Püntkern** die Emsschifffahrt. Von dieser Wirtschaftsblüte zeugt noch heute die mächtige Kuppel der im Jahre 1910 erbauten Martinuskirche in Haren, die mit Recht als **Dom des Emslandes** gilt. Doch steht dem auch die 1877 erbaute schöne Antoniuskirche in Papenburg (gegenüber dem Rathaus) nicht viel nach. Heute genießen die Papenburger Reeder mit der „Meyer-Werft" weltweit höchstes Ansehen.

Zeugt das nicht von zielklarer Schaffenskraft, Wagemut, unerschütterlichem Fleiß, verlässlichem Qualitätsbewusstsein, außergewöhnlichem Können, Ausdauer und Zuverlässigkeit? Genau diese Wesensmerkmale kennzeichnen die Menschen entlang der Ems – sie sind im wahrsten Sinne des Wortes „**emsig**". Sie sagen:

Wat man an 'e Saot spart, dat feihlt naoher an 'e Ernte.
Was man an der Saat spart, das fehlt nachher an der Ernte.

Wat nich döch, dat is auk ümsüss noch to düer.
Was nicht taugt, das ist auch umsonst noch zu teuer.

Dat Glück alleene mäck et nich; et hört 'e auk 'n Haupen hatte Knuoken un 'ne guede Porßion Verstand met bi.
Das Glück alleine reicht nicht, es gehört auch
Tüchtigkeit und eine große Portion Verstand dazu.

Aus heutiger Sicht betrachtet sicherlich ein wenig zu tüchtig – wenn auch „emsig" – verlangte es vielen „Ems-Anrainern" Anfang des XX. Jahrhunderts gar zur **Bildung eines eigenen Ems-Staates!** Das kam so:

Am 9. November 1918 beriet man im Rathaus zu Köln über die Gründung einer eigenen Republik, in die auch Westfalen mit einbezogen werden sollte; kein Geringerer als Konrad Adenauer (1876 – 1967) wurde um die Ausrufung der „Rheinisch-Westfälischen Republik" gebeten.

Dadurch ermuntert begann sogleich ein paar Tage später am 19. November des gleichen Jahres von Münster aus die Werbung für einen eigenen „Weststaat".

Jene Loslösungsbestrebungen griffen sofort über ins Emsland, so dass am 27. **November 1918 der Plan zur Gründung einer eigenständigen Emsrepublik** ausgerufen wurde.

Obwohl es daraufhin zu zwei Großkundgebungen am 4. Dezember 1918 in Münster und Köln kam, konnten sich „die Ems-Separatisten" damit am Ende nun doch nicht durchsetzen. Es gibt Schlimmeres...

Auch ohne Litzen, Pauken, Trompeten und Trara hat die Ems in langen Jahrhunderten viele Menschen einander näher gebracht und zu guten Freunden gemacht; Menschen, die sich über Generationen hinweg als gute Ufernachbarn gemeinsam darum bemühten, den Fluss mit Schleusen und Wehren für sich dienstbar zu machen.

Well dött, wat he kann, is wert, dat he dao is.
Wer tut, was er kann, ist wert, dass er lebt.

Haal öewer! (Fährmann, hol' rüber!) Wie oft wohl schon mag dieser typische Ruf von Emsufer zu Emsufer geschallt sein? Er galt den Fährmännern der alten **Emsfähren**, die Überfahrten nach althergebrachter Sitte mit einem dicken Seil, der Nutzung der Strömung und vor allem zäher Muskelkraft, ermöglichten. Die einzige Emsfähre, die noch heute von Muskelkraft fährt, ist die zwischen Rheine und Emsdetten im schönen Elter Naturschutzgebiet gelegene Bockholter Emsfähre am alten Gasthaus Bockholt. Ein Besuch im Sommer ist ein Erlebnis.

Doch neben der Personen- und Viehbeförderung waren diese gemächlichen Überfahrten oft auch lebensnotwendig, wenn beispielsweise auf der anderen Emsseite eine Mühle stand und dort Korn gemahlen wurde.

Ja, die Ems verhinderte, dass für viele Menschen hinter der nächsten Wasserschleife die Welt aufhörte. Wenn auch nicht alle, so doch nicht wenige, die Dank des Flusses mit Booten und **Pünten** (Bezeichnung für die Emsschiffe) „rund" kamen.

So waren vor zwei Jahrtausenden entlang der Ems „die Römer" gewiss Gesprächsthema Nummer eins. Um ihr Imperium nördlich zu erweitern, befuhren sie – von Köln und Xanten kommend – auch die Ems.

Herbst war es und regnerisch, als Publius Quintilius Varus, der römische Statthalter Germaniens, vor Wintereinbruch noch eben einen Aufstand des germanischen Brukererstammes niederschlagen wollte. Drei Legionen mit 18.000 Kriegern irrten durch tiefsten Urwald und fanden sich dabei unversehens in einem tückischen Hinterhalt zwischen den Bergzügen des Osnings (**Osning ist das altdeutsche Wort für den Teutoburger Wald**), dem gut 150 Meter hohen Kalkrieser Berg und dem Großen Moor wieder, um schließlich beim heutigen Bramsche vernichtend geschlagen zu werden. Die Römer wurden Opfer ihrer eigenen Taktik, die auf komplizierte Heeraufstellungen ausgerichtet war, nicht aber auf den Kampf „Mann gegen Mann". Nicht einmal ihre Katapulte konnten sie schnell genug aufbauen. So unterlagen sie in einem nur wenige Tage dauernden Guerillakrieg. In Rom seufzte Kaiser Augustus (63 v.Chr. – 14 n.Chr.): „O Vare, legiones redde!" Varus! Gib mir meine Legionen wieder!

Doch diese Klagen verhallten ins Leere: „Alea iacta sunt." – Die Würfel sind gefallen. Und so kennen alle mehr als zweitausend Jahre danach das Ende des Publius Quintilius Varus, der sich 9 n.Chr. nach dieser bitteren Niederlage gegen den jungen Cherusker Arminius (im Volksmund Hermann genannt) im Teutoburger Wald (lat.: teutoburgiensis salus) vor Scham und Verzweiflung in sein eigenes Schwert stürzte.

Oh ja, he möök dao in Rom 'n graut Gedrüüs üm. Män dat kümp debi ruut, bi dat heele Laupen in 'e wiede Welt. Van wegen, us hier grautweg för de Fööte rümlaupen. Auk Herm sagg sick: „So nich, nich met us. Man mott us hier nich äs 'n Döttken verslieten, dann sett et nich minn wat!" Un so kreegen se auk nett wat met us to bekieken dao, düsse Römers. Män se verstönnen et jä nich anners. Kiek. Un so is iähr dat dao vör Jaohr'n auk so gaohn met us...

Oh ja, der Kaiser stöhnte und jammerte in Rom ganz schön herum. Aber das kommt dabei heraus, bei der Lauferei in der weiten Welt. Von wegen, uns hier vor den Füßen herumlaufen zu wollen. Drum sagte Hermann sich: „So nicht, nicht mit uns. Man muss uns nicht für dumm verkaufen, dann setzt es was!" Drum haben sie sich da ganz schön was mit uns eingebrockt, diese Römer. Nun ja. Und so ist es ihnen mit uns dann eben ergangen, da im Teutoburger Wald.

Ähnlich „klipp und klar" hierzu das Lied: Als die Römer frech geworden, simserim, sim, sim, sim, sim, zogen sie nach Deutschlands Norden...

Heute lohnt sich ein Abstecher zum „Museum Kalkriese"; es liegt an der Autobahnabfahrt A 1 bei Bramsche nahe der Bundesstraße 218; da, wo einst die Germanen ihre unüberwindlichen Wälle gegen die Römer bauten. Doch gaben die Römer nicht auf. Kurz vor dem Tode des Kaisers Augustus (+ 14 n.Chr.) kam Drusus mit seinen Legionen auf Schiffen die Ems herauf, um die Brukterer (germanischer Volksstamm) den Römern dienstbar zu machen. Endlich konnte damals der römische Geschichtsschreiber Cornelius Tacitus stolz in seinen Annalen vermerken: „Drusus zwang auf der Ems die Brukterer im Schiffskampfe nieder."

Aber – man höre und staune, Tacitus notierte auch: „Die Menschen an der Ems verwenden in der Sonne gebrannte Lehmkugeln gegen die römischen Eindringlinge und erzielen damit selbst auf größere Entfernungen eine enorme Treffsicherheit." Da stellt sich die Frage: Lagen etwa schon hier die Anfänge einer typisch **emsigen** Sportart...? Hierbei wird über lange Wege hinweg eine schwere handliche Kugel von den Sportlern jeweils so weit wie möglich geworfen. **Klootscheeten** heißt diese emsige Sportart (Klumpenschießen) oder, wie der Ostfriese sagt, **Bosseln**. Von Tacitus nun wirklich schon respektvoll so um 12 n. Chr. beobachtet? Kaum zu glauben, oder...

Drei Jahre später kamen abermals römische Legionen unter Anführung des Germanicus (15 v.Chr. – 19 n.Chr.), einem Sohne von Drusus, von der Nordsee her mit ihren prächtigen Schiffen die Ems heraufgefahren.

Bei solchen Schiffsfahrten des Imperiums Romanum kam es an den Ufern der Ems immer wieder zu blutigen Kämpfen, wobei viele Männer gefangengenommen wurden, um im fernen Rom Sklavendienste zu leisten. Immerhin reichte der „cursus publicus" der Römer bis zu den Emsklippen in Rheine. Dieser „cursus publicus" war die Staatspost der Römer. Sie wurde über bestimmte „Römerstraßen" befördert, an der es feste Stationen für den Pferdewechsel gab = „statio posita". Aus „posita" wurde **„Post"**.

Später hat dann zwar Karl I., der Große (742–814), den „cursus publicus" unter Benutzung der alten Römerstraßen noch einmal aufleben lassen; doch bereits unter seinem Nachfolger, Ludwig I., dem Frommen (778 – 840), begann der Verfall dieser für ein geordnetes Staatswesen so wichtigen Einrichtung. Während die Welt sich veränderte, blieb die Ems weitgehend wie sie war. Es stimmt, wenn gesagt wird:

Et is all vull Waater dör de Iemse laupen.
Es ist schon viel Wasser durch die Ems gelaufen.

Der Emslauf hat sich über Jahrtausende tief in die Landschaft eingeschnitten – und an den Ufern träumen nach wie vor alte knorrige Büsche und Bäume. Trotz so mancher Begradigung („Flurbereinigung") dehnen sich hier und da noch die stillen Auen aus, diese im Sonnenlicht wie Spiegel glitzernden Kolke, über die sich Mückenschwärme wiegen. Neben struppigen Weiden, alten Eichen und Buchen, halten die Erlen die Feuchtigkeit, schützen vor zu schnellem Austrocknen und regulieren durch tiefreichende Herzwurzeln als Uferbefestigung das Fließen.

Ja, Erlen saufen wie Kühe. Erlen wachsen schnell in ihrer Jugend und werden nicht besonders alt. Doch ihr fein strukturiertes Holz unter der würfeligen Rinde wird von Schnitzern und Holzschuhmachern hoch geschätzt. Dank den Erlen; denn „Holzken aus Pappel, dat is wie Schuhe aus 'n Aldi". Des Weiteren bieten Erlen allein 54 Insektenarten ein willkommenes Zuhause und sind Gastgeber für insgesamt mindestens 80 Arten von Lebewesen, die Weide für 250 Arten, die Eiche sogar für 300 – und die Platane (der modische Parkbaum) nur für zwei...

Da wo sich jenseits ihres Ufers der Boden karg und sandig ausdehnt ist die bescheidene Kiefer Gast der Ems. Sie gewährt Platz und Unterschlupf dem, der dessen bedarf: dem Waldgeißblatt ebenso wie dem Uhu, dem Schwarzspecht und einer Fülle von Insekten und Pilzen.

„Am Waldessaume träumt die Föhre", so empfand es auch Fontane.

Um ihren borkigen Stamm herum, in der Stille zitternder Luftschichten, Trichter von Ameisenbauten im Sand, zwischen bizarren Wurzelschlangen auf der Suche nach Halt. Betörender kieniger Mittagsduft im Sommer; durchschnitten von den Blitzen funkelnder, sonnentoller Pferdefliegen; übermütige „Bremsen", von fernen Wiesen zurückgekehrt. Am Waldessaum schwirren über Reste eines trocken eingefallenen Misthaufens Mücken hoch und erheben sich als großer surrender Schwarm über die nahe Ems hinweg, weit hin zu fernen Zielen. – Und wieder die hochsommerliche Mittagsstille. Selbst die Ems rauscht nicht, ja sie murmelt nicht einmal, sie gleitet einfach sanft und lautlos dahin. Doch das kann sich schnell ändern. In schwülen Gewitternächten faucht und schäumt sie, wenn es um sie herum böig stürmt und kracht. Dann lässt Goethe grüßen:

> Höre, wie's durch die Wälder kracht!
> Aufgescheucht fliegen die Eulen.
> Hör, es splittern die Säulen
> ewig grüner Paläste.
> Girren und Brechen der Äste!
> Der Stämme mächtiges Dröhnen.
> Der Wurzeln Knarren und Gähnen.

Und nicht zu vergessen, die, entlang der Ems so typischen – wie von Giganten einfach so in die Landschaft hineingeworfenen – verschwiegenen Hünengräber, uralte Zeugnisse menschlicher Kultur. Rund 80 dieser historischen Grabanlagen, von denen unsere Vorfahren glaubten, sie dienten Riesen als letzte Ruhestätte, sind allein im Emsland erhalten.

Es ist empfehlenswert, den Hinweisschildern zu den Megalithgräbern am Wegesrand zu folgen, so z.B. auf die **Mehringer Steine** in Salzbergen/Emsbüren an der Ems, sowie nicht zu vergessen **„das Königsgrab von Groß Berßen"** zwischen Haren-Ems und Sögel, ein archäologisches Wunder, das vermutlich über 5.500 Jahre alt ist. Zu Recht zieren „die Hünensteine" das Wappen des Landkreises Emsland.

Und – wie eh und je unbeeindruckt von Zeit, Jahreszeit, Wind und Wetter – fließt die Ems. Was ihre Wogen nicht mitnehmen, bleibt an verschlungenen Uferrändern liegen.
Totholz. Pilze erobern und durchziehen das Gewebe. Insekten fressen sich hinein. Mikroben breiten sich aus wie Eis im Wasser, in langen, spannungsvollen Sprüngen. Larven fressen sich durch Mulm. Jahre geht das so.
Die Natur hat Zeit:
Es ist schon viel Wasser durch die Ems gelaufen...
Naturgemäß fließt die Ems als typischer Tieflandfluss mit leichtem Gefälle recht langsam dahin. Daher fühlen sich einige seltene Pflanzen nur in ihrer Nähe wohl, darunter der stattlich blaue langblättrige Ehrenpreis oder der bildschön rosa blühende Wasserliesch.

Ebenso bevorzugen auch viele seltene Tiere die von Menschenhand fast unberührten Auen und Ufer der Ems, wie die Federlibellen oder die gebänderten Prachtlibellen, die sanft bewegtes, nicht zu kaltes Wasser schätzen. Insekten, Muscheln, Flusskrebse und Wasserschnecken, die in ihrer Form sonst nirgendwo anders auftauchen, bieten vielen Singvögeln günstigen Lebensraum. Als Beispiel sei hier nur der seltene Teichrohrsänger genannt. Und in lauschigen Nächten lässt das Lied der Nachtigall manche Herzen höher schlagen.

Aber auch ganz alltägliches **Gefieder** fühlt sich tagein tagaus an **der Ems** sehr wohl. Darunter sind tagsüber Sangeskünstler der besonderen Art zu hören. Es sind Vögel, die verschiedenartigste Laute und Geräusche wiedergeben können. Wir finden sie vor allem unter den Rabenvögeln. Ein Meister unter ihnen ist der Eichelhäher, der beispielsweise das Gackern eines legenden Huhnes so perfekt imitieren kann, dass selbst Füchse hellhörig werden oder manche Bäuerin verwundert zu den Nestern eilt...

Und doch ist ihr das sicherlich immer noch lieber, als nachts vom schaurigen Schrei des Waldkauzes hochgeschreckt zu werden, dessen Ruf der Überlieferung nach angeblich den Gevatter Tod anlockt.

Das liegt aber nur daran, dass der Kauz im Dunkeln auf Licht fliegt und früher in den Häusern nachts nur in Notlagen Licht brannte, über längere Zeit besonders dann, wenn jemand im Sterben lag.

Dagegen lassen tagsüber Amsel und Drossel das Herz höher schlagen; heben sie sich doch mit ihren Sangeskünsten deutlich von denen anderer Vögel ab, zumal sie meist von hoher Warte herab das ruhige Rauschen der Ems übertönen.

Überhaupt ist das Vogelgezwitscher so abgestimmt, dass jede Art sich trotz des dort zur Brutzeit herrschenden Stimmengewirrs verständlich machen und aus dem Klangmosaik die ihr entsprechende Information heraushören kann.

Auch sind als Gäste der Ems im Herbst und im Frühjahr Schnepfen, nordische Rotdrosseln, Strandläufer und Lachmöwen mit dabei. Und im vereisten Winter ist die Ems Zufluchtsstätte vieler Enten von weither. Doch wie überall sind auch entlang der Ems heute Tiere in ihrem Überleben bedroht. Über Jahrhunderte bemühten sich die Menschen, „Herr über die Ems" zu werden.

Als wieder einmal weite Überschwemmungen Probleme, Not und Sorgen mit sich brachten, wurde um 1935 damit begonnen, die Ems „zurechtzustutzen". Was zunächst gut gemeint war, erwies sich jedoch für die Ems als Nachteil.

„Die moderne Ems" glich mehr und mehr einem Kanal und war mit ihrem Wasserlauf fast ebenso schnell geworden wie „die moderne Zeit", der man sie anzupassen versuchte. Umso mehr mangelte es der Landschaft an ihrer natürlichen Liebenswürdigkeit. – Ist es Zufall, dass fast zeitgleich damit auch die Ursprünglichkeit der plattdeutschen Sprache gegenüber „dem modernen Hochdeutsch" mehr und mehr zurückging?

Dör Bloot kann kien Griffel maolen.
Durch Blut kann kein Griffel malen.

Wie es auch einem Menschen nicht gut ansteht, seine Herkunft zu verleugnen, so ist es auch nicht gut, Mensch und Landschaft künstlich trennen zu wollen. Als Folge dieser modernen „Flurbereinigung" fehlt der Ems in weiten Teilen das Flair der urigen Emsauen und die Landschaft hat viel an ihrer ursprünglich so natürlichen Liebenswürdigkeit eingebüßt. Sie verödete und verlor die beschauliche Welt ihrer Pflanzen und Tiere.

Gott sei Dank wurden diese Fehler eingesehen; sie aber wieder rückgängig zu machen, das braucht Zeit und kostet viel. Es wird lange dauern, bis die Ems wieder renaturiert ist, bis dass sich die alten Emsarme wieder aus Schilf in weißsandige, sanft hügelige Dünen oder weite, saftig grüne Wiesen ergießen, umsäumt von durstigen Erlen, spukhaft struppigen Weidenstümpfen, weißen Birken, wuchtig alten Eichen, sich breit in den Himmel reckenden Buchen, schlanken Pappeln oder rauschenden Föhren.

Diese wunderbar stillen Wasserarme der alten Ems sind heute schon wieder gefährdet: sie verlanden und wuchern zu. Auch hier gilt es – statt radikaler Änderungen – lieber behutsam pflegend einzugreifen. Nicht gegeneinander, sondern miteinander – das gilt besonders auch für das Verhältnis des Menschen zur Natur. Der Einsatz lohnt sich, „natürlich" auch für die Ems; denn jede Emswindung hat ihren eigenen unverwechselbaren Reiz.

Malerische Orte, alte, gepflegte stattliche Gutshöfe und Mühlen gehören ebenso zum gediegenen Landschaftsbild wie einsame Schafställe und stille Moore, in denen der Nebel steht – und die Leute dann leise, ja, fast ehrfürchtig, sagen:

Vandage is 'ne kleine Welt.
Heute ist es nebelig.

Bodennebel, sozusagen „eine Wolke zu Fuß", behindert den Blick. Doch hat der erdverbundene weiße Schleier sich gelüftet, dehnt sich – insbesondere im oberen Emsland, bis hin in „die ostfriesische Ecke" hinein – eine oft endlos grüne Weite aus. Nichts hindert den Blick, soweit das Auge reicht.

Et lött sick muorns all seihn,
well de aobends to Besööke kümp.
Man sieht bereits morgens, wer abends zu Besuch kommt.

Und senkrecht darüber: der Emshimmel mit seinen Wolkenbildern – je nördlicher und mehr zur Küste hin, desto abwechslungsreicher; selten uni.

Wer hier lebt, versteht es nicht, dass der Anblick einer Gebirgslandschaft größere Bewunderung auslöst als das Panorama eines Wolkenhimmels. Im Gegensatz zur starren Unabänderlichkeit der Berge ist die Welt der Wolken eine lebendige Welt. Nichts ist auf eine geradezu wunderbare Art und Weise verwandlungsfähiger. Wolken inspirieren. Wolken wecken Kreativität. Wolken geben der Phantasie Gestalt. Wolken stehen beispielhaft für das Leben – nichts ist starr, alles verändert sich, alles geht vorbei...

Wolken sind wie Oasen inmitten der gleichförmigen Wüstenei eines sonnenreich blauen Himmels, der von phantasielosen Sonnenanbetern als Urlaubshimmel gepriesen wird. Sollen sie ihn besingen, den blauen Himmel: „Azzuro..." Entlang der Ems dagegen klingt es leise mit dem Wind:

„Weißt du wie viel Wolken ziehen weithin über alle Welt?
Gott der Herr hat sie gezählet, dass ihm auch nicht eine fehlet
an der ganzen großen Zahl, an der ganzen großen Zahl."

Der Himmel mit seinen ständig wechselnden Wolken über der Ems ist wie das Leben selbst: voller Überraschungen, voller Ruhe und Erregung, Cholerik und Melancholie, Helle und Dunkelheit. Doch was soll's: Ist in allem nicht immer auch „der liebe Gott" mit dabei?

Schaut man über die Ems in den Himmel, möchte man Wolken sammeln. Denn wie jeder Mensch ist jede Wolke einmalig – ein einziges Exemplar, das es so nirgends und nie wieder gibt...

Und wie das Leben, wie die Zeit, so entrinnen auch Wolken unserem Festhaltenwollen und geben uns damit unbewusst eine lebenswichtige Lehre: Nichts bleibt wie es ist – alles wandelt sich...

Darüber hinaus lesen Wolkenkenner aus den himmlischen Gebilden zuverlässig das Wetter ab. Kleine Haufenwolken (Cirrocumulus), auch Schäfchenwolken genannt, sind zuverlässige Schönwetterkünder. Einzeln stehende blumenkohlartige Haufenwolken (Cumulus) treten meist erst gegen Mittag auf und lassen weiterhin auf gutes Wetter hoffen.

Allerdings können sie bei starker Hitze auch zu dicken Unwetterwolken aufquellen. Dann wird es plötzlich schwülwarm – nicht lange, und es blitzt und donnert. Bald danach jedoch wird es schon wieder schön. Zeichnen sich hingegen an einem blauen Himmel Federwolken ab (Cirrus), sind das die Vorboten einer Schlechtwetterfront; denn Federwolken sind die höchste Wolkenart und bestehen aus Eiskristallen. Schnell ziehende Federwolken bringen schnell ein Tief. Mit näher kommender Störung gehen die Federwolken in einen milchigtrüben Wolkenschleier über, der alsbald die Sonne verdeckt. Nun wird es draußen bald ungemütlich. Und das kann dauern. Vielleicht könnte es dann gar heißen:

Se häbt iähr upschrieben wegen dat Wiär.
Wegen des schlechten Wetters
rechnet keiner mehr damit, dass sie kommen.

Nicht selten auch, dass „Lüfte" böig auffrischen. Entlang der Ems ist oft **rüsig Wiär** (ungemütliches Wetter). Windgepeitscht prasselt der Regen aus tiefhängenden geschlossenen Wolken (Nimbostratus). Dann ersetzt ein **Blick achter de Glieben** (ein Blick durchs Fenster) jeden Wetterbericht:

**Et is an scheefrengen,
dao krüpp kien Rüe mehr bi uut´ Schott.**
Es ist am „schiefregnen",
da traut sich kein Hund mehr aus seiner Hütte.

Klimatisch gehört das Gebiet der Ems zur ozeanischen Wetterzone – nicht gut für Wetterfühlige. Wie heißt es hier so schön:
Die Schwester vom Opa, die Tante Marie,
die fühlt nachts im Bett schon das Wetter im Knie.
Drum spricht sie zum Opa: ‚Es wird Regen sein.'
Doch am nächsten Morgen beginnt es zu schnei'n...

Tatsächlich häufen sich – nach Untersuchungen von Medizin-Meteorologen – mehr als im übrigen Bundesgebiet gerade in Norddeutschland die durch Wetter bedingten Gesundheitsstörungen. Dabei sind drei Wetterlagen besonders kritisch:
Übergang von Hoch- zu Tiefdruck. Zuerst erwärmen sich die oberen Luftschichten, später auch die in Bodennähe. Die Wolkendichte nimmt zu und es beginnt zu regnen oder zu schneien. Aufpassen sollten diejenigen, die unter Kopf- und Narbenschmerzen, Depressionen und allgemeinen Befindlichkeitsstörungen leiden.
Tiefdruckzentren bringen viel Regen. Da kann die Stimmung ebenso trübe werden wie das Wetter. Während der oft tagelangen Regenfälle verstärken sich die Gelenkschmerzen von Rheumatikern. Bluthochdruck kann sich verschlechtern, Koliken und Asthmaanfälle häufen sich.
Übergang von Tief- zu Hochdruck zeigt sich durch Quellwolken und Schauern. Im Sommer kommt es zu Gewittern und Sturmböen. Wieder sind Rheumatiker besonders belastet. Aber auch wer mit Herzproblemen zu kämpfen hat, sollte in dieser Zeit besonders vorsichtig sein.
Bei belastenden Wetterlagen sollten grundsätzlich Überanstrengungen gemieden werden. Doch Erholung in frischer Luft, auch bei schlechtem Wetter, ist grundsätzlich immer empfehlenswert.
Sehr lindernd und vorbeugend wirkt Melissengeist, dreimal täglich ein nicht ganz gefüllter Esslöffel auf ein Glas Wasser langsam schlückchenweise getrunken (auch ebenso hilfreich bei Schlafstörungen).
Das Wetter an der Ems wird stark von der nahen Nordsee beeinflusst. Daher haben die vorherrschenden Westwinde meistens Regen im Gefolge.

**Wenn et nich rengt, dann bämmelt dat Glöcksken –
is beides togange, dann is Sunndag.**
Wenn es nicht regnet, dann läuten die Glocken –
beides zusammen, dann ist Sonntag.

Oft sorgen böige Westwinde dafür,

dat sick dat Wiär ratz upschiert.
dass der Himmel schnell aufklart.

„An' e Ems hat man da 'n Blick für", und der übertrifft jede Wettervorhersage. Der oft rasche Wetterwechsel ist nämlich von einem schnellen Aufsteigen und Abflauen des Windes begleitet.

Sowohl im Sommer wie auch im Winter macht sich die Nähe des Meeres günstig bemerkbar. Die Temperaturen werden gemildert, so dass kühle Sommer und milde Winter der Landwirtschaft zugute kommen. Die milden Winter erlauben die Nutzung der Viehweiden noch bis in den Dezember hinein.

Allerdings ist gerade in den letzten Jahren zu beobachten, dass die Klimaveränderungen natürlich auch die Ems nicht verschonen. Das zeigt sich insbesondere durch zunehmend schwere Unwetter in den Sommermonaten. Zwar sind und waren nach wie vor auch entlang der Ems die Hundstage nicht immer angenehm kühl und mild, doch so extreme Hitzeperioden mit lang anhaltender Dürre und/oder Gewitterverwüstungen waren bisher hier doch die Ausnahme.

Im Übrigen denken beim Begriff Hundstage nicht wenige Unkundige immer noch an viel Regen und wenig sommerliche Temperaturen. Das ist falsch. Gemeint ist mit den Hundstagen vielmehr die Hochsommerperiode mit den heißesten Tagen des Jahres zwischen dem 23. Juli und dem 23. August. Nach alter Bauernregel ist das die Hochzeit für drückendes und schwüles Wetter. - Mit Hunden haben diese Hundstage nichts zu tun. Diese Hochsommerzeit wurde nach dem Stern Sirius benannt, der zwischen Ende Juli und Ende August der Sonne am nächsten steht. Achteinhalb Lichtjahre von der Erde entfernt, ist er der hellste Himmelskörper im Sternbild des Großen Hundes.

Unsere Vorfahren waren in diesen Hundstagen besonders umsichtig und vorsichtig, um sich und ihre Ernten nach Möglichkeit nicht unnütz zu gefährden.

Grundsätzlich sind die Niederschläge über das ganze Jahr verteilt, fallen aber im Sommer am stärksten, so dass die Ems auch in heißen Sommermonaten selten an Wassermangel leidet.

Das freut auch die Angler, **de natten Laigenbüüls, de sick ümmer so dicke Snooks afftüert** (diese „nassen Lügenbeutel", die es immer auf kapitale Hechte abgesehen haben). Außer Hechte, Zander und Aale fühlen sich viele Fische wohl in der Ems, u.a. auch die Neunaugen, im Volksmund Pricken genannt.

Diese Pricken kamen beispielsweise um Rheine herum früher so häufig vor, dass die Bürger der Stadt, die Rheinenser, zeitweise den Beinamen **„Rheinske Pricken"** erhielten. Auch wurde früher der **Lachs** noch reichlich gefangen, der hier nur unter dem Namen **Randel** bekannt war und so Namensgeber für manchen **Randelbach** wurde. Sogar der Stör, ein oft drei Meter langer Riese unter den Flussfischen durchkreuzte einst die Ems.

In „Rheine im Wandel der Zeiten", erwähnt Franz Kolck einen Bericht von Alfried, Nachfolger des großen Missionars Liudger, der an den Ufern der Ems das Evangelium predigte:

„Einst kam der Christ Liudger nach Leer und bat die Fischer, für ihn und seine Begleiter einen Stör zu fangen. Doch die Fachleute meinten, der Termin des Störfanges, seine Laichzeit im Frühling, sei längst vorbei; denn der Herbst färbe bereits die Wälder. Da tauchte plötzlich vor ihren Augen ein großer, unbekannter Vogel in der Luft auf. Er senkte sich in die Ems und der Heilige riet ihnen, an dieser Stelle das Netz auszuwerfen. Da fingen sie einen Stör von ungewöhnlicher Größe."

Nein, auf derart wundersam „geflügelte" Art und Weise werden sie nicht mehr aus der Ems gefischt, die frischen Fische von Fischers Fritze.

Dafür ist heute das Angeln mit listigen Ködern und lustigen Blinkern schon fast eine Wissenschaft für sich. Doch eines ist nach wie vor gleich: Auch wenn heute an den Emsufern **lange Staaken** (Angelruten) ausgeworfen werden, ist nur eines angesagt: Ruhe, kein Wort zu viel.

Die Angler passen voll und ganz in die Emslandschaft – denn merke:

**Flitzenfängers un Fliemerkunten
mött' us uut 'n Weg gaohn.**
Schwadroneure und Schmeichler
müssen uns aus dem Weg gehen.

Wer entlang der Ems mit den Menschen „können will", der darf nicht aufdringlich sein. „Ruhig weg" muss er das Herz auf dem rechten Fleck haben. Kann er auch noch gut zuhören, „dann is dat schon mal was".

Jemand, der vielleicht vorschnell als verschlossen oder still gilt, zeigt oft gerade dadurch mehr Interesse an andere als „'n vorlauter **Küerklaoß**", der **rumsabbelt**, und sich nur selbst meint. Nur derjenige kann ein guter Zuhörer sein, der andere ernst nimmt. Erst so kann sich das langsam entfalten, was für ein gutes Miteinander unumgänglich ist: Verständnisbereitschaft und Einfühlungsvermögen.

Auch wenn „der Menschenschlag von 'er Ems" nicht gerade vor Temperament so übersprudelt, ist so „eine(r) von 'er Ems" erst einmal „warm geworden", ist er/sie – nicht verstellt – umso angenehmer im Umgang.

Ein Freund des Hauses Pötter an der Wadelheimer Thiekluse neben der Hünenburg in Rheine, der Heimatdichter August Hollweg (1899–1977), schrieb:

„Die Menschen, die mit Emswasser getauft sind, sind schweigsam und dröge. Die schauen dich siebenmal an, ehe sie sprechen, und lesen dein Denken aus den Augen, ehe sie lächeln. Ich kannte einen alten Emsbauern. Manch dunklen Abend durfte ich neben ihm am Herdfeuer sitzen, wenn der Sturm an Fenstern und Türen riss und der Regen auf die Scheiben trommelte. Dann war es drinnen so geheimnisvoll, als habe sich der Emsgeist vor Sturm zu uns geflüchtet. Selten sprach jemand ein Wort, nur der Uhrschlag und das Holzgeknister in der stillen Glut waren laut. An einem Abend stand der Alte früher vom Feuer auf, schaute mich eigenartig an, drückte mir die Hand und sagte: ‚So, ick gaoh nu slaopen. Laot di wat.' (So, ich gehe nun schlafen. Machs gut.) Und er ist schlafen gegangen – für immer..."

Das passt zur Ems.

Auch will die Ems beispielsweise gar nicht verglichen werden mit der „lieblichen" Mosel oder anderen „reizenden Wasserläufen". Sie hat eben etwas, was die Mosel nicht hat. Von diesem stillen, ruhigen Fluss lässt sich trefflich sagen:

**Wenn die Ems Hochdeutsch hört,
geht ihr das mächtig gegen die Strömung.**

Dann wird sie aufgebracht und schäumt mit gefährlichen Strudeln... Die Ems und das Plattdeutsch sind nicht zu trennen.

Use Platt (unser Plattdeutsch), das ist kein Dialekt, das ist eine eigenständige Sprache, älter als das Hochdeutsche.

Die plattdeutsche Sprache ist mehr als 1000 Jahre alt und hat sich aus der altsächsischen Sprache entwickelt, die auch bei der Eroberung Englands durch die Angelsachsen gesprochen wurde – daher auch die enge Verwandtschaft des Niederdeutschen mit dem Englischen.

Die älteste bekannte niederdeutsche Dichtung ist der Heliand, das berühmte Epos vom Leben Jesu in altniederdeutscher Sprache, das im Auftrage Ludwigs des Frommen (778–840) die Heilsgeschichte in der Volkssprache gestaltete. Es entstand in der Zeit von 822 bis 840.

Das zeugt vom Wert des Niederdeutschen als eine uralte Kultursprache. Gut so, dass 1999 **das Plattdeutsch heute** neben Friesisch und Sorbisch international als **eine Minderheitensprache** offiziell anerkannt wurde. Die Nordfriesen haben gar erreicht, dass mit ihren Kindern im Kindergarten sowohl Friesisch als auch Hochdeutsch gesprochen wird.

Ja, wenn gewollt, geht es.

So ist in Hamburg seit 2003 das Niederdeutsch für die Grundschule und Sekundarstufe I verbindlicher Bestandteil des Deutschunterrichts. Damit ist die Hansestadt das erste Bundesland, das seine Regionalsprache fest im Unterrichtsprogramm verankert hat.

Da staunt der Laie und der Fachmann wundert sich. Noch wird entlang der Ems in weiten Teilen wie selbstverständlich Plattdeutsch gesprochen. Es liegt an uns, wie lange noch. Leider findet das Plattdeutsche nicht mehr immer die rechte Würdigung. Dabei sind die Zeiten lange vorbei, als noch das Hochdeutsche gegenüber dem Niederdeutschen für ein Zeichen besserer Bildung gehalten wurde.

Aber auch schon früher klang Hochmut durch, wenn es hieß:

Meinee, wat sin ick dao doch to Maote kuemen met mien Platt.
O je, was bin ich mit dem Platt da doch angekommen!
(was hat man mich da doch von oben herab behandelt).

Diejenigen, die respektlos mit der plattdeutschen Sprache umgehen, entlarven sich als kulturlos und nicht gerade tolerant. Aus dem Lateinischen übersetzt, bedeutet Toleranz so viel wie „großzügige Geisteshaltung". Mangelt es oft nicht gerade jenen am meisten an Toleranz, die für sich selbst am meisten auf Toleranz pochen? Wenn da jemand in intellektueller Großmanier verkündet, dass er Mundarten für überholt, ländliche Lebensformen für kleinkariert, Haus und Hof für reaktionär und Traditionen für spießig hält, oder dass ihm religiöse Symbole höchstens noch zu einem mitleidigen Lächeln reizen, der verrät gewiss nicht den berufensten Anwalt in Sachen Toleranz.

Dabei ist **das Niederdeutsche der Vorläufer des Hochdeutschen**; es ist unsere ursprüngliche Sprache.
Für eine Wohlgestimmtheit, für die Ge"borgen"heit, brauchen wir „bergende Worte", es sind nicht Schlagworte, sondern Herzensworte.
Unser Plattdeutsch ist eine wahre Schatzkammer dieser bergenden Worte. Beispiel: **Duuren, „dao kann ick et guet duuren". Duuren** heißt wörtlich übersetzt „dauern", sinngemäß jedoch „aushalten" (was aber nicht immer den Kern trifft).

Die Übersetzung: „Da (in der Heimat) kann ich es gut aushalten", wäre zwar nicht falsch, gäbe aber auch nicht „das Funkeln dieses bergenden Wortes" wieder; geht **duuren** doch auf „Dauer" zurück. Und nun auf einmal entströmt diesem Wörtchen „alles", nämlich: „Da ist es so schön, da möchte ich gar nicht weg... da möchte ich wohl für immer bleiben..."
Den Sinn solcher Worte kann man nicht „lernen". Auch wollen sich diese bergenden Worte nicht beweisen, nein, dafür stärken und ermuntern sie. Hinzu kommt, dass **Plattdeutsch eine alte Literatursprache** ist. Wie im 1983 herausgegebenen „Handbuch zur niederdeutschen Sprach- und Literaturwissenschaft" nachzulesen, war weiterhin das Niederdeutsche im gesamten norddeutschen Raum die Handelssprache der Hanse.

Das Niederdeutsche hat im 14. Jahrhundert das Latein als Geschäfts- und Amtssprache abgelöst; **mit dem Aufblühen der Hanse war das Pattdeutsch die nordeuropäische Handelssprache** von Brügge bis Riga und von Bergen bis Nowgorod. Doch sank mit dem Verfall der Hanse auch die Bedeutung der niederdeutschen Sprache.

Hinzu kam die Ausbreitung der Reformation im 16. Jahrhundert und mit ihr die zunehmende Verbreitung des Hochdeutschen als Schriftsprache durch die Bibelübersetzung Luthers.

Erst dadurch entwickelte sich um die Mitte des 16. Jahrhunderts das Hochdeutsche zur Kanzleisprache, wodurch nunmehr nach und nach die überregionale Einheitlichkeit der niederdeutschen Sprache mehr und mehr verfiel. Natürlich sprach und spricht man weiterhin „**use Platt**" – doch offiziell war und ist das Hochdeutsch maßgebend. Immerhin hat sich nun gar der Bundesgerichtshof für dass Plattdeutsch stark gemacht (AZ: X ZB 23/01) und es markenrechtlich als eigenständige Sprache eingestuft. Danach darf sich der Hersteller einer Liegeunterlage sein Produkt als „Läägeunnerlaoge" patentieren lassen. Kurzer Emskommentar dazu: **Kiek es eener an! Jaja, so `n Gericht weet wuohl, wat sick gehört** (Da schau her. Jaja, so ein Gericht weiß schon, was sich gehört!).

Gut, dass entlang der Ems über die „Läägeunnerlaoge" hinaus noch „richtig" Plattdeutsch gesprochen wird. Dabei kann es jedoch sein, dass die Sprache bereits an der nächsten Flussbiegung wieder anders klingt.

Wir wissen, wir können als Autoren aus Rheine an der Ems unsere münsterländische Herkunft nicht verhehlen. Doch nur einige hundert Meter von unserem Haus entfernt wird an der nördlichen Stadtgrenze in Hummeldorf bei Salzbergen bereits das emsländische Platt gesprochen.

Wer Plattdeutsch kennt und spricht, der weiß auch, **dat tüsken Platt un Platt manges Welten liggen könnt** (dass zwischen Platt und Platt oftmals Welten liegen können). Heißt beispielsweise in westfälischer Mundart weinen = **grienen**, sagen die Emsländer auch **rähen**; das eine lässt sich nicht vom anderen ableiten:

Dat kanns nich studeeren, dat moss kennen.
Das kannst ´e nicht lernen, dass muss man kennen.

Darum haben wir uns bemüht, das Plattdeutsche – so gut es geht – für jeden verständlich wiederzugeben; obendrein erfolgt sogleich dahinter die hochdeutsche Übersetzung.

Uns ist bewusst, dass wir nicht ganz bestimmten „Sprachsprenkeln" gerecht werden können – dennoch aber wurde auf eine allgemein verständliche Schreib- und Ausdrucksweise Wert gelegt. Allzu kritischen „Schrifttüftlern oder Sprachkünstlern" sei augenzwinkernd gesagt:

Wat hier steiht, dat steiht sick liek. Drüm laot de frommen Andachten ruhig es maol suusen; de leiwe Här nemp dat auk so wuohl för guet es an. (Was hier geschrieben steht, das steht gut und ist wohldurchdacht. Darum betrachte es nicht zu andächtig und zu kleinlich; der liebe Gott lässt es ganz gewiss so gelten.)

Kritiker sollten bedenken: „Das Platt ", dat giff et gar nich.

Plattdüüts häff man in´ Bloot un in´ Härt, süss närnswo.
Plattdeutsch hat man im Blut und im Herzen, sonst nirgendwo.

Es hat nie eine einheitliche Schule des Niederdeutschen gegeben. Mit dem Verfall seiner Einheitlichkeit ab Mitte des 16. Jahrhunderts wird es bis heute unterschiedlich geschrieben. Das kommt auch daher, dass nach seiner Übernahme durch das Hochdeutsch vor Jahrhunderten kaum jemand aus dem Volke lesen und schreiben konnte.

Hinzu kam, dass früher die Menschen in ihren Dörfern und Bauernschaften entlang der Ems durch unwegsames Gebiet voneinander getrennt waren.

Unwegsame Moore bargen drohendes Unheil und besonders im Herbst standen weite Flächen unter Wasser; mit ein weiterer Grund für regionale Spracheigenarten.

Eine Regel aber gilt nach wie vor landauf, landab entlang der Ems:

Küer, praot, paok orre snack, wu di dat Muul wassen ist.
Wi könnt öewer alles küeren – män nich öewer anner Lüe.
Rede so, wie dir der Mund gewachsen ist.
Wir können über alles reden – nur nicht über andere Leute.

Küeren (sagt der Münsterländer), **Praoten** oder **Paoken** (sagt der Emsländer) und **Snacken, Klönen** oder auch **Klönsnack** (sagt der Ostfriese) – alles bedeutet ein und dasselbe: Reden.

Und heißt es in Ostfriesland zu jeder Tageszeit: **Moin**, dann heißt das nicht, dass sich die Menschen den ganzen Tag über nur einen „Guten Morgen" wünschen. Nein. **Moin**, das kommt gar nicht von „Morgen". **Moin** beinhaltet das plattdeutsche „**moi**", und das heißt „schön".

Und weil **de Slag Lüe** hier ohnehin nicht gern ein Wort zuviel sagt, wird dabei Morgen, Tag, Abend oder Nacht einfach ausgespart; merkt doch ohnehin jeder, „was die Stunde so geschlagen" hat, oder?

In Ostfriesland wird also mit **Moin**, egal zu welcher Stunde, ′**ne moi**, also „eine schöne" Tageszeit gewünscht.

Menschen, die „Plattdeutsch im Blut" haben, haben auch keine Schwierigkeiten mit den verschiedenen Nuancen des Niederdeutschen. Im Gegenteil. Was die Menschen **am Fluss der Ems im Fluss des Lebens** trotz örtlicher Unterschiede verbindet, das sind ihre gemeinsamen Sprichwörter und Redensarten. Sie sind von der Quelle bis zur Emsmündung das verbindende Element.

Wohl gerade deshalb, weil die Menschen entlang der Ems ihr Herz nicht offen auf der Zunge tragen, sind – wie kaum anderswo – ihre Sprichwörter und Redensarten auch voll gespickt mit hintergründigem Humor.

Obwohl es an der Ems ruhig zugeht und die Menschen **stillkefien** (beschaulich, bescheiden und doch anmutig und fein) durchs Leben gehen, lässt sich dennoch – und das gar nicht so selten – mit Wonne beobachten:

Se treckt sick krumm van Lachen.
Oft biegen sie sich vor Lachen.

Ja: Spaß muss sein, doch nicht um jeden Preis. Diese Regel gilt auch für Sprichwörter, Lebensweisheiten und Redensarten.

Nicht selten, dass einem dabei das Lachen im Halse stecken bleibt; denn **Sinnigkeit** (Nachdenklichkeit) ist ebenso gefragt:

Hauhge Bäöme fanget vull Wind.
Hohe Bäume fangen viel Wind.
(Wer es zu etwas gebracht hat, wird aus Neid schnell kritisiert.)

Wat man nich in′ Kopp häff, mott man in ′e Beene häben.
Was man nicht im Kopf hat, muss man in den Beinen haben.
(Wer viel vergisst, hat viel zu laufen.)

**Sömms is'n guet Kruut,
män et wasset nich in allemanns Gaoren...**
„Selbst" (Selbständigkeit und Eigenverantwortung), das ist ein gutes Kraut, doch es wächst nicht in jedermanns Garten...

Wi gaoht wieser van't Werk äs an't Werk.
Wir gehen klüger und weiser von der Arbeit als an die Arbeit.

Darin aber sind sich alle einig:

**Härengunst un Prilwiär,
Mannslüü Leiw un Rausenbliär,
Fraulüü Tüüg un Kartenglück –
Dat wesselt alle Aogenblick.**
Herrengunst und Aprilwetter,
die Liebe der Männer und die Rosenblätter,
Frauenkleidung und Kartenglück -
das wechselt sehr häufig.

Wenn auch vieles wechselt: Aber eins, aber eins, das bleibt besteh'n, die Ems und die Menschen an ihrer Seite... sind emsig, zuverlässig, unverstellt und treu. **'n Lorrebass, well anners küert** (ein Lümmel, der anders darüber denkt und spricht).

Auch wenn entlang der Ems nicht mit Gefühlen gewuchert wird, das Herz sitzt dennoch am rechten Fleck.

Ja, wer hier lebt, ist liebevoll mit „seiner" Ems verbunden.

Ein schönes Ems-Gedicht erschien 1920 in der Zeitung des Emsdettener Heimatbundes Nr. 11, geschrieben von Heinz Lohaus:

An der Ems

Das graue, silberne Band wellt
träge durchs Bett, von Schatten umsäumt
der graugrün vom Ufer schnellt
In die Ems, die mit mir träumt
von längst vergessenen, alten,
frohen Stunden. Zur Seite haucht
flüsternd die Weide, die in die kalten
Fluten die zitternden Finger taucht.
Ans Licht aus der Tiefe steigt
lässig ein Fischlein empor und lacht
in die Sonne und weicht
ans Ufer in schattendunkle Nacht.
Ruhe und Frieden schleicht
durch die murmelnden Wellen,
die wild im schneekalten Winter frei
über die totgrauen Ufer quellen
an Sträuchern und starrenden Bäumen vorbei.
Da lebte die Ems, ihr junges Blut
bebte vor Gewalt und vor Sehnen,
zersprengte die Fesseln, die der Flut
im Frühling hemmen das Dehnen,
die Sehnsucht. Es schwand der Mai
in kalter Winternacht. „Auch
mir!" schwillt ein sanfter Hauch –
und wird zum Schrei...

Heimat:
Zugehörigkeit in Freiheit

Es gibt nichts Schlimmeres, als allein und haltlos durchs Leben zu gehen. Verbundenheit stärkt und bereichert das Leben. Über das Personale, über partnerschaftliche Liebe und Familie hinaus brauchen wir auch landschaftliche, landestypische Identifikationsmerkmale, die zu uns gehören und mit denen wir uns verbunden fühlen. Ein gutes und natürliches Bindeglied zwischen Westfalen, Emsländern und Ostfriesen ist die Ems.

Mit ihr fühlen sich die Menschen unter ihresgleichen – „da wo man hingehört". Wer je die Erfahrung gemacht hat, „in der Fremde" zufällig einen an sich fremden Menschen aus gleicher heimatlicher Nachbarschaft zu treffen, weiß genau, wovon hier die Rede ist. Schön also, wenn gerade ein Fluss ein guter Identifikationsträger ist: **die Ems.**

Darum ist es im wahrsten Sinne des Wortes „stumpf-sinnig", die Sinnhaftigkeit heimatlicher Verbundenheit überhaupt in Frage zu stellen. Auch kann jene Meinung nicht richtig sein, die individualistisches Streben höher wertet als ein Füreinanderdasein, als ein auf Gemeinsinn hin ausgerichtetes Sicheinbringen für die Allgemeinheit „an Ort und Stelle". Ohnehin muss das eine das andere nicht ausschließen. Aber es tut weh, wenn in arrogantem Übermut jene als kleinkariert herabgewürdigt werden, die sich heimischen Traditionen verpflichtet fühlen, sich in Vereinen engagieren und schlicht und einfach etwas tun, statt groß herum zu reden.

Wer meint, eine Einbindung in gewachsene soziale Strukturen enge Horizont und Blickwinkel ein, unterdrücke die persönliche Freiheit oder behindere Selbstverwirklichungsbestrebungen, der irrt. Als nur ein Beispiel gegen derartige Vorurteile seien die vielen Städtepartnerschaften genannt – jede für sich Kultur bereichernd und Freundschaft fördernd.

Es ist nicht richtig, soziale Anpassung als Flucht in Vereinsmeierei, Spießbürgertum oder deutsche Gemütlichkeit abzuqualifizieren. Wer sich so äußert, zeigt eine sehr beschränkte Sichtweise.

Andererseits muss auch gesagt werden, dass die kulturelle Vielfalt nicht dadurch bereichert wird, dass jeder sich nur in seinem Nest abkapselt. Wer sich abkapselt verdummt und vereinsamt. So eine Ruhe ist eine unheilschwangere Ruhe.

Statt sich einzuigeln, nur um Ruhe zu haben, ist es besser und gesünder, sich – im wahrsten Sinne des Wortes – „frohgemut" in die Gemeinschaft einzubringen.

Auch das hat nichts mit „Heile-Welt" zu tun. Vielmehr ist nicht zu leugnen, dass nichts mehr stärkt als das gute Gefühl, sich gegenseitig aufeinander verlassen zu können und sich letztlich angenommen fühlen zu dürfen. So wird man auch schnell als Neuling in neuer Umgebung „warm".

Neben Familie und guter Nachbarschaft steht dafür ein Wort: Heimat.

Der Philosoph Friedrich Nietzsche (1844–1900) hat mit den Worten:

„Weh dem, der keine Heimat hat"

einer ganzen Epoche des sich von allen Bindungen emanzipierenden Menschen die düstere Kennmelodie der Verlorenheit vorgesungen. Was Heimat wirklich bedeutet, spüren wir oft erst, wenn wir heimatlos geworden sind, wenn wir uns einsam und verlassen fühlen oder gar durch politische Willkür gewaltsam unserer angestammten Heimat entfremdet wurden. Aber es ist leider nun mal so:

Well in´t Venne sitt, süht kienen Torf.
Wer im Venn wohnt, sieht keinen Torf.

So wird „die Heimat" oft auch gerade von jenen übermütig übergangen, die ihr „Zuhausesein" als selbstverständlich hinnehmen und ihre heimatliche Verbundenheit nicht selten leugnen. Stehen wir doch dazu: Wo kämen wir wohl hin, wenn keiner sich mehr dafür verantwortlich fühlen würde, was vor der eigenen Haustüre so passiert?

Darum ist es nach wie vor gut, dass es Menschen gibt, die sich für „ihresgleichen" und für ihre Heimat einsetzen.

„Konservativ" ist ein Vorurteil; denn ohne diese engagierten Mitbürger wäre die Gemeinschaft ärmer und ohne sie würde das soziale Klima kälter.

Gerade dem wirkt besonders die deshalb auch gar nicht „altmodische" Heimatpflege entgegen, die ohne freiwillige Dienstleistungsbereitschaft und Übernahme von Ehrenämtern überhaupt nicht möglich wäre.

Wie gesagt hat Heimatpflege nichts mit Abgrenzung zu tun und ist alles andere als falsch verstandene Heimattümelei. Vielmehr verleugnet der sich selbst, der seine Heimat verleugnet.

Das Wort Heimat bedeutet: sich verstanden und angenommen zu wissen, ja, füreinander einzustehen.

Heimat, das steht für Hilfsbereitschaft, Sicherheit und Geborgenheit, sozusagen „ein mir vertrauter, guter und schöner Raum, wo ich mich uneingeschränkt entfalten und wohlfühlen kann". Heimat, das steht nicht für so etwas wie ein sicheres „Verlies" oder gar eine ummauerte „Festung", nach dem Motto: „Komme mir nur ja keiner zu nahe". Einer so verquerten Meinung wird hier schalkhaft entgegnet:

Wi treckt dat Huus up ´n Balken,
de Ledder in ´n Pütt un den Pütt vör ´n Gebbel.
Wir ziehen das Erdgeschoss des Hauses auf´s Dach, hängen die Leiter in den Ziehbrunnen und ziehen den Brunnen vor den Giebel.

So ein Haus wäre `n **Prüöddelladen**, alles andere als ein einladendes Haus. Gerade die Verballhornung will uns in diesem Spruch verdeutlichen, dass Schönheit und Anmut des Hauses offene Türen voraussetzt, ein Bild für die Freiheit und Leichtigkeit des Seins, gekrönt durch ein ge- und behütetes Heim.

Der Wortstamm von Heimat ist Heim, wie auch im engl. home. Es entstammt der griechischen Grundbedeutung von Niederlassung oder Siedlung. Dazu tritt das alte Suffix ôdil, das als Stammwort ôdal heißt und den Sinn von Stammgut bzw. Erbgut hat (Heinrich Knittermeyer: Grundgegebenheiten des menschlichen Daseins). Genau deshalb auch sprechen wir von „Mutter"-sprache. Gerade dieses urdeutsche Wort ist die hochdeutsche Übersetzung der alten niederdeutschen Bezeichnung: **Moderspraok.**

Die Heimatlosigkeit wäre also „ein Verwaistsein", so etwas wie „die Unvertrautheit des Menschen mit seiner Welt". Damit fehlte uns Menschen etwas ganz Wesentliches für unser Leben: ein liebevolles Angenommensein, ein Eingebundensein in Freiheit.

Recht verstanden bedeutet also Heimat so etwas wie „tiefes Verwurzeltsein", eine innere Verbundenheit mit mir Zugehörigen(m), ja, „eine verpflichtende – aber bejahte – Zugehörigkeit in Freiheit".

Erst daraus kann sich „ein freies Leben" entwickeln, das Halt gibt, ein Leben, das nicht einfach so aus dem Zusammenhang gerissen ist, sondern das „geschützt" ist, „liebevoll" in einer Gemeinschaft eingebunden – und doch frei...

Tatsächlich ist in diesem Zusammenhang der Begriff „paradiesischer Zustand" alles andere als kitschig oder übertrieben.

Nicht von ungefähr heißen bis heute die Eingangs- bzw. Vorhallen von Kirchen und Klöstern: Paradies. Diese Bezeichnung geht zurück auf jene geschützten Orte, die der weltlichen Willkür entzogen waren (genau darauf beruft sich auch das heutige „Kirchenasyl").

Sogar samt der Haustiere waren die Kirchen früher Zufluchtsstätten und sichere Horte bei Verfolgung, Krieg und Not. Einmal hier angekommen, war jeder unangreifbar, geschützt und frei; im wahrsten Sinne des Wortes konnte er sich fühlen wie im Paradies.

Dem, der das nicht nachvollziehen kann, befasse sich nur einmal näher mit Schand und Greuel des Dreißigjährigen Krieges (1618–1648).

So darf sich in seiner Heimat jeder mehr als akzeptiert, er darf sich in seiner freien Entfaltung angenommen und sicher fühlen.

Ein Zeichen großer Vertrautheit sind die bereits genannten **Spitz- oder Beinamen**. Sie waren früher weitaus gebräuchlicher als heute. Denn damals gab es nur einige wenige gebräuchliche Vornamen. Handelte es sich auch noch um einen gängigen Hausnamen, dann gab es beispielsweise von Müller oder Meier gleich mehrere „Hugos" oder „Ernas". Also musste ein Spitz- oder Beiname her. Hierfür eigneten sich sowohl körperliche wie auch wesensmäßige Eigenheiten; aber auch Herkunft oder berufliche Tätigkeiten mussten dafür nicht selten herhalten. Oft ging dabei der eigentliche Hausname völlig unter. – Dierkens Jan war wahrscheinlich jener Johann, **de ümmer so een off anner Dier üm sick hadde** (der immer mit irgendwelchen Tieren herumlief). Und Katuffel-Kleem war kein Kartoffelhändler, vielmehr jener Klemens, der „gerne einen mochte", wohl über die Kartoffeln... Hingegen handelte es sich bei **Gauslings-Gentler** um einen Gentleman, der sich sein Aussehen etwas kosten ließ (Anmerkung: im „Emskatalog" auch unter der Rubrik „Nachtschattengewächse" zu finden).

So hatten die meisten „ihren Namen weg". Keine(r), der deswegen schief guckte oder gar beleidigt war. Ach wat... Im Gegenteil. Es klingt vertraut. Das ist mehr als einfach nur Information.

Hier werden „keine Worte von der Stange" verwendet. Sie sind individuell „zurecht geschneidert". Wir färben sie ein in unsere Art zu sprechen, durch Tonfall und Melodie klingen sie oft ganz anders. Besonders wird das deutlich, wenn jemand zum Erzählen aufgefordert wird:

To, Bäänd, nu du! – Jau, de Natz, de kann et!
Los Bernhard, nun du. – Ja, Bernhard der hat's drauf.

Ja, erst wenn sie oder er „es bringt", dann erst... – dann wird es unverwechselbar und einmalig. So etwas gibt es nur in der Heimat. Hier zwängen wir uns nicht in Worthülsen. Wir sind nicht unsicher aus Angst, uns blamieren zu können. Wenn wir „unter uns" sind, sind wir identisch. In seiner Heimat braucht sich niemand zu verstellen.

Heimat, das heißt: Hier darf „frei weg" jeder so sein, wie er ist – nur nicht zügellos! Zu bedenken ist, dass das Wort „frei" in seiner Grundbedeutung auf „lieb" zurückgeht und dem gemäß Heimat soviel bedeutet wie **„füreinander einstehen – einander lieb sein"**.

Davon zeugt noch heute das Wort „freien", wenn es um die Liebe geht und „der Freier" um seine Liebste „freit". Auch „der Freund" und „der Friede" sind Ableitungen aus der Wurzel „frei". Im Übrigen sei in diesem Zusammenhang darauf hingewiesen, dass Aristoteles (384 – 322 v.Chr.) „Liebe" als „ein Ja-sagen-können" definierte. „Einander lieb sein – füreinander da zu sein" ist also alles andere als eine auf die Heimat bezogene kitschige Interpretation; vielmehr ließe sich Heimat deuten als:

ehrlich und „liebens-würdig" miteinander umgehen,
sich nicht gleichgültig sein,
sich bedingungslos akzeptieren,
füreinander einstehen
und sich gegenseitig helfen;
alles in allem – in guten wie in schlechten Zeiten –
in Freiheit Ja zueinander sagen.

Als Pendant zum Paradies der Kirchen bezeichnete man im weltlichen Bereich geschützte Territorien als „die Freiheit", die in gleicher Weise den Zugriffen der Oberen entzogen waren; denken wir nur an „die Marktfreiheit" oder auch an „die Große und die Kleine Freiheit" in Hamburg.

Es ist also wichtig, aus dieser Bedeutungsschicht heraus zu erkennen, dass Heimat und Freiheit eng verbunden sind – aber nicht einseitig nur im Sinne einer Willensfreiheit, sondern ganzheitlich im Sinne einer Freiheit des ganzen Menschen, also hin auf eine „Liebens-würdig-keit", die auf dem „Einanderliebsein" beruht.

Und das geht nicht, wenn jeder nur seinen eigenen Kopf durchsetzen will, nur unter bestimmten Bedingungen „mitmacht", Zustimmung an Voraussetzungen koppelt oder nur mit „hätte" und „sollte" argumentiert:

Wenn use Katte 'ne Kooh was,
konn'n wi se up de Knaie setten un melken!
Wenn unsere Katze eine Kuh wäre,
dann könnten wir sie auf die Knie setzen und melken!

Schön wär's, doch geht das an der Realität vorbei. Die Realität hingegen verlangt von jedem, das Beste aus dem zu machen was ist. Und das geht nicht ohne die Beachtung eines gemeinsamen Nenners. Wir sagen ganz richtig, dass sich etwas nicht „ge-hört". Geht es etwa nicht drunter und drüber, wo jeder „unge-hörig" tun und lassen kann was er will? Keine Firma, die so auch nur mehr als eine Woche bestehen könnte...

Darum auch ist der, der darauf achtet, was sich gehört, alles andere als „unfrei" oder ein unkritischer Mitläufer. Bundespräsident Johannes Rau sagt:

Wir müssen einander achten –
und wir müssen aufeinander achten:
Nur so erhalten wir unsere Freiheit.

Nur so ist es möglich, freiheitlich gemeinsame Werte und Normen zum Wohle der Allgemeinheit zu kultivieren. Indem ich mich auf etwas mir Zugehöriges einlasse, etwas mit dem ich mich identifizieren kann, „vernehme" ich zugleich mehr... Es ist so etwas wie ein innerer Anruf, der von mir Antwort verlangt – „Verantwortung"... Dadurch lasse ich mich im wahrsten Sinne des Wortes kultiviert auf etwas ein, das nicht nur mir und meinem Leben, sondern zugleich auch anderen dient.

Nirgendwo sonst ist diese Urform der Geborgenheit besser grundgelegt als in der Heimat: „Einander achten und aufeinander achten", tun „was sich gehört". Das heißt: „Du bist mir nicht egal. Es wäre schade um dich, wenn du in der Welt einfach so anonym verloren gingest. Wir haben viel gemein und schätzen einander. Unterstützen wir uns also gegenseitig. Lasst uns – so gut wie möglich – gemeinsam das Leben meistern." In diesem guten Sinne kann die Seele in der Heimat „gehörig" Atem holen! Tatsächlich ist „das Gehörige" alles andere was einengt oder gar züchtigt.

Nein, vom Sinn und Ursprung des Wortes her ist „das Gehörige" das Vertraute und Haltende, das, was sich bewährt (hat). Das kann gar nicht einengen, weil es dem Leben dient, weil es Selbstvertrauen, Sicherheit und Geborgenheit gibt, ohne die wiederum Freiheit gar nicht möglich wäre. So kann auch die Sitte nur dem Leben dienen, wenn wir uns damit identifizieren können, wenn sie uns also gemeinsam etwas bedeutet. Das geht aber nur, wenn wir (im positiven Sinne) aufeinander achten. Das Wort „Sitte" kommt aus dem Altgermanischen und bedeutet soviel wie „die Art und Weise, gut zu leben". Überall wo Menschen zusammen leben, entwickeln sich ganz bestimmte Vorstellungen und Verhaltensmuster über die Art und Weise, gemeinsam in Freiheit gut zu leben. Hier liegen die Wurzeln jeglicher Kultur. Darum auch ist es, deutlich gesagt, kulturlos, die Heimat und die in ihr geltenden Sitten durch eigenwillige „Freidenkerei" (eigentlich – wie beschrieben – ein Widerspruch in sich) abzuwerten.

De Kooh häff vergetten, dat se 'n Kalw west ist.
Die Kuh hat vergessen, dass auch sie einmal ein Kalb war.

Vorsicht also mit gedankenloser Kritik an Traditionen! Zwar mag das eine oder andere durchaus nicht mehr zeitgemäß sein, dann sollte man es eben lassen – und doch bedeutete es über lange Zeiträume vielen Menschen viel. Dem gebührt (zumindest) Respekt.

Was gefragt ist, ist Achtung und zugleich Gelassenheit im Umgang mit der Vergangenheit, die davor bewahrt, wurzellos zu werden. Damit zugleich aber ist Kreativität für die Gegenwart gefragt, um gemeinsam die Zukunft gut und sinnvoll zu gestalten.

So manch Altes inspiriert(e) zu Neuem, das heute zeitgemäß der Gemeinschaft dient und förderlich ist. So wurden beispielsweise aus Windmühlen Windräder. Dabei sei an dieser Stelle durchaus kritisch erwähnt, dass sich nicht jeder **Bült** (Erhebung) für einen **Bollerjan** (unförmiges Gebilde) von Windrad eignet. Oft wirken sie deplaziert im natürlich ruhigen Landschaftsbild. Gut durchdacht geht das auch anders, wie sich das entlang der nördlichen Zielschleife der Ems an der Dollart-Bucht zeigt.
Der größte Windpark Europas steht im zur Seestadt Emden gehörenden **Wybelsumer Polder, am Dollart, direkt an der Emsmündung.** Auf 380 Hektar drehen sich dort 54 große Windräder.

Jede dieser fast 100 m hohen Windkraftanlagen ist mit 420 Tonnen Beton 25 bis 30 Meter tief im Boden verankert. Der stärkste Sturm haut diese „modernen Windmühlen" nicht um. Zu jeder Jahreszeit halten sie dort umweltschonend „reiche Windernte" und sind heute bereits Vorbild für künftig ungemein erträgliche Windkraftanlagen auf hoher See.

Ein gutes Beispiel dafür, wie „mit Sinn und Verstand" aus Altem Neues und Nützliches für die Zukunft hervorgehen kann. Dominiert nur Kritik bzw. wird etwas mit Stumpf und Stiel herausgerissen und dafür nichts Neues eingepflanzt, vergeht Altbewährtes, verkümmern gute Erinnerungen, trocknen Ideen aus, schwindet Kreativität und es verödet der fruchtbarste Boden.

Van nix kümp nix – de Gelegenste baut den Acker.
Von nichts kommt nichts – nur der Geeigneteste kann auf eine gute Ernte hoffen, wenn er den Acker gut bestellt.

Mag sich auch die Saat von Zeit zu Zeit ändern, so hat sich doch die Art und Weise, wie der Acker bestellt wird, so gut wie unverändert bewährt – darauf gilt es zu achten, um ernten zu können. Von nichts kommt nichts, das gilt besonders auch für „die Art und Weise zu leben".

Bestimmend hierfür sind die aus der Sitte entstandenen **Bräuche, Traditionen und Riten**. Sie sind alles andere als ein nur formales Tun; denn es gibt keine künstliche Gesittetheit. Auch kennt die Sitte weder Zwang noch Selbstbeherrschung; sie kennt nur ein bereitwilliges Sich-fügen, um Wichtiges für das Leben besser zu verstehen und zu gestalten.

Verstehen können wir das nur, wenn wir bereit sind, das aus der Sitte hervorgegangene Tun in einen größeren Zusammenhang einzu-„ordnen", eine Ordnung in der nicht der Einzelne dominiert, sondern mehr, etwas „Gehöriges", das jede Willkür überschreitet.

Es geht also nicht anders, als dass jedes sozial verantwortliche Tun „ordentlich" geprägt sein muss, also von einer Ordnung bestimmt wird, in der nicht der Einzelne mit seiner Eigensinnigkeit dominiert, sondern die gesunde Einsicht in eine Zugehörigkeit vorherrschend ist und demnach gemeinsam das akzeptiert wird, was sich – für eine gute Art und Weise zu leben – „gehört".

Dafür ist das Sicheinlassen auf Werte und Tugenden unerlässlich, um die Menschenwürde, zu bewahrten. Zitat Wilhelm Busch (1832–1908): „Tugend will ermuntert sein. Schlechtsein kann man auch allein."

Liekuut, liekan – richtto is nich üm.
Geradeaus und gerade heraus –
wer gradsinnig durchs Leben geht, verirrt sich nicht.

Wird Tugend verspottet, ist es bis zur Missachtung der Menschenwürde nicht mehr weit. Tugend lediglich mit einer mürrisch dreinschauenden Gouvernante in Verbindung zu bringen oder gedankenlos gleichzusetzen mit dem hoch erhobenen Zeigefinger eines streng dreinblickenden „Tugendboldes", lässt kaum auf Klugheit und Bildung schließen.

Tugend kommt von Lebens-„tauglich"-keit; sie setzt stets die Überwindung der Egozentrik voraus. Ja, „nur wer klug ist bzw. sich stets um Klugheit in seinem Leben bemüht, kann" – nach dem Philosophen Josef Pieper (aus Rheine-Elte an der Ems) – „auch tugendhaft handeln". Nur so gelingt Leben; nur das stabilisiert und gibt Sicherheit und Selbstvertrauen durch verlässliche Werte. Wie anders könnten wir zu uns selbst stehen? Wie anders wäre menschliche Vertrauenswürdigkeit möglich? Und wie anders könnte sich ein gesundes Selbstwertgefühl und ein gedeihliches Zusammenleben entwickeln? Wir können es drehen wie wir wollen, es ändert nichts daran, dass wir am „Gehörigen" wachsen. Wie Tugend von „taugen", kommt das Gehörige von „hören", entspringt also uralter sprachlicher Überlieferung; beides nirgendwo kulturell so gut gepflegt wie in der Heimat. – Doch Vorsicht:

Aoltklook is nich vull better äs geck.
Altklug ist nicht viel besser als närrisch.

Das will sagen: Wir müssen uns mit dem Gehörigen auch identifizieren (können), es muss uns auch heute (noch) „etwas sagen", ansonsten wirkt es tatsächlich hohl und scheinheilig. Auch das muss ehrlich gesagt werden, dass diese Gefahr gerade in ländlich geprägten Gebieten besteht.

Was an sich einst durchaus gut gemeint war, muss und kann nicht immer in gleicher Weise auch heute kritiklos zum Maßstab genommen werden; dann allerdings kann es tatsächlich zu einer Last werden, Traditionen nur um ihrer selbst willen hochzuhalten.

Ist das der Fall, dann ist es verständlich, wenn sich so mancher in der Heimat unverstanden fühlt, weil die Realität durch mehr Schein als Sein verzerrt wird.

Wenn die Idylle und der Fassadenglanz mehr gelten als das wahre Leben, bleibt die Wahrhaftigkeit auf der Strecke. Dann ist die Angst berechtigt, in „Moralin" zu ertrinken. Das beklemmt, lähmt die Lebensgeister und grenzt andere aus. Hier ist auch der Dünkel zu nennen.

Darum sei eines an dieser Stelle deutlich gesagt:

Weder war früher alles besser als heute, noch sind hier oder dort die Menschen besser oder schlechter. Auch entlang der Ems glitzern keine Heiligenscheine. Wem seine Herkunft zu Kopfe steigt, der macht sich selbst zum Narren.

Das verbietet nicht, regional geprägte Eigenarten besonders herauszustellen und auch spielerisch damit zu kokettieren. Wo bliebe sonst der individuelle Liebreiz und das Lokalkolorit? Jeder und auch jede landschaftlich geprägte Gruppe hat das Recht, ihre Individualität bzw. ihre eigene Kultur selbstbewusst zum Ausdruck zu bringen. Das ist gut so und zeugt von sozialer Kompetenz, solange andere dabei nicht abgewertet werden.

Gehäuft findet sich eine „gehörige" Portion sozialer Kompetenz in altüberlieferten Sprichwörtern und Lebensweisheiten. Ohne sie ist Heimat nicht denkbar. Gute Sprichwörter und Lebensweisheiten machen nachdenklich, klären Dunkles, geben neue Perspektiven, lösen lähmende Blockierungen durch befreienden Humor, richten auf und schenken Zuversicht. In Sprichwörtern und Redensarten spiegelt sich ein „gehöriger" Erfahrungsreichtum ganzer Generationen. Oft finden sich in ihnen Quintessenzen von Geschichten aus der Geschichte ebenso wie typische Bilder der heimischen Landschaft, die prägen. Daraus erwachsen positive Identifikationsmerkmale, die uns einander näher bringen, zusammen-wachsen lassen und in heimatlicher Kultur verbinden.

Tief in uns verankert ist das prägende Skript: „Bei uns sagt(e) man immer..."

Waorheit un Fett driewet ümmer buobenup.
Wahrheit und Fett treiben immer nach oben.

Dagegen gleicht „Gerede" und „Ton angebendes Geschwätz" dem Geflöte hohler Pfeifen: **Flaiten bünd huohle Piepen.**

Auf Dauer setzen sich gute Worte von allein durch. Ursprüngliches treibt nach oben, etwas, das nicht längst vergangen ist wie das Anfängliche, sondern das unabhängig vom Wechsel der Zeit etwas Gültiges an uns auszurichten hat.

Der Philosoph Friedrich Wilhelm Schelling (1775–1854) betont, dass „die Kultur gesprochene Erinnerungen voraussetzt" und sich so erst ein gemeinsamer **Mythos** entwickeln kann. Der griechische Ursprung des Wortes Mythos geht auf „Erzählung", „Wort" und „Rede" zurück. Wir verwahrlosen kulturell, wenn unsere geistig-seelischen Wurzeln verkümmern. Das äußert sich in einem „ungehörigen" Umgang mit der Sprache.

Et is kienen Düüwel off he häff sienen Öewerdüüwel.
Jeder Teufel hat seinen Überteufel.

Wir Menschen sprechen, weil wir denkende Wesen sind. Wort und Sinn (gr. logos) stehen in einem unmittelbaren Zusammenhang. Sprache dient uns dazu, das Denken gut zu fixieren, das Handeln sinnvoll zu regeln, die Gefühle stimmig zu ordnen und nicht zuletzt die Bilder unserer Phantasie einzufangen – also unser Leben schön und „stimmig" zu gestalten.

Lieb- und gefühllos wird die Sprache, wenn sie in intellektueller Großmannssucht mehr und mehr „verkopft"; dann kommt immer weniger „Herzblut" durch sie zum Ausdruck und es „menschelt" nicht mehr. Stress ist auch ein Zeichen mangelnder Herzlichkeit in unserer Kommunikation. Dem beugt gerade das Plattdeutsch vor, weil es – **ümmer sachte an** (immer „ruhig weg") – durch seinen unnachahmlich natürlichen Zungenschlag in Gesprächen und Erzählungen die Herzen höher schlagen lässt. Vieles lässt sich auf eine liebenswürdige Art und Weise kurz und treffend sagen, was so auf Hochdeutsch gar nicht möglich wäre.

Weil in einer gepflegten Sprache heilende Kräfte liegen, ist es unverzeihlich, dass Plattdeutsch kulturell nicht zu würdigen und es gedankenlos verkümmern zu lassen, dagegen aber mehr und mehr mit „coolen" Modewörtern herumzuprahlen. Heimat ist auch „eine identische Sprache".

Bedenken wir, was hierzu einst Immanuel Kant (1724–1804) sagte:
„Fremde Wörter verraten entweder Angst,
geistige Armut oder Nachlässigkeit."

Wahrheit und Klarheit
gehen mit der Sonne nicht unter

Wenn ein Grundsatz entlang der Ems seit eh und je Gültigkeit hat, dann dieser: Nur wer geradlinig und aufrichtig seinen Weg geht, meistert auf Dauer sein Leben.

Die typischen Emstugenden sind: Wahrheit, Klarheit, Durchhaltekraft und Zuverlässigkeit – **ehrlich weg un nix anners** (ehrlich, fleißig und treu, sonst nichts).

Mehr Schein als Sein stößt auf Misstrauen und Abneigung. Ungeschriebenes Gesetz ist: Weder sich selbst, noch anderen etwas vormachen.

Schlicht und einfach die Wirklichkeit so sehen, wie sie ist und danach das Denken und Handeln ausrichten.

Nur so einem Menschen wird entlang der Ems Vertrauen entgegengebracht; „der so nich is", gilt mit einem Wort als **Windbüül** (Windbeutel).

Doch was sich so einfach anhört, ist in Wirklichkeit gar nicht so einfach; denn **richtuut** (geradeaus, ohne herumzulavieren), das macht heute vielen von uns Schwierigkeiten. Warum?

Weil wir – viel mehr als früher – in Wahrheit weniger die Wahrheit lieben, dafür aber um so mehr die angenehmen Empfindungen, die mit der Wahrheit nicht mehr viel gemein haben.

Nicht dass die Wahrheit immer bitter sein muss. Nein. Bitter sind nur grundlose, spekulative Gedanken, die uns verbittert werden lassen, weil wir mal wieder beim (völlig unrealistischen) „Gedankenlesen" ins Grübeln gekommen sind.

Bitter sind die Folgen einer Wahrheitsverfremdung. So beschwören wir geradezu Konflikte. Was wir Schicksal nennen, das züchten wir im eigenen Kopf lange vorher selbst. Ja:

Wenn de Simmelanten kien Braut atten,
was de Stuten män bloß Pennigkraom.
Würden Simulanten, Schwarzseher und Querulanten
kein Brot essen, wäre alles Gebäck billig zu haben (Pfennigkram).

Wir machen uns und anderen Probleme, weil wir die Wirklichkeit nicht wahrhaben wollen. Dadurch werden selbst Kleinigkeiten „teuer bezahlt".

Gepraot van 'e Straot häff kien Maot.
Die öffentliche Meinung missachtet eine maßvolle Bewertung.
Das Gerede von der Straße entspricht selten der Wahrheit.

Es kommt nicht darauf an, wie wir die Wirklichkeit gerne hätten, es kommt darauf an, wie die Wirklichkeit tatsächlich ist – und was wir konkret daraus machen. Wie auch immer wir uns winden und wenden:

Waohrheit un Klaorheit gaoht met de Sünne nich unner.
Wahrheit und Klarheit gehen mit der Sonne nicht unter.

Sehen wir die Wirklichkeit so wie sie ist, offenbart sie uns auch die in ihr liegenden Gesetze und Lösungen.
Sie sind an sich einfach zu erkennen, wenn nicht so mancherlei Unlustgefühle dabei zu überwinden wären. Fast immer bleibt dabei eine klare Sprache auf der Strecke. Drum merke:

Wort mott Wort blieben.
Wort muss Wort bleiben.

Der geradlinige Politiker Walther Rathenau (1867–1922) sagte:
„Wer Worte verdreht, manipuliert die Wahrheit. Dabei ist das, was in sich widerspruchslos und klar und wahr ist, so einfach, dass selbst jedes Kind es irgendwann aus sich selbst heraus zu verstehen lernt."

Das, was ist und jetzt eine Antwort erfordert, darf nicht „mit anderen Worten" verdreht und vernebelt werden. Es wird immer kritisch, wenn die Sprache dazu genutzt wird, die eigentlichen Gedanken zu verbergen. Es entsteht Stress und Schwierigkeiten nisten sich ein, wenn keiner mehr weiß „was wirklich Sache ist"; richtige und angemessene Lösungsmöglichkeiten bleiben auf der Strecke. Dabei wäre es so einfach:

Der trefflichsten Worte trefflichste Würze
liegen in Wahrheit, Klarheit und Kürze.

Diese Reimformel sagt bereits alles aus, was gute Sprichwörter und treffende Redewendungen ausmachen.
Ein gutes Sprichwort vermittelt:

Wahrheit,
die, auch wenn sie vielleicht dem jeweiligen Zeitgeist widerspricht oder man sie momentan nicht wahrhaben will, sich auf Dauer dennoch bestätigt und somit verlässliche Lebensweisheit in sich birgt.

> **Waohrheit bliff Waohrheit, för Könnig und för Beddeljan.**
> Wahrheit bleibt Wahrheit – egal of für König oder Bettler.

Klarheit,
das heißt eine für alle verständliche Deutlichkeit, die sich zumeist in bildhaften Gleichnissen widerspiegelt.

> **De Dübel schitt ümmer up den gröttsten Haupen!**
> Der Teufel scheißt immer auf den größten Haufen!

und **Kürze,**
also eine Quintessenz, die sogleich unbewusst prägend wirkt.

> **Well frögg, de giff nich gäne.**
> Wer fragt, der gibt nicht gern.

Schaut man in der deutschen Sprichwörterbibel, dem Großen Lexikon der sprichwörtlichen Redensarten von Lutz Röhrich nach, ist „ein Sprichwort ein festgeprägter Satz, der eine unser Verhalten betreffende Einsicht oder eine Aufforderung zu einem bestimmten Verhalten ausspricht." Ein Sprichwort drückt in der Regel eine allgemeingültige These aus. Dieser liegt zugrunde:

Eine Erfahrung des täglichen Lebens,

> **Erst 'n Päcksken, dann 'n Säcksken.**
> Erst ein Päckchen, dann ein Säckchen.

eine Warnung,

> **Wahr di vör 'ne Katte de schmuset.**
> Hüte dich vor einer schnurrenden Katze.

und **eine Vorschrift oder Klugheitserkenntnis.**

'ne hatte Waorheit sall man ümmer sachte säggen.
Eine harte Wahrheit sollte stets behutsam gesagt werden.

Viele Sprichwörter sprechen

eine Sozialkritik aus

**Dat Perd, wat et mehrste trecken mott,
krigg dat mehrste met de Pietske.**
Das Pferd, was am meisten ziehen muss,
bekommt das meiste mit der Peitsche.

oder **eine Religionskritik,**

**Wo de Messkaore nich henkümp,
dao kümp auk nich Gott's Siägen hen.**
Wo die Mistkarre nicht hinkommt,
dahin kommt auch nicht Gottes Segen.

Haushaltsrichtlinien

**De Frau kann met 'e Schüötte mehr uut 'n Huuse
driägen, as de Mann met Perd un Wagen inföhren kann.**
Eine Frau kann mit der Schürze mehr aus dem Haus
tragen, als der Mann mit Pferd und Wagen einfahren kann.

und **Wetterregeln**

Sankt Blasius (3. Februar) stött den Winter de Hörner aff.
Sankt Blasius stößt dem Winter die Hörner ab.

Alles ließe sich auf den einen Nenner bringen, dass nämlich Klarheit und Wahrheit mit der Sonne nicht untergehen. Darum auch liegt nicht Resignation, sondern Trotz in dem kernigen Spruch:

**In 'e Welt wärd mehr up de Mode lustert
as up Gesetz un Gebott.**

In der Welt findet der Zeitgeist mehr Beachtung
als Gesetz und Gebot.

Vorsicht also im Umgang mit dem Zeitgeist. Unterhöhlt dieser Gesetz und Gebot (sprich: Werte und Tugenden) und wird Klarheit und Wahrheit durch „die normative Kraft des Faktischen" ersetzt, wird es bedenklich.

Wo gibt es schon „die reine Wahrheit"? Natürlich müssen immer auch die Umstände der jeweiligen Situation mit berücksichtigt werden. Natürlich schwingen in jeder Wahrheit immer auch Gefühle und Willenseinstellungen mit; doch darf das nicht dazu führen, dass aufgrund einer einzelnen Wertung die allgemeine Wertung ad absurdum geführt wird.

Hatten unsere Vorfahren damit früher weniger Probleme, ist es heute oft genau umgekehrt. Da kann es schon mal sein, dass in einer Schule die ganze Kultur des christlichen Abendlandes in Frage gestellt wird, um ein Kreuz von der Wand zu nehmen. Ein Tohuwabohu wird entfacht, weil die Eltern eines Schülers die gedeihliche Entwicklung ihres Sprösslings gefährdet sehen. So werden allgemein ge- und beachtete religiöse und kulturelle Werte und Normen zugunsten einiger Bilderstürmer, die an einer Hand abzuzählen sind, auf den Kopf gestellt. Einige Wenige, die sich mit viel Medienaufwand auf ihre Freiheit berufen, attackieren Traditionen, die dem überwiegenden Teil der Allgemeinheit nach wie vor viel bedeuten. Und so werden an sich durchaus gute Sitten und Gebräuche in einseitiger Auslegung öffentlich unter Beschuss genommen oder lächerlich gemacht.

Man mott alltiet de Kerke in't Duorp laoten.
Man sollte doch immer die Kirche im Dorf lassen.

Damit sei vor Übertreibungen gewarnt. Wie weit so etwas gehen kann, mögen einige Beispiele aus dem „Land der unbegrenzten Möglichkeiten" verdeutlichen. Für sehr frei und äußerst „zeitgemäß" hält sich die Rektorin Sandy Niemiera von einer Schule im US-Bundesstaat Illinois. Den Schülern wurde dort jeder Feiertag im Jahr gestrichen, weil „die Schule die Einzigartigkeit jeder Person zu respektieren hat". – Und in Kensington (Maryland) ist der Nikolaus offiziell verboten worden, weil sich dort sage und schreibe zwei Stadtbewohner beim Anblick des Santa Claus gestört fühlten.

Wem das immer noch nicht genügen sollte, der ziehe ins amerikanische Pittsburgh. Da haben die Stadtväter beschlossen, das Wort „Christmas" unter Strafe ganz aus dem offiziellen Sprachgebrauch zu verbannen, in der Sorge, einige Mitbürger könnten an dem religiös geprägten Begriff Anstoß nehmen. Absolut „zeitgemäß" heißt Weihnachten dort nun „Sparkle Days" (glitzernde Tage). O du traurige, o du schaurige...

Et is slecht Sitten up ′n Wespennöst.
Es sitzt sich nicht gut auf einem Wespennest.

Damit ist gemeint, dass der Umgang mit Querulanten eine Plage ist. Doch gemach, gemach:

**Et flügg kien Vuogel so hauch,
he kümp wier an ′e Grund.**
Es fliegt kein Vogel so hoch,
er kommt wieder zurück zur Erde.

Gemeint ist hiermit die Zurechtweisung einer übersteigerten Egozentrik. Doch wer hat heute noch den Mut und die Zivilcourage, neunmalklugen Schwätzern und Aufrührern öffentlich die Stirn zu bieten.

Denken wir in diesem Zusammenhang nur an die einst so leidenschaftlich beschworene antiautoritäre Erziehung. Hitzig debattiert, wurden alle traditionellen pädagogischen Grundsätze in Bausch und Bogen über den Haufen geworfen. Dabei standen hier so manchem Emskopp die Haare zu Berge – weiß er doch:

**Quintensliägers und Sprigitzkenmaakers
häbt öewerall Verwandte.**
Großmäuler und Allotriatreiber haben überall Verwandte...

Hier an der Ems aber winkt man immer dann mürrisch ab, wenn fanatische Besserwisser wieder einmal so einen zweifelhaften **Spook** (Spuk) von sich geben. Sie bekommen zu hören:

**Wo de Waorheit nich is,
kann de Tunge se nich maaken.**
Wo die Wahrheit nicht ist,
kann die Zunge sie nicht machen.

Tun was richtig ist, setzt Überzeugung und Zivilcourage voraus, und ein Handeln, das darauf ausgerichtet ist, dass andere dabei nicht zu Schaden kommen.

Erst dann kommt in die Sache Licht,
wenn jeder auch die Wahrheit spricht.
Drum: Ist die Sache wichtig,
Sag was wahr ist, das ist richitg.
Doch mach es nicht zu kompliziert,
dass nachher nichts mehr funktioniert.

Zugegeben:
Jeder sieht die Welt durch die Brille, die zu seinen Augen passt. Ideale und Visionen beflügeln – und doch hegen andere immer auch andere Absichten. Ein wenig mehr Nachsicht, Weitsicht und Gelassenheit im Umgang miteinander käme uns allen zugute; denn:

Dör Unverstand kümp de Welt up ′n Biesterpatt.
Durch Starrsinnigkeit und Rechthaberei
kommt die Welt auf gefährliche Abwege.

Eben weil Wahrheit und Klarheit mit der Sonne nicht untergehen, ist weniger Rechthaberei, dafür aber umso mehr Weitsicht und kritische Distanz vonnöten. Doch ist in jedem Falle sogleich dann entschiedener Widerstand gefordert, wenn durchsichtig wird, dass der Mensch zum Zweck herabgewürdigt werden soll! Gerade dann ist es wichtiger denn je, deutlich rechte Worte zur rechten Zeit zu sprechen!

Das ist nicht immer einfach; doch helfen uns dabei vielleicht die Worte des Philosophen Blaise Pascals (1623–1662):
„Es gibt zwei gefährliche Abwege,
die Vernunft schlechthin zu leugnen und
außer der Vernunft nichts anzuerkennen..."

Das rechte Wort zur rechten Zeit
verhindert Streit und Traurigkeit

Worte wirken weiter – nicht nur die guten, besonders auch die „giftigen" Worte; sie vergiften oft über Jahre hinweg das Leben. Vieles lässt sich zurückholen und rückgängig machen, verletzende Worte nicht. Was einmal dem Munde entglitt schafft neue Wirklichkeiten. Umso mehr gilt es, die Zunge rechtzeitig durch Selbstdisziplin und weiterdenkende Vernunft zu hüten.

Viele Streitigkeiten ließen sich schmunzelnd vermeiden, wenn nur im richtigen Augenblick die richtigen Sprichwörter benutzt würden. Denn „ihr Sinn liegt gerade darin, in den alltäglichen Lebenssituationen und Meinungsverschiedenheiten die Menschenwelt mit ihren Widersprüchen und Spannungen zu erfassen, sie im Rahmen gemeinsamer Grundwerte darzustellen und die nachwachsende Generation von Kind auf zu bestimmten Lebens- und Verhaltensweisen anzuhalten." (vgl. Dr. phil. Büld: Niederdeutsche Sprichwörter zwischen Ems und Issel) In langen Gesprächen mit Dr. Heinrich Büld (1911–1989) ist schon 1987 die Idee zu diesem Buch entstanden. Er, der bis dahin als Einziger über das Niederdeutsche promoviert hatte, versicherte uns, dass gerade im Plattdeutschen die Tendenz vorherrsche, altbewährte gute Ratschläge „sprachlich wohlwollend und lieblich zu verpacken". Haben wir es dabei nicht schon wieder, wie bei dem Heimatbegriff, mit dem „Einanderliebsein" zu tun?

Dennoch – oder vielleicht auch eben deshalb – wird nicht an eindeutigen erzieherischen Ratschlägen und Richtlinien gespart.

Entlang der Ems genügt ein Blick für die Erkenntnis, dass

... bollerige Ollen rappelige Blagen haben.
... ungestüme Eltern ungezogene Kinder haben.

Sließlick kennt man dat Wiär an 'n Wind –
un de Öllern an iähr Kind.
Schließlich erkennt man das Wetter am Wind –
und die Eltern an ihrem Kind.

Weitere Beispiele:

Blaagen un duune Menskenkinner sägget de Waorheit.
Kinder und Betrunkene sagen die Wahrheit.

Well Köhe häff, de mott se auk hööden.
Wer Kühe hat, der muss sie auch hüten.

Mehrst will dat Ei wieser sien as de Henne.
Das Ei will oft klüger sein als die Henne.

Dat kleine Rad dreiht sick vörne an´ Wagen.
Das kleine Rad dreht sich vorne am Wagen.
Kinder müssen beizeiten lernen Verantwortung mit zu übernehmen.

Wat man lehrt froh, hang eenen lang to.
Was frühzeitig gelernt wird, behält man lange.

Well sick in't Öller waörmen will,
de mott sick bietieten 'n Uom bau'n.
Wer sich im Alter wärmen will,
der muss früh genug für einen Ofen sorgen.

So 'n Vuogel döch nich, de in sien eegen Nöst schitt.
Der Vogel taucht nicht, der sein eigenes Nest beschmutzt.

Man mott met ´ne Wuorst nao ´ne Siete Speck smieten.
Man muss immer mit der Wurst nach der Speckseite werfen.

Erfolgreich der, der zwar überzeugend weiß, was er will, dabei jedoch mit Umsicht, Takt und gutem Einfühlungsvermögen vorgeht. Dabei bezieht sich diese bereits seit dem Mittelalter bezeugte plattdeutsche Redewendung auf den so genannten „Himmel der Ems".

Vereinzelt hängen auch heute noch hier wie dort in den Bauernhäusern die Köstlichkeiten der Hausschlachtung über dem Herdfeuer in der Hausdiele. Schinken, Speckseiten und Würste hängen Stück an Stück so hoch, dass sie nur mit einer langen hölzernen Gabel, der **Gaffel**, aus dem **Bosen** (Rauchfang über dem Herdfeuer) heruntergeholt werden können.

Die jungen Burschen, denen der Bauer einst nur eine Wurst zum Schlachtfest geschenkt hatte, machten sich früher einen Spaß daraus, mit der Wurst nach dem Schinken oder einer Speckseite zu werfen und so zu treffen, dass sie sich vom Haken löste und herunterfiel. **Daobi konnen se sick van bar Lachen wuohl 'n Puckel smieten** (dabei konnten sie sich vor lauter Lachen wohl krümmen). Nicht barsche Forderungen zu stellen, die nur Ungemach heraufbeschwören, sondern sich lieber taktisch klug durch eine kleine Gefälligkeit einen größeren Vorteil einzuhandeln, das steckt in dieser alten plattdeutschen Redewendung.

Ist Ihnen etwas aufgefallen? – Die inhaltliche Aussage von Sprichwörtern und festen Redensarten ist fast immer zeitlos aktuell. Dabei ist ihnen jedes sprachlich-dichterische Mittel recht; von der schlagenden Kürze und Wiederholung, der Übertreibung und Verballhornung in Bild und Gleichnissen über Rhythmik und Reim bis hin zur Ironie.

Es lassen sich die schönsten Sprachspiele vernehmen:

Finger leck Dümmken!
Das möchtest du wohl gerne – gibt's aber nicht!

Dao häs dien Fett, dao smeer di met.
Da hast 'e dein Fett – und damit schmiere dich.

He möök 'n Gesicht, as dai em de Aape luusen.
Er machte ein Gesicht, als würde ihn der Affe lausen.

Besonders dann ist diese Redewendung im Plattdeutschen üblich, wenn ein Quentchen Schadenfreude über die plötzliche Verlegenheit eines Gelackmeierten nicht verhehlt werden kann. Der Vergleich stammt aus den Zeiten der Gaukler, wo „fahrendes Volk" noch bis Anfang 1960 mit einem tanzenden Bären und possierlichen Affen über Land zog und sich zu den Vorstellungen **vull nieschierig Volk** (viele neugierige Leute) versammelte.

Affen haben die Gewohnheit, sich selbst oder auch gegenseitig das Fell zu durchsuchen. Das hat den Anschein, als ob sie Läuse oder Flöhe entdeckten und diese dann genussvoll verzehrten. In Wirklichkeit aber suchen sie nach kleinen Hautschuppen im Fell oder auch in den Haaren des Menschen, wenn sie dazu die Gelegenheit haben. Sprang nun ein Affe plötzlich vom Rücken des Gauklers auf die Schulter eines verdutzten Zuschauers, begann denn auch sogleich die vermeintliche Läusesuche.

Der Betroffene war natürlich peinlich berührt, weil alle nun glaubten, dass er es wohl mit der Reinlichkeit nicht so ganz genau nahm und allerlei Ungeziefer mit sich herum trage.

Schadenfreude und der Spott der Umstehenden ist Ursprung dieser Redewendung. Daraus wird auch eines deutlich: Oft helfen selbst die besten Argumente nicht „gegen das Gerede der Leute". Ihnen begegnet man entlang der Ems mit der Bemerkung:

Recht häs du un Häbberecht sass du heeten.
Recht hast du und Haberecht sollst du heißen.

Gegenüber der Aufsässigkeit von Rechthaberei scheinen diese Worte einfach mit gleichgültigem Achselzucken gesprochen zu sein. Welch verschwendete Müh, in Auseinandersetzungen mit Hitzköpfen auf sein Recht pochen zu wollen, sie also auch noch nachzuäffen.

Streiten wir uns nicht ohnehin in den meisten Fällen nur aus eitlen und herrschsüchtigen Motiven? Dabei bleibt Recht ohnehin auch dann noch Recht, wenn es der andere nicht einzusehen vermag.

Besonders ist das der Fall, wenn der Kopf „chemisch" verstimmt ist.

Darum auch wussten die Frauen nur allzu gut, dass es sinnlos war, aufzubrausen, **wenn he maol wier dick was un dat Gatt vull hadde** (wenn er mal wieder betrunken war). Statt mit ohnehin vergeblichen Worten Streit herauf zu beschwören, tröstete man sich hier mit dem Bild eines Affen:

**Bruuks em bloß antokieken, dann sühs all,
met wat för 'n Aapen he wier rümlöpp.**
Schau ihn dir nur an, dann siehst du schon (das er getrunken hat),
mit was für einen Affen er mal wieder herumläuft.

In dieser Redewendung steht der Affe für die enthemmende Wirkung des Alkohols. Sind erst recht die Männer im täglichen Leben Gefühlen gegenüber äußerst zurückhaltend, kennt man sie nach Alkoholgenuss häufig nicht wieder; dann können selbst die ansonsten Abgebrühtesten unter ihnen **Fueselträönkes** (Schnapstränen) weinen. Ähnlich dem ungenierten Verhalten von Affen, die unvermittelt vom spaßig possenhaften Gehabe in eine grimmig gereizte Haltung überwechseln können, ähnlich verschiedenartig tritt häufig auch die Wirkung des Alkohols beim Menschen hervor.

Besonders Frauen sollen dafür einen untrüglichen Blick haben. Doch hat je ein Mann das berücksichtigt, wenn er sich „einen genehmigte"? Vielleicht hofft er auf Verständnis mit diesem typisch männlichen Einwand:

Dat moss in Anslagg brengen.
Das musst du berücksichtigen – das ist nun mal so.

Auch hierbei „entschärft" diese Aussage sogleich ein nicht gerade schickliches Verhalten; drum mag es in Gottes Namen verziehen sein. Viel schlimmer wäre die Äußerung:

De Dübel ritt up veer Perde.
Der Teufel reitet auf vier Pferden.

Immer wenn das gesagt wird, gilt: Jetzt wird's ernst – zumeist ist's dann aber auch schon „knüppeldick" gekommen.
Dao helpet kien Küeren mehr (da hilft kein Reden mehr). Es ist die Umschreibung für verhängnisvolle Ereignisse, Schicksalsschläge, aber auch für die ungestüme Macht des Bösen.

Die vier Pferde meinen **die vier Reiter der Apokalypse**, jenes vielleicht rätselhafteste Buch der Bibel, in der vier rücksichtslose Reiter die Menschheit quälen und zwar mit:

Hunger, Seuche, Krieg und zügelloser Siegesmacht.
Diese vier Heimsuchungen zählen zu den großen Plagen der Menschheit. Sie zu bändigen sind wir bis heute nicht der Lage. Sind wir dem Unheil ausgeliefert, woran können wir uns dann noch halten?

Es sollte zu denken geben, wenn überwiegend ältere Menschen jenseits der Fünfzig „Glaubenkönnen" mit zum Wichtigsten im Leben überhaupt zählen; kreuzte ihr Leben doch schon so manch „wilder Reiter"...

Das zeigt uns: Nur die seelische Kraft vermag ein Leben zu füllen und zu erfüllen – ohne dabei immer aus dem Vollen schöpfen zu können. Kreuzte der Teufel bereits mit einigen „ungestümen Pferden" das Leben, wird uns bewusst, wie klein und hilflos wir selbst sind. Vielleicht fühlen wir uns an Hiob erinnert. Er verlor alles, doch nie seinen Glauben – auch wenn er fürchterlich mit Gott haderte. Nur der Gläubige kann bei allem Unglück darauf vertrauen, dass Gott ihn dennoch nicht fallen lässt.

Glaubenstreu – die Menschen entlang der Ems stehen „mit rechten Worten zur rechten Zeit" dafür ein. Sie halten es mit dem guten Vorbild ihrer Vorfahren; fühlten diese doch noch weit mehr als wir heute, was Hunger, unheilbare Krankheiten und Krieg alles anrichten können.

Haben wir daraus gelernt?

Die schlimmste Einsicht ist wohl die, das, bis auf wenige Ausnahmen, fast alles vom Menschen selbst ausgeht. Wie oft hätte mit einem guten Wort zur rechten Zeit Unheil verhindert werden können? Größenwahnsinnige Wirrköpfe aber, die Unsagbares martialisch auszusprechen wagen, bürden anderen auf, Untragbares zu tragen. – Harmlos dagegen so ein kleiner **Kribbelkopp** (Hitzkopf), von dem gesagt wird:

**He häff wat uutlaupen laoten –
män he lött sick nich uutlümmeln.**
Er hat mal wieder was ausgefressen –
und doch lässt er sich nicht ausschimpfen.

Mag sich so ein **Taohbast** (zäher Draufgänger) auch durchsetzen können, höchste Achtung wird er dadurch nicht erreichen; vielmehr gilt entlang der Ems:

**De Nüekels to lichten, kost´ kien Pennig
un tellt doch mehr äs güllene Dalers.**

Die Stirnfalten zu glätten, das kostet nichts
und zählt doch mehr als goldene Taler.

Wer ist mit einer offenen und gefälligen Umgangsart schon überfordert? Natürlich mag vieles wesensbedingt sein; nur lässt sich gleichgültig-herzloses oder gar rüdes Benehmen nicht entschuldigen. Um wie viel mehr aber können wir anderen mit einem freundlichen Gesicht zu verstehen geben, dass wir ihnen gegenüber wohlgesinnt sind. Sollen andere das etwa erraten? Ebnen häufig nicht gerade „nett verpackte" Botschaften manch schwierige Wege? Zugegeben: Immer kann nicht zu allem ein freundliches Gesicht gemacht werden. Dann ist es gut, immerhin nicht ganz so **dull** (ärgerlich) sagen zu können:

Et wäss niärnswo so vull Heu, üm alle Lüü dat Muul to stoppen.
Nirgendwo wächst so viel Heu, um allen das Maul zu stopfen.

Egal, was immer auch die Leute reden; egal, was Hinz und Kunz möglicherweise so meinen; egal, was wieder einmal in der Zeitung stand oder im Fernsehen groß und wichtig ausgebreitet wurde – egal.

Allemal wichtiger ist es, selbst zu wissen wo es lang geht und unbeirrt von vordergründiger Schmeichelei **den eegenen Patt to gaohn** (den eigenen Weg zu gehen). Das ist hin und wieder schwierig. Eine Hilfe wären

die vier Kardinaltugenden (nach Thomas von Aquin):
Klugheit, Gerechtigkeit, Tapferkeit und Maß.

Sich daran auszurichten, setzt Zivilcourage und Selbstbewusstsein voraus. Geredet wird immer. Besonders auch auf dem Lande kann das problematisch werden, weil in dörflichen Gemeinschaften jeder jeden kennt. Das kann schnell zu Ausgrenzungen durch Vorurteile und übler Nachrede führen. Siehe Johannes, Kapitel 8, Vers 7:
„Wer von euch ohne Fehler ist, der werfe den ersten Stein."
Eines ist so gut wie sicher: Wer sich auf Kosten anderer ins rechte Licht setzen will, wird damit letztlich nicht glücklich werden. Und doch trifft eine mildere Beurteilung für jene zu, von denen gesagt wird:

Se kieket nao de Bauhnen un mennt den Speck.
Sie schauen zu den Bohnen und meinen den Speck.

„Links blinken und rechts abbiegen", das ist auch nicht gerade die feine Art. Solange im täglichen Leben hingegen dieses Spielchen mit einem schelmischen Augenzwinkern als Schlitzohrigkeit verstanden wird, soll dem auch kein fauler Zauber unterstellt werden; bedenklich wird es bei der bewussten Vorspiegelung falscher Tatsachen. Auch setzen sich jene der Gefahr eines Schlingerkurses aus, die sich zum Büttel irgendwelcher Erwartungen oder vorgefasster Meinungen machen. Zu allem Ja und Amen zu sagen ist „weder Fisch noch Aal". Gewinnen wird weder eine **Fliemerkunte** (Schmeichler, Kopfnicker) noch ein **Filluh** (durchtriebener Mensch), der mit zwei Zungen redet. Das Vertrauen ist verspielt, wenn gesagt wird:

He drägg up twee Schullern.
Er trägt auf zwei Schultern.

Wer auf zwei Schultern trägt, ist mit Vorsicht zu genießen, denn er ist weder aufrichtig noch ehrlich:

Dat is eene, de naiht met ′n Achterstieck.
Das ist jemand, der näht mit einer falschen Nadel
(spricht anders als er denkt – er lügt).

Schauen wir genauer hin, erkennen wir, dass die meisten Konflikte ihren Ursprung in der Missachtung des 8. Gebotes haben: „Du sollst kein falsches Zeugnis geben wider deinem Nächsten", besser bekannt unter der Kurzformel: „Du sollst nicht lügen." Das ist zwar einfacher gesagt als getan, dennoch: Wer lügt, kommt nicht weit im Leben.

Laigen häbt kuorte Beene.
Lügen haben kurze Beine.

Von diesem achten Gebot aus bestehen nahezu nahtlose Verbindungen zu den anderen Geboten, besonders zum neunten und zehnten Gebot, weil hier deutlich „die Ichsucht", also das eigentlich Sündhafte, zum Ausdruck kommt.

Es ist so: **„Die Ichsucht"** zerstört **„die Sehnsucht" nach Heil.**
Für unsere Vorfahren waren sie d a s rechte Wort zur rechten Zeit.
Drum seien sie auch an dieser Stelle ausdrücklich genannt:

Die 10 Gebote:

1. Du sollst keine fremden Götter neben dir haben.
2. Du sollst den Namen Gottes nicht verunehren.
3. Gedenke des Sabbats – würdige die Sonntagsruhe.
4. Du sollst Vater und Mutter ehren.
5. Du sollst nicht morden.
6. Du sollst nicht die Ehe brechen.
7. Du sollst nicht stehlen.
8. Du sollst kein falsches Zeugnis geben wider deinem Nächsten.
9. Du sollst nicht deines Nächsten Partner(in) begehren.
10. Du sollst nicht begehren deines Nächsten Hab und Gut.

Die zehn Gebote zogen sich den Menschen als Richtschnur durch das ganze Leben. Auch wenn früher durch oft zu strenge Gebotsauslegungen Schuldgefühle und Gewissensängste nicht selten waren, mindert das nicht den zeitlosen Wert der zehn Gebote. Es sind Gebote – und nicht Verbote. Gebote dienen dem Leben – und mindern nicht die Lebensqualität. Jedoch:
Immer wenn ich andere ausschalte, sie übergehe oder durchtrieben hintergehe, missbrauche ich sie – und doch trifft es letztendlich auch mich. Ein schlechtes Gewissen ist immerhin ein gesundes Zeichen dafür, dass „die rechte Gesinnung" noch nicht auf der Strecke geblieben ist. Fakt ist: Sünde ist ein Bumerang, weil Liebe verraten wird – und Sünde offenbart einen Mangel an Eigenliebe. Sogar in der vordergründigen Anbiederung offenbart sich Lieblosigkeit durch eine mangelnde Wahrhaftigkeit:

Allemanns Frönd is allemanns Geck.
Jedermanns Freund ist jedermanns Narr.

Ümmer bloß es anner Lüe, geiht de eegene Kopp paddü.
Wer sich immer nur nach anderen Leuten richtet,
verliert seinen eigenen Kopf.

Schauen wir uns nur um. Es ist kaum zu glauben, mit wie viel List und Tücke tagtäglich Konformismus gepredigt wird. Selbst für Modetorheiten wird das schlechte Gewissen bemüht. Kaum jemand, der nicht mit Köder und Haken versucht, sich den anderen gefügig zu machen. Das geht hin bis zu ganz bestimmten Maßstäben und Verhaltensmustern, die eigentlich diametral zur persönlichen Gesinnung stehen. Und doch:

Warum begeistern wir uns in Gesprächen wohl immer wieder an (oft längst verblichenen) **Querköppen?**

Bewundern wir nicht unbewusst den Schneid einer gelebten Individualität, den Mut zur Ehrlichkeit und den Mut zur Verschiedenheit?

Die in Rheine an der Ems zur Schule gegangene Professorin und streitbare Politikerin Rita Süßmuth wünscht(e) sich als Bundestagspräsidentin mehr Charakterköpfe statt raffinierter Karriereköpfe – und der ehemalige Bundespräsident Herzog mahnt an, dass endlich „durch Deutschland ein Ruck gehen" müsse...

Darum darf auch an dieser Stelle wohl gesagt werden:

Ohne Geradlinigkeit, ohne Aufrichtigkeit, ja, ohne das Streben nach Verwirklichung von Werten und Tugenden verkommen wir.

Ehrlich weg un rein haruut (aufrichtig, ehrlich und klar in den Äußerungen), diese Verhaltensweise haben Westfalen, Münsterländer, Emsländer und Ostfriesen mit der Muttermilch eingesogen.

Hier weiß jeder:

Dat Kerbholt is ´n scharp Ding.
Das Kerbholz ist ein scharfes Ding.

Nicht umsonst wird das Kerbholz mit dem Gewissen gleichgesetzt. Das Bild passt. Bis ins 19. Jahrhundert hinein setzte sich das komplette Kerbholz aus zwei aufeinander passenden Holzstäben zusammen, in welche die Schulden eingekerbt wurden. Davon erhielt der Gläubiger die eine und der Schuldner die andere Seite.

Dadurch wurden Streit und Zwietracht durch Unehrlichkeit oder falsche Behauptungen vermieden, weil sich durch Zusammenlegung beider Stäbe sogleich immer die Richtigkeit der Rechnung ergab. Das Kerbholz ist also ein gutes Beispiel für das eigene Gewissen; denn nichts ist unbestechlicher. Doch was ein rechter Bauer ist, der ist ohnehin nicht so leicht zu **verdummdeubeln** (betrügen, hintergehen):

De ′n Bur bedraigen will,
de mott ′n Bur metbrengen.
Wer einen Bauern betrügen will,
der muss einen Bauern mitbringen.

Schon mal was von Bauernschläue gehört?
So manch Neunmalkluger, der davor kapitulieren musste. Zahlreiche Beispiele, festgehalten in markigen Worten und humorvollen Anekdoten zeugen von dieser geradezu naturgewachsenen Intelligenz.
  Gerade weil sie nicht anstudiert ist, verblüfft sie immer wieder die ach so Belesenen. Während wir uns mit unserer Logik den Kopf zerbrechen, hat der Bauer schon lange instinktiv gehandelt. Bei all der vielen Arbeit kann er sich auch gar nicht lange wegen **Kinkerlitzen** (Kleinigkeiten, Schnickschnack) den Kopf zerbrechen.
  Wenn aber etwas in der Luft liegt, handelt er nach Gut und Glauben. Während andere noch an **Fisimatenten** (Kleinkram) herumdoktern, schreitet er bereits zur Tat. Und auf die geschliffensten Einwände antwortet er:

Dat kanns nich lärn′n,
dat moss kenn′n.
Das kannst ′e nicht studieren,
das musst ′e ganz einfach kennen.

  Lernen durch Beobachten und Tun. Langsam, aber gründlich, „mit der Zeit" was werden. Wie heißt es „längs der Ems" so schön:

Köppsk weg uut Rand un Band,
dat düch hier nich in use Land.
Unbedachtes Handeln,
das passt entlang der Ems ganz und gar nicht.

Ja, wenn gute Worte Streit und Traurigkeit verhindern, warum machen wir dann nicht mehr Gebrauch davon?
  Aber bitte nicht mit Getöse, besser „sachte an". Lassen wir uns von der Natur inspirieren. Ein kurzes Innehalten genügt oft schon.
  Allein nur die Kraft und Ruhe eines Baumes auf sich einwirken zu lassen, stärkt, macht ruhig und dämpft „das Getöse der Welt".

Auch beim Lesen in der Bibel liest man immer wieder: „Auf dem Weg nach..."oder „als Jesus unterwegs war, da...". Zwischen allen wichtigen Begegnungen mit Menschen lag immer ein Weg und eine angemessene Zeitspanne für eine Pause.

So können sich gut die Gedanken ordnen und die Gefühle entfalten, um schließlich „ganz da" zu sein.

Wir dagegen haben vor lauter Wichtigkeit vergessen, was wirklich wichtig ist.

Wir gleichen Feinschmeckern, denen der Appetit vergangen ist.

Wir wissen, dass uns etwas fehlt, doch wir wissen nicht so recht, was das ist. Doch was soll's. Dafür sausen wir „aufgedreht" herum, wie Kinder, die aus Furcht im Wald singen:

Von einem Kontinent zum anderen, düsen wir durch Wolken, schlagen der Zeit ein Schnippchen und rutschen durch Wochen, Monate und Jahre – doch was gestern „wirklich" war, das entgleitet uns nicht selten.
Wir haben ganz vergessen, dass auch kleine Reisen Reisen sind.
Dafür sitzen wir in der Sackgasse von Geschäft und Geschäftigkeit und versuchen uns durch Stöhnen über Stress und Zeitmangel gegenseitig zu beeindrucken. Dabei sollte uns gerade die Erinnerung daran, dass wir alle nicht unersetzlich sind, veranlassen, öfter einfach mal innezuhalten. Ja:
„Wer will haben Glück und Ruh',
der raste, schau' und schweig' dazu."

Gerade durch mehr **Sachtsinnigkeit** (Gleichmut) statt **Hassebassen** (kopflose Hektik) ließe sich auch manche Unstimmigkeit und mancher Streit vermeiden. Entscheidungen über die Köpfe weg, Besserwisserei und allzu lautes Getue erschreckt die Menschen an der Ems, die über Generationen an Verlässlichkeit, Ruhe und Bedacht gewöhnt sind. Darum „fliegt" ihnen nicht so leicht ein Wort heraus, was nicht wieder eingefangen werden kann.

Gut kommt das in diesem Spruchreim zum Ausdruck, der auf das alte Böttcherhandwerk zurückgeht. Wer „außer Rand und Band" ist, hüte sich vor kopflosen Entscheidungen und Handlungen. War ein Fass „außer Rand und Band", wenn also Randeinfassung und Bänder gelockert oder gerissen waren, fielen die Dauben, also die Seitenbretter und damit auch der Boden heillos auseinander. Es war „hin". Ein passendes Bild für jene, die „nicht alle beisammen" haben; undisziplinierte, aggressive Personen, aber auch Menschen, die „nie Zeit" haben, Hektiker, die Stress verbreiten und sich obendrein auch noch wichtig dabei vorkommen. Merke:

**Raste nie, noch haste nie –
sonst hast ´e die Neurasthenie.**

Goethe un dat Plattdütsk –
Schwanksprüche
und Hochdeutsch mit Streifen

Im Ausland, besonders in England, gehört es zu den hartnäckigsten Klischees, dass wir Deutschen keinen Humor hätten. Die Engländer gar wollen das nun wissenschaftlich bewiesen haben. Tatsächlich enthüllte nun ein gewisser Professor David Myers vor der Royal Society of Edinburgh, dass die deutsche Sprache für Humorlosigkeit verantwortlich wäre; genauer gesagt seien daran die Umlaute schuld. **Dat föllt wat groff met** (das ist nun doch ein wenig grob). Doch der Herr Professor lässt keine Einwände gelten. Denn zur Bildung von „ä", „ö" und „ü" müssten jene Gesichtsmuskel aktiviert werden, die man auch zum grimmigen Dreinschauen benutze.

Nämanää! Dao krieget jä sömms de Müüse Lüüse bi (also nein, dabei bekommen ja selbst die Mäuse Läuse)! Ja, gerade das „ü" bekäme lustigen Mundwinkeln nicht gut, sie würden knitternd verformt. „Übel, übel!" Je mehr „ü", umso mehr schlechte Laune, „weil", so der findige Professor, „die dadurch bedingten Bewegungen der Gesichtsmuskeln die Stimmung des Sprechenden negativ beeinträchtigen". **Dao gaoht de Höhner jä bi in 'e Höchte** (da fliegen ja die Hühner bei auf)! Hat auch ganz bestimmt noch nie was von Plattdeutsche Schwanksprüche vom nahen Festland gehört, dieser **Simmelant** von Professor da aus England mit seinem Spleen. Wenn er nur wüsste: **Dao kann he met sien klook Gesnaater nich keggen up** (dagegen hilft sein kluges Geschwätz überhaupt nichts).

Ja, als krönende Prägung der eigentlichen Aussage findet sich besonders entlang der Ems im Plattdeutschen ein besonderes Kuriosum, es sind die sogenannten Schwanksprüche in Form eigenwilliger Situationskomik. Da lockern sie sich nur so, die ansonsten so angespannten Gesichtsmuskeln.

Wer will uns da noch was von Humor erzählen?

He sall män nett ardig sien dao ächten up sien Eiland, düssen Quaterbüül van Tommy (er soll nur schön artig sein da hinten auf seiner Insel, dieser redselige Engländer). Schaue er sich lieber hier bei uns einmal um.

Denn nur hier
> **... häff man dat Waort Gottes Swatt up Witt,
> wenn de Pastor es maol up 'n Schimmel ritt.**
> ... hat man das Wort Gottes Schwarz auf Weiß,
> wenn der Pastor auf einem Schimmel reitet.

Dieses „Mantel- und Segenschauspiel" war einst besonders im katholisch geprägten „schwarzen Münsterland" zu bewundern, dort, wo früher weitaus mehr als heute noch samstags die regelmäßige Ohrenbeichte für ein reines Herz sorgte; die Gläubigen unter sich jedoch augenzwinkernd murmelten: **Leiwer bichten äs verzichten** (lieber beichten als verzichten)...

Es zeugt von pfiffiger Bauernschläue, wenn auf hintersinnige Fragen **drööge weg** (trocken) tolldreiste Antworten hervorgezaubert werden.

> **„Sterben is mien Gewinn", sagg de Pastor.**
> **„Und mien Schaden is et auk nich", sagg de Köster.**

„Sterben ist mein Gewinn", sagte der Pastor.
„Und mein Schaden ist es auch nicht", sagte der Kirchendiener.

„Extra amourös!" sägg de Hahn,
dao göng he met Naobers Höhner spazeeren.
„Besonders amourös!" sagte der Hahn,
da ging er mit den Nachbarhühnern spazieren
(Anspielung auf das „Fremdgehen").

„Et geiht nix vör Reinlichkeit!" reip de Kerl –
un dreihde up ′n Sunndag sien Hiämd üm.
„Es geht nichts über Ordnung und Sauberkeit!" rief der Mann –
und drehte sonntags sein Hemd auf die andere Seite.

„Jö! Hier kann ick lange an nippen!" sagg dat Hohn,
dao keek et in′ Pütt.
„Na, daraus kann ich viele Schlückchen nehmen!" sagte das Huhn,
da schaute es in den Brunnen
(Anspielung auf Zurückhaltung beim Trinken).

Entlang der Ems ist es ratsam, genauer hinzuhören. Also: Stopp mal bitte, hieß es da nun: „Zum Wohlsein" oder „Zum Vollsein"? Wie dem auch sei, nach einer gewissen Zeit zeigt es sich auch so:

Strumpelduun
kann noch gaohn,
Fallduun
kann wier upstaohn,
Liggeduun
is geföhrlick,
Straotenduun is schaneerlick.
Schwankend betrunken
kann man noch gehen,
fallend noch aufstehen,
liegend betrunken
ist schon gefährlich,
doch betrunken auf der Straße,
das ist blamabel!

„Dat is guet för de Müüse", sagg de Bur,
dao söhg he siene Schüer in Brand.
„Das ist gut gegen Ungeziefer", sagte der Bauer
als er seine Scheune brennen sah.

„Wie Kauplüe könnt gar nich graut genoog sien", sagg
Klüngelanton met seine langen Beene un sienen Buukladen
in Mettingen to den ollen Brenninkmeyer van C & A.
„Wir Kaufleute können gar nicht groß genug sein", sagte der
Straßenhändler mit seinen langen Beinen und seinem Bauchladen
in Mettingen zu Herrn Brenninkmeyer von C & A.

Es geht nichts über klare Hinweise – auch in diesem Fall:

'n Klookschieter fröög 'n Bur es maol:
„Also mir oder mich, is ju dat egaol?"
„Oh nä!", mennde de Bur, „Noch lange nich!
Wi sägget hier m i – bloß Goethe sägg mich."
Ein Naseweis fragte einen Bauern einmal:
„Also mir oder mich, ist euch das egal?" „O nein!" rief der Bauer,
„noch lange nicht! Unsereins sagt mir – nur Goethe sagt mich."

Also kein Wischiwaschi, wenn schon, dann gründlich:

„Up 'n Grund mott man de Saake gaohn",
spröök klook de Magd es 'ne Schoolmesterin.
Dao lööt se alles liggen un staohn –
un krööp koppöewer in 'e Messkuhle rin.
„Man muss der Sache auf den Grund gehen",
sprach die Magd wie eine kluge Lehrerin.
Da ließ sie alles liegen und stehen –
und kroch kopfüber in den Misthaufen.

Vorsicht! Die Herren der Schöpfung sollten nicht zu laut lachen – das könnte ihnen im Halse stecken bleiben, wenn sie zu hören bekämen:

„Ewig düssen Messgestank!
Heini, ick sägg di,
de mäck mi noch krank!"
Dao pafümierde sick
dat Wief up 'n Klo –
un verduftede dann män
eenfach so...
„Immer dieser Mistgestank!
Heinrich, ich sage dir,
der macht mich noch krank!"
Da parfümierte sich die Frau
auf dem Klo –
und verduftete dann, einfach so...

Heinrich Büld beschreibt diese plattdeutsche Spezialität in seinem Buch von den Niederdeutschen Sprichwörtern zwischen Ems und Issel (Aschendorff Verlag Münster) so: „In diesen typisch plattdeutschen Schwanksprüchen wird zwar eine närrisch-verkehrte Welt, niemals aber eine heile Welt dargestellt. Es ist im Grunde der Gegensatz zwischen dem Anspruch fester Ziele, Werte und Normen und der Realität menschlicher Schwächen und Fehler, die sich hier in einem possenhaft verzerrten Launenspiegel zeigen."

„Better is better", sagg de Snieder,
dao smeerde he sick Buotter up 'n Speck.
„Besser so", so sagte der Schneider,
und strich Butter auf den Speck.

„Spitz kumm an, de Pastor de stichelt", sagg de Schaiper;
dao priägte de Geistlicke van den gueden Hirten.
„Komm, Spitz, der Pastor stichelt", sagte der Schäfer zum Hund
als der Geistliche vom guten Hirten predigte.

Wohl wegen ihrer grob-derben Aussagekraft finden sich diese unverblümt deutlichen Schwanksprüche auch kaum in Sprichwortsammlungen. Nun ja, diese hier sind auch noch recht harmlos...

'n guedet Waort to rechten Tiet,
verhinnert so manchen unnützen Striet.
Drüm krigg aff un an auk Bennings Käthe
met 'e dicke Bibel wat vör de Plääte...
Ein gutes Wort zur rechten Zeit,
verhindert so manchen unnützen Streit.
Drum bekommt ab und zu auch Bennings Käthe
mit der großen Bibel was an den Kopf...

„Oh Här mien Huus, wat is denn dat?!"
reip heel dörneene Meiers Jopp.
„I könnt mi 't glöwen, ick seih schwatt" –
dao trökk he sick dat Hiämd öewern Kopp.
„O nein, was ist denn das?" rief verwundert Josef Meier,
„ihr könnt es mir glauben, ich sehe schwarz" –
da zog er sich das Hemd über den Kopf.

„Adel is auk nich mehr dat, wat 'e maol wör",
lööt luuthals de Bur sien Organ erschallen;
dao wör em tüsken twee Burn, so 'n Mallör,
de Könnig uut 'e Karten ruutfallen.
„Adel ist auch nicht mehr das, was er einmal war",
ließ sich lauthals der Bauer vernehmen;
da war ihm zwischen zwei Bauern – so ein Malheur,
der König aus den Karten herausgefallen.

„Vom Himmel hoch, da komm ich her!"
reip wahne de Timmermann,
dao fööl he van 't Hahnholt.
„Vom Himmel hoch, da komm ich her!"
rief lauthals der Zimmermann,
da fiel er vom Dachstuhl.

Häufig auch werden in diesen kauzigen Schwanksprüchen „faule Ausreden" aufs Korn genommen. Sie treffen, wenn „der Gelackmeierte" sich mit Ausflüchten unangenehmen Situationen zu entziehen sucht.

So nich: Alle Dage Sunndag
un midden in´e Wiäke Kermis.
So nicht: Alle Tage Sonntag
und mitten in der Woche Kirmes.

Hat jemand hingegen ein unanständiges Wort gebraucht, wird geäußert:

Still es. Ick gleiw et bünd Swiene in´ Gaoren.
Seid mal ruhig. Ich glaube es laufen Schweine im Garten herum.

Wird gesagt „das tun doch alle, das ist Mode", folgt der Hinweis:

Wenn alle van buoben daale in ´e Iemse springet,
springst du dann auk?
Wenn alle oben von der Brücke in die Ems springen,
springst du dann auch hinterher?

Heißt es „ich muss aber unbedingt...", dann folgt die Antwort:

Quit, quat. Schnaps drinken un Hieraoden is kien Mötten.
Langsam an. Schnaps trinken und Heiraten ist kein Müssen.

Und die Frage nach der Uhrzeit erübrigt sich:

Wu laat et is? Fleit wat drup.
En fief Minuten stimmt et all nich mehr.
Wie spät es ist? Egal. In fünf Minuten stimmt es schon nicht mehr.

Auch kann dem nichts entgegengesetzt werden, wenn gesagt wird:

Du moss nich bloß vörbikuemmen,
kuemm leiwer rin!
Kanns di gar nich verdoon.
Use Huus steiht ümmer noch buuten.
Du sollst nicht nur vorbeikommen, komm lieber herein.
Du kannst dich gar nicht vertun.
Unser Haus steht immer noch draußen.

    Immer ist dieser Burleske, diesem auf den Kopf gestellten Sinn, gemein, einer an sich unangenehmen Situation auf versteckt humorvolle Art und Weise das Belastende zu nehmen. Man geht auf schelmische Art und Weise locker und richtig schön menschlich miteinander um.
    Passende Schwanksprüche sind Brücken, um in vertrackten Situationen mit einem befreienden Lachen „menschelnd" wieder zueinander zu finden. Ja, was kann so manchen verquerten Hintergedanken, Zweideutigkeiten oder unausgesprochenen Enttäuschungen besser die Bitterkeit nehmen als ein befreiendes Lachen? Na bitte:

Wat giff so ′n Bur doch nich alles so weg.
Dao verspröök doch glatt de olle Lüken:
„Wenn use Hahn es maol ′n Eiken legg,
dann krieg ji daovan dat erste Küken."
Was verschenkt ein Bauer doch nicht alles so großzügig.
So versprach auch wirklich einmal der alte Lüken:
„Wenn unser Hahn einmal ein Ei legt,
dann bekommt ihr davon das erste Küken."

    Es sind nicht immer nur angenehme Bilder, die ins rechte Licht gesetzt werden, sondern auch die dunklen Seiten des Lebens werden nicht ausgespart – auch wieder auf eine unnachahmlich verschmitzte Art und Weise:

„Wenn Du nemms, dann nemm ick auk",
sagg Ewald to usen Härgott, as em de veerde Frau
stuorben was; spröök et – un sochde sick de Fiefte.
„Wenn Du nimmst, dann nehme ich auch", sprach Ewald zu
zu Gott, als ihm die vierte Frau gestorben war;
sprach es – und suchte sich die Fünfte.

„Ick haoll et es fromme Mann met de Apostels",
sagg Härm – un göng up 'n Sunndagmuorn fisken.
„Als frommer Mann halte ich es mit den Aposteln",
sagte Hermann – und ging am Sonntagmorgen fischen.

„All´s wat nich guet ruuket, is gesund" sagg de
Aptheker, dao harr he stiekum eenen fleigen laoten.
„Alles was nicht gut riecht, ist gesund", sagte der Apotheker,
da hatte er klammheimlich einen fahren gelassen.

**Legg di män up ´n Buuk,
dann föllt di de Slaop uut `e Aogen.**
Lege dich auf den Bauch,
dann fällt dir der Schlaf aus den Augen.

„Dat Aoge will auk wat häm`n", sagg Jopp met sien blau Aoge.
„Das Auge will auch was haben", sagte Josef mit dem blauen Auge.

„Dat will ick doch es seihn", sagg de Blinde,
„off de Hinkfoot auk wuohl danzen kann."
„Das möchte ich doch mal gerne sehen" sagte der Blinde,
„ob der Lahme nun wohl tanzen kann."

„Deibelslag! Glück mott man häbben!"
reip de Snieder, dao socht he siene Naodel –
un tratt se sick in ´n Foot.
„Teufelnochmal! Glück muss man haben!"
rief der Schneider, als er seine Nadel suchte –
und trat sie sich in den Fuß.

„Dä! Heelmaol is et nich missgaohn", mennde de Bur,
dao woll he ´n Rüen smieten – un trööf sien Swiegermuor.
„Ganz daneben ist es nicht gegangen", meinte der Bauer,
da wollte er nach einem Hund werfen
und traf seine Schwiegermutter.

„Practica est multiplex", sagg heel maaß de
Professor. Dao bünd he gelehrt sien Perd
met 'n Stert an't Gefährt...

„Practica est multiplex", sagte der Herr Professor gespreizt.
Da band er – äußerst gelehrt – sein Pferd
mit dem Schwanz vor ´s Gefährt...

„Meinee, wat is d a t Beer nu doch dünn!"
reip wahne de Suuplapp – dao was he in ´e Iemse fallen...
"O je, was ist d a s Bier doch nun dünn!" rief der Säufer –
da war er in die Ems gefallen.

Josef Winckler (1881–1966), Sohn des Salinendirektors zu Rheine-Bentlage, Zahnarzt und Dichter des Tollen Bombergs, schreibt:
„Wo findet man ihn sonst noch, diesen urwüchsigen Hang zum Necken und Spotten, ohne dass damit eine Beleidigung beabsichtigt wäre? Zugegeben, manchmal klingt es schlimm. Aber jeder weiß, dass es nicht schlimm gemeint ist. In diesen kauzig-knorrigen Umschreibungen urteilt und wertet das Volk ganz nach seinen eigenen Maßstäben."

Querdenkerei, Zivilcourage, Trotz, Mut und Kraft – es ist alles „drin". „Sprichwörtlich" wird deutlich, dass der Kern der Menschen hier entlang der Ems (ganz im Gegensatz zum landläufigen Klischee) gar nicht so steif und so drööge ist. Wird heute auch im täglichen Leben immer weniger Plattdeutsch gesprochen, so freuen wir uns unvermittelt, wenn jemand mal wieder herrlich sprühende Funken aus dieser „Sprache des Herzens" zum Leuchten bringt.

Es muss nicht immer Goethe sein.

Große Denker unserer Heimat würdig(t)en die niederdeutsche Heimatsprache. So der große Philosoph Josef Pieper aus Elte bei Rheine oder der aus Bevergern stammende Gründer des Instituts für vergleichende Kulturwissenschaften, Anton Hilckmann. Ihrer Ansicht nach bezeugt die Ignoranz des Plattdeutschen eine Schrumpfung geistiger Vielfalt und ist ein Zeichen kultureller Verarmung. Anton Hilckmann schrieb am 17. Februar 1961 im Rheinischen Merkur:

„In Jahrhunderten gewachsene Sprichwörter und Lebensweisheiten, uralte Redensarten, ehrwürdiges Sprachgut, gerade auch solches, das in der Schriftsprache längst verloren gegangen ist oder in ihr nie vorhanden war, das ist in einer ursprünglichen Volkssprache oft unerkannt aufgehoben.

Aus der mir so lieb gewordenen und altvertrauten plattdeutschen Sprache könnte ich auf Anhieb eine Liste von Hunderten wunderbar ausdrucksstarker Wörter und Ausdrücke zusammenstellen, für die es im Hochdeutschen keine Entsprechung gibt. Allesamt fehlt ihnen in der hochdeutschen Sprache ihr warmer, herzerfrischender Sinn. Es gibt dafür auf anderer sprachlicher Ebene überhaupt keine Entsprechung. Warum? Weil der intime Kern, also das innere Feingefühl der Seele fehlt. Daher ist eine reine Übersetzung problematisch, weil häufig das Wesentliche mit dem Gesagten nicht übereinstimmt."

Wir möchten noch lieber sagen: überein-"schwingt".

Zur Verdeutlichung mögen allein zwei Wörter genügen, deren unterschiedliche Schwingung gut spürbar wird: Heimat und Nation. Wenn wir beide Worte in uns nachklingen lassen, fühlen wir die weiche Schwingung bei dem Wort Heimat. Dazu passt auch die sanfte Schwingung des Wortes Gemeinschaft; Nation hingegen suggeriert vom Wortklang her sofort trompetenschmetternde Autorität.

Wie groß erst muss der gefühlsmäßige Unterschied zwischen dem Hochdeutschen und dem Niederdeutschen sein. Wer meint, „Platt" wäre nur gut zum Ulken, der versteht davon in etwa so viel wie eine Stubenfliege von den zehn Geboten.

Gerade der unbewusst aus der Situation hervorgezauberte, etwas verzögerte, und zum Nachdenken anregende Aha-Effekt, ist die Krone des Plattdeutschen. Richtig bedacht ist darum auch das Plattdeutsche so etwas wie „eine Brücke zwischen Kopf und Gemüt".

Eine wörtliche Übersetzung vom Plattdeutschen ins Hochdeutsche oder auch umgekehrt, trifft nie richtig ins Schwarze. Die Redewendung kommt nicht von ungefähr:

He küert Hauchdüütsk met Striepen.
Er redet Hochdeutsch mit Streifen.

So einer bemüht sich, „so richtig fein" Hochdeutsch zu sprechen. Anton Hilckmann gibt hierfür ein gutes Beispiel, zu welch „gedrechselten Ausrutschern" so etwas führen kann:
Wenn die Schweine das in die Beine kriegen,
dann is das mit die Schinken nich was.

Auch wenn das zum Schmunzeln reizt, ist es nichts anderes, als die wortgetreue Übersetzung aus dem Plattdeutschen.
Auf Platt hingegen klingt es mit den gleichen Worten völlig normal, wenn gesagt wird:

Wenn de Swiene dat in de Beene krieget,
dann is dat met ′e Schinken nich mehr wat.

Das klingt überhaupt nicht lächerlich oder komisch. Wer das als „ulkig" empfindet, kennt die Volksseele nicht.
Zum Schmunzeln verleitet auch die oft recht „gestreifte" hochdeutsche

Amisia-Grammatik.

Lück sööt hett et dann (schmeichelnd heißt es):
„Bis ′n lieben Jung." – Nein, das ist keine grammatische Fehlleistung, das ist er: der so „ems-typische" Akkusativ.
Frei von der Leber kommt er recht häufig zum Zuge, z.B.: „Meinen Papa is ′n lieben Kerl." Über „dem dummen Kanzler seine Politik" wollen wir erst gar nicht reden, dieser Kampf ums Dativ ist (nicht nur hier) ohnehin aussichtslos. Lieber ist man „mit anderes am Arbeiten dran".
Und im **Käseblättken** (Heimatzeitung) ist nachzulesen: „Einige Gauner machten sich einen feinen Tag, indem sie ungeniert durch das Strafgesetzbuch reisten..."
Nu ja, dat muss jä auch nich gleich Goethe gefallen, oder?
Goethe hin, Goethe her, hier, längs der Ems, heißt et:

Wat ′n Haukloss is, wärd kiene Viggeline.
Aus einem Hauklotz wird nie eine Violine.

Better dat Kind liekt up sien′n Vaa as up sien′n Naober.
Es ist besser, das Kind gleicht seinem Vater,
als dass es dem Nachbarn ähnelt.

Well äs Iäsel upjungt is,
sall sick nich äs Perd uutgebben.
Wer als Esel aufgewachsen ist,
soll sich nicht wie ein Pferd benehmen.

Lands Wiese – Lands Maote.
Die Art und Weise zu leben prägt die heimatliche Sitte.

Haoll di an ′n Tuun, de Hiemmel is to haughe.
Halte dich am Zaun, der Himmel ist zu hoch.

Wie gesagt, Heimat bedeutet Halt und vermittelt uns etwas Bergendes. Da steht der Zaun für Sicherheit und Geborgenheit.

Doch kann so ein Zaun auch einengen. Da stellt sich bei diesem Bild auch die Frage nach dem Wert oder Unwert bestimmter Normen. Normen und Traditionen können Orientierung und Halt geben, andere aber auch eine Last sein, wenn sie nur noch um ihrer selbst willen durchgetragen werden, ohne einen Stellenwert in der Gegenwart und einer guten Zukunftsperspektive. Doch das, was einmal gut war, muss heute nicht (mehr) unbedingt und ungefragt einfach so übernommen werden; aber darauf unter geänderten Bedingungen vielleicht weiter aufzubauen und es mit neuem Leben zu erfüllen, warum nicht? Alte Zäune müssen ja nicht gleich eingerissen werden. Um im Bild zu bleiben, müssen die Ratschläge der Alten nicht immer gleich nerven, zumindest sind sie es wert, hinterfragt zu werden.

Zitat Bundespräsident Rau:

„Ohne die Antwort auf die Frage ‚Woher kommen wir?'
werden wir auf die Frage ‚Wohin gehen wir?'
nicht antworten können."

Und entlang der Ems sagen die Leute:

Met ′n old Perd kümp man alltiet guet nao Huuse.
Mit einem alten Pferd kommt man gut nach Hause.

Ein gutes Verhältnis zu den eigenen Wurzeln und ein entspannt-tolerantes Verhältnis zu jenen, die anders leben, das ist es, worauf es ankommt.

Up Naobers Patt draff kien Gräss wassen.
Auf dem Weg zum Nachbarn darf kein Gras wachsen.

Wie du mir, so ich dir – eine Hand wäscht die andere. Sich ohne Besserwisserei gegenseitig verantwortlich wissen. Das Verbindende betonen und das Trennende meiden. Wenn „man weiß, wie man dran ist", muss auch nicht gleich jedes Wort auf die Waagschale gelegt werden. Dabei verhindert von Herzen kommender Humor Streit und bringt statt dessen (wieder) einander näher:

> Humor ist Pfeffer, nicht beißend, doch herzhaft,
> **ein glücklicher Treffer – doch trifft er nicht schmerzhaft.**

Humor ist der Schwimmgürtel im oft reißenden Wasser des Lebens. Darum ist ein richtiger **Emskopp** kein lauter Lacher; auch lacht er nicht „verkniffen" über andere, sondern meint augenzwinkernd immer auch sich selbst. So ein „milder Humor" stärkt ein gesundes Selbstbewusstsein und nimmt die Angst. Da braucht sich keiner zu verstecken. Wer an der Ems gute **Schwanksprüche** drauf hat, ist nicht nur „offen und „frei heraus", auch „hat er was zu sagen". Denn wer sich mit solch einem Humor „einbringen" kann, der wird auch ernst genommen. „Mitreden" heißt „gewusst wie". „Mündig sein" heißt „klug den Mund auftun". Anerkennung denen, die so denken und handeln. Hier weiß man: Das soziale Leben verkümmert, wenn wir uns gegenseitig nicht (mehr) die rechte Aufmerksamkeit und Achtung entgegen bringen. Wir dürfen uns einander nicht gleichgültig sein.

Nicht in erster Linie um die große Weltgeschichte geht es, wenn es um die Heimat geht – und auch nicht um „die feinen Leute". Es geht um „die einfachen Leute", die wissen, was vor ihrer Haustür los ist und was vor Ort Not tut. Es geht um Menschen, die nicht nur „gestreift" daherreden, sondern so miteinander umgehen, dass jeder jeden versteht und man sich aufeinander verlassen kann. Statt eines Konsums von Hochkultur geht es um eine eigenverantwortliche Kultivierung von Familie, Freizeit und Lebenswelt, um ein gutes Stück guter Gesellschaftsveränderung. Wer das nur in Verbindung mit Stammtisch, Vereinsmeierei und Vorgartenzaun sieht, sieht das nicht richtig. In dieser Beziehung wird viel **dumm Tüüg** (dummes Zeug) geredet. Es wäre besser, sich an diesen „Grundsatz der Ems" zu halten:

> **Küer, wat waohr is; drink, wat klaor is – un ett, wat gaor is.**
> Rede, was wahr ist; trinke, was klar ist – und esse, was gar ist.

Herz und Hand
hegen Haus und Hof

Wahrscheinlich so um Christi Geburt erwuchsen entlang der Ems aus den Urhöfen von Großfamilien die **Drubbel**, kleine Kernsiedlungen um den großen Esch.
Esch ist ein altes gotisches Wort, es heißt Ackerland.
Weit um diese urbar gemachten Gebiete herum dehnte sich entlang der Ems das **Unland**, unwegsame Wald-, Moor- und Heidegebiete. Sie dienten (heute würde man sagen) als Energielieferanten. Denn über viele Jahrhunderte hinweg wurde als Brennmaterial und Düngung Torf verwendet. Stecher und Schieber holten die **Plaggen** oder auch **Törfe** aus den weiten Torfkuhlen im Moor. Der Stecher stach den Torf, der Schieber brachte ihn mit Torfkarren weg und stapelte die Plaggen oder Törfe zu Haufen, zum Trocknen immer zwei Mal zwei gekreuzt. Zum Düngen wurde in den weiten Heide- und Niederwaldgebieten die oberste Schicht des Bodens mitsamt dem Heidekraut und Grasbewuchs abgetragen und auf den Eschacker verstreut. Grundstücksstreifen daraus bildeten das erste Eigentum; Flur genannt.
Flur ist ein altgermanisches Wort für Boden und steht mit Ausgang des 14. Jahrhunderts im landwirtschaftlichen Sprachgebrauch für „eine unbewaldete Bodennutzfläche = die Feldflur".
Mit Beginn des 19. Jahrhunderts entwickelten sich daraus die in den amtlich geführten Flurbüchern festgeschriebenen Bezeichnungen der bäuerlichen Geländenamen. Ein Blick in alte Flurbücher offenbart uns viel. Sie künden noch heute von den Zuständen aus alter Vergangenheit. Einige Beispiele:
Brink – grasbewachsenes, unfruchtbares Land. Geist – höher gelegener Acker. Kaiserkamp – geht auf Landzuteilung aus der napoleonischen Zeit zurück. Kamp – zugewiesener Grund für eine Sippe. Mark – allgemeiner Besitz, auch Allmende genannt, wie Heide, Moor und Wald für Nutz- und Brennholz oder Torfgewinnung. Mersch – fruchtbares Schwemmland, geht auf Marsch" zurück. Nienkamp – in Acker umgewandeltes Neuland. Sundern – aus dem allgemeinen Grundbesitz ausge-"sondertes" Land, meist Wald und Weideland, das durch Hecken eingezäunt ist.

Zum Schutz gegen Wind und Wetter sind und waren Hecken bei uns im Norden schon immer wichtig. Sie prägen entlang der Ems, besonders im Münsterland, wie auch in weiten Teilen des Emslandes das Landschaftsbild: **de Wallheggen** (die Wallhecken), die den **Kamp**, den eigenen Besitz umsäumen oder auch aufteilen in Wiesen und Felder.

Typische Bestandsarten von Wallhecken sind Buchen, Weiden, Erlen, aber auch Haselnuss, Holunder oder Schlehdorn. Hoch oben im Emsland und im ostfriesischen Bereich der Ems, wo der Wind noch kräftiger weht, sind überwiegend hohe, aus Stieleichen bestehende Wallhecken üblich.

Die für die Emslandschaft so typischen Wallhecken haben mehrfachen Zweck: einmal sind sie ein natürlicher Windfang, zum anderen „friedigen" sie den eigenen Grund und Boden ein, damit Fremden der Zutritt erschwert wird und auch das Vieh nicht fortlaufen kann.

Darüber hinaus liefern diese alten knorrigen Hecken, die alle Jahre wieder gestutzt werden, das beliebte **Buuskenholt** (Baum- bzw. Astschnitt, der im Frühjahr anfällt).

Die feinen Gerten des Buuskenholt's dienen zur Herstellung von Reisigbesen, während **de dicken Huchten** (die dicken Stücke) für das Herdfeuer bestimmt sind und dort gleichzeitig die hauseigenen Schlachterzeugnisse im **Bosen** oder **Wiemen** (Rauchfang über dem Herdfeuer) räuchern.

So is dat:

Up 'n gueden Hoff kümp nix weg.
Auf einem guten Hof wird nichts weggeworfen;
alles findet eine nützliche Verwertung.

Dat is 'n fuulen Buur,
de dat Fleesk van' Slachter in 'n Wiemen häng.
Das ist ein fauler Bauer,
der gekauftes Fleisch in den Rauchfang hängt.

Je mehr eigenes Vieh oder je besser das handwerkliche Geschick, umso besser die soziale Absicherung und umso größer das soziale Ansehen.

So kommt der Name „Pötter" von der alten plattdeutschen Bezeichnung **Pötte** für Töpfe; das heißt also, dass „die Pötters" irgendwann Töpfer waren und wahrscheinlich Handel trieben **met Pötte un Pannen** (mit Töpfen und Pfannen).

Entsprechend auch hat jede alte Grundstücksbezeichnung ihre eigene Geschichte. In Bauernschaften, auf Landkarten oder in alten Familiennamen überliefert, erzählen uns alte Siedlungsbezeichnungen und Flurnamen, ob ein Grundstück einst fruchtbar oder eher sandig war, welche Bäume hier wuchsen, welche Tiere hier lebten und welchen Beruf die Menschen ausübten. Aus diesen Uranfängen gingen Ländereien nach und nach in den Besitz einzelner „sich hoch Gearbeiteter" über.

Privater Bodenbesitz hatte schon immer eine wichtige wirtschaftliche Bedeutung. Und schon immer musste man sich gegen unerlaubte Eingriffe und Grenzveränderungen schützen.

Bis in die Neuzeit hinein „passierte" es auch immer wieder einmal, dass Grenzsteine „versehentlich" beim Pflügen um einige Meter ihre Position wechselten, natürlich meistens „zu Gunsten des Pflügenden"...

Dabei erließ das erste Gesetz in der Geschichte bodenordnender Maßnamen bereits um 700 v. Chr. der römische König Numa Pompilius.

Orientierungspunkte waren natürliche Fixpunkte wie z.B. Flussbiegungen, Hügel oder auch Bäume. Wichtiger waren jedoch die künstlichen Grenzzeichen, eckig behauene, unverwüstliche Granitblöcke, die in die Erde eingelassenen Markierungssteine. Man nannte sie auch **Mark- oder Bannsteine**, weil sie das Böse von der **Gemarkung** fernhalten sollten.

Ohnehin pflegten die Menschen untereinander früher ein gutes Gemeinschaftsleben; waren sie doch in jeder Beziehung aufeinander angewiesen. Die Höfe eines Drubbels wurden so angelegt, dass sie in nachbarschaftlicher Rufweite waren, also cirka 300 bis 500 Meter voneinander entfernt.

'n gueden Naober is better as 'n wieden Frönd.
Ein guter Nachbar ist besser als ein weit entfernter Freund.

Kaup Naobers Rind, frei Naobers Kind,
dann weet man, wat man find't.
Kaufe des Nachbarn Rind, freie des Nachbarn Kind,
dann weiß man sicher, was man hat.

In' Naoberhuus kann man wuohl Speckpannekooken
etten, män nich kummdeeren.
Im Nachbarhaus kann man wohl einen Speckpfannekuchen
essen, nicht aber kommandieren.

Wen Gott straofen will,
den bruuk he bloß 'n slimmen Naober to schicken.
Wen Gott strafen will, dem braucht er nur einen
schlimmen Nachbarn zu schicken.

Die ursprünglichen Drubbel waren die sozialen Urzellen entlang der Ems; Nachbarschaften mit Schutz- und Wehrcharakter, woraus sich ungeschriebene Gesetze für ein gelingendes Gemeinschaftsleben entwickelten, die von ihrer Grundsubstanz her noch heute Gültigkeit haben. Abgesehen von den etwas größeren Städten oder gar den „Toren zur Welt", wie die Seehäfen in Leer und Emden, hörte für die meisten unserer Vorfahren hinter dem Drubbel die Welt auf. – Rheine an der Ems hingegen war für Ostfriesen, Emsländer und Westfalen eine bedeutende Verkehrsachse. Hier querte nämlich die alte Straße südlich einen Weg Richtung Münster, der dann auf den bekannten **Hellweg** bis ins Sachsenland hineinführte. Diese uralte bedeutende Querachse, die heutige Bundesstraße 1, führte einst zur Zeit Karls des Großen (777) vom Königshof in Duisburg als „Via regis" (Königsstraße) nach Paderborn – später kam noch Höxter mit der Reichsabtei Corvey hinzu. Des weiteren zweigte nördlich von Rheine ein nicht minder alter und wichtiger Weg an der Ems entlang nach Friesland und der Nordsee ab, „**die Friesische Straße**".

Noch heute zeugt von der Bedeutung dieser **Friesischen Straße** die sehenswert schöne dreiflügelige Wasserburg Haus Landegge bei Haren als eine der vier Rittersitze, die einst der Fürstbischof von Münster, Christoph Bernhard von Galen (1650-1678) zum Schutz dieser alten Friesischen Heerstraße von Münster nach Friesland erbaut hatte.

Verbunden wurden diese alten Militär- und Handelsstraßen mit ihren belebten Knotenpunkten zu weiteren Verkehrsverbindungen – bis hin nach Rom. „Alle Wege führen nach Rom", das sagten sich auch früher bereits so manche **Linkmichels** (Straftäter) oder **Blixums** (furchtlose Draufgänger), die diese alten Militär- und Handelsstraßen nutzten, **üm för 't Schütt to gaohn,** um das heimische Weidentor, das **Schütt**, für immer hinter sich zu schließen. Von daher stammt bis heute die Redewendung:

He is för 't Schütt gaoh'n.
Er ist fort – aber auch: Die Sache ist verloren.

Über diese Fernwege gingen nicht nur Menschen „verloren", nein, es kamen auch viele. „Auf diesem Wege" entwickelte sich auch die Christianisierung entlang der Ems. Wird auch Bonifatius (um 675–754) als „der Apostel der Deutschen" verehrt, so gilt Willibrord (658–739) als „der Verkündiger für den Niederrhein" und Liudger (* 742) als „der große norddeutsche Missionar". Hauptsitz und Ausgangsort seiner Mission wurde **Mimigernaford** an der Aa nächst der Ems = **das heutige Münster**.

Unter den 38 von ihm begründeten Kirchen gründetet er auch 791 die erste Kapelle in Ostfriesland am Westrand der Siedlung Leer. So entstand der Chronik zufolge „nächst Emden der principalste Ort in Ostfriesland".

Kaum auszudenken, wie viel Wagemut und Begeisterung wohl dazu gehörte, die Menschen von der geistigen Verwandlungskraft des Evangeliums zu überzeugen. Immer wieder machten Missionare per Schiff Halt an den besiedelten Ufern der Ems, dort predigten sie und tauften mit Emswasser. Schon bald sagte man sich:

Met Gott tofriär is röstig wonnen.
Mit Gott zufrieden ist ruhig wohnen.

Mit dem sonntäglichen Kirchgang entwickelten sich nach und nach die Sonntagsrituale, obwohl die verfassungsrechtliche Verankerung des Sonntags als „Tag der Arbeitsruhe und der seelischen Erhebung" erst 1919 durch die Väter der Weimarer Verfassung erfolgte. Heute muss man ihn schon wieder verteidigen, den Sonntag, damit er nicht „auf den Wühltischen der Sonderverkäufe geopfert" wird. Der aus dem Münsterland stammende Bischof von Limburg, Franz Kamphaus, mahnt: „Der Sonntag ist ein exklusives Kulturgut und kein Saisonartikel." – Wer heute von Sonntagsritualen spricht, meint wahrscheinlich langes Ausschlafen, „Mittagsfrühstück", ein bisschen Sport und Fitness oder auch Langeweile durch „zu´e Geschäfte", überbrückt mit einem Filmchen oder Fernsehen.

Frühere Sonntagsrituale umfassten ein Wort und das war „der Sonntagsstaat". Dazu gehörte eine besondere Kleidung, **fien Tüüg**, Kirchgang, der Männerstammtisch im Dorfkrug, für die Frauen die gestärkte weiße Schürze, Sonntagsbraten samt Pudding und Kuchen, Nachmittagsbesuche, Sportplatzengagement oder ein Spaziergang und abends Karten- oder Gesellschaftsspiele in der guten Stube.

Kinder gingen nach dem Mittagessen erneut wieder zur Kirche in die Christenlehre bzw. Sonntagsschule und an besonderen Festtagen ging es abends noch einmal zur Abendandacht – und das alles zu Fuß.

Und bis heute fühlen sich an Sonntagnachmittagen überwiegend die Männer zu den heimischen Sportplätzen hingezogen. F.C Rasensport gegen Vorwärts Amisia – wer will da schon fehlen?

Wenn's drum geht, Tore zu trappen und heimische Siege zu erringen, kennt man im trippelnden Eifer und tosenden Anfeuern des sportlichen Wettkampfs so manchen sturen Emskopp nicht wieder.

Wenn überhaupt, so war früher nur an Sonntagnachmittagen ein wenig Freizeitvergnügen und Abwechslung möglich; das Leben war hart und tagein, tagaus gezeichnet von viel Arbeit – egal ob Landarbeiter oder Bauer.

Noch bis über die Mitte des vorigen Jahrhunderts hinein traf man in fast allen Dörfern entlang der Ems auf große Häuser mit einer umfangreichen Mischwirtschaft:

Bäckerei, Lebensmittel, Kolonialwarenladen, Gasthof, obendrein Landwirtschaft und nebenbei ein großer Hausgarten, das alles gehörte zusammen **un woll guet uppasset sien** (und wollte gut aufgepasst sein). Damit „der Laden lief" musste jeder jederzeit mit anpacken, **van de Blaagen büs to de Öhms** (von den Kindern bis hin zu den alten Onkels und Tanten).

Für viel Feingeistigkeit blieb da keine Zeit. Es wurde praktisch gedacht. Kein Wunder, dass sich die **Rabatten** (Kinder) sagten:

**Mi is Besöök leiwer,
de mi ´n Tacken giff
as sücke,
de Klavier spellt.**
Mir ist als Besuch
jemand lieber,
der mir 10 Pfennig gibt
als jemand,
der fein Klavier spielt.

Oh ja, schon aus Nachbardörfern galten Besuche als Ereignisse. Blicken wir zurück, so war die Mobilität unserer Ahnen stark eingeschränkt.

Auch die Wege zur Kirche waren weit. Darum wurden um die ersten Kirchen herum schon früh die **Spieker** gebaut.

Sie waren nicht nur Korn"speicher" und **Wärmehüüskes**, wo man sich an kalten Wintertagen nach dem weiten Weg von den Bauerschaften zum Gottesdienst aufwärmen und notfalls trocknen konnte, sondern sie bildeten auch in ihrer Gesamtheit mit dem festen Turm der Kirche als Mittelpunkt eine nach allen Seiten hin gut gesicherte kleine Schutz- und Wehranlage.

Immer wieder waren früher die Menschen auf dem flachen Lande kriegerisch marodierenden Horden schutzlos ausgeliefert.

In vielen Orten entlang der Ems sind solche **Kirchhofsburgen** heute noch deutlich zu erkennen. Die schmalen Häuschen, die aus den ehemaligen Spiekern entstanden sind, bilden – einer Festungsmauer gleich – um den Kirchturm einen geschlossenen Kranz. Natürlich, dass sich um die Kirche herum das Gemeinschaftsleben abspielte.

Alsbald sagte der Volksmund:

**Fraulüe gaoht nao de Kark, üm wat to kieken,
un Mannslüe, üm wat to hören.**
Die Frauen gehen zur Kirche, um etwas zu sehen,
und die Männer, um etwas zu hören.

Es war schon immer so: bei Zusammenkünften überwiegte die Kleiderneugierde der Frauen und die Nachrichtenneugierde der Männer. Neuigkeiten weckten Interesse, wenn auch die Gewichtungen unterschiedlich waren.

Kamen auch unsere Vorfahren entlang der Ems **nich vull rund** (nicht viel herum), so waren sie dennoch keineswegs von der Welt abgeschnitten.

Über den eigenen Kirchturm hinaus hatte geistiges und kulturelles Leben in den Klöstern eine gute Pflegestätte gefunden. Wo geistiges Leben sich regt, blüht der Gedankenaustausch. Die Klosterboten, die mit einem Rundbrief, der „rotula", einer Botenrolle, große Entfernungen von Kloster zu Kloster zurücklegen mussten, dienten dem Nachrichten- und Gedankenaustausch auf dem Lande. Nach und nach gab es vielerlei Boten von Universitäten, Städten und der Hanse (mittelalterlicher Städtebund vom 11.–17. Jahrhundert), die über Land ritten und auch entlang der Ems rasteten.

Dadurch entwickelten sich neue Gewohnheiten, wenn auch das Leben an sich in seinen nach wie vor festen Bahnen verlief. Aber man verglich schon mehr und schaute sich „die fremden Menschen" durchaus kritisch an, mit denen man es zu tun bekam; oft drööge und doch kauzig dabei der trockene Humor:

**Wenn he geiht, dann schritt he so –
un wenn he steiht, dann kick he so.**
Wenn er geht, dann schreitet er so –
und wenn er steht, dann guckt er so.

Hingegen lassen würdig und gut gekleidete Menschen mit feinen Manieren auf Adel schließen. Von solch Auserwählten wird gesagt:

Se häbt blau Bloot in sick.
Sie haben blaues Blut.

Es ist interessant zu wissen, dass es sich bei dem angeblich blauen Blut der „Von-und- Zu's" um eine der ältesten Redewendungen überhaupt handelt. Sie wurde bereits vor über tausend Jahren geprägt!

Damals, im Jahre 711, zerfiel das Reich der Westgoten unter seinem letzten König Roderich (span. Rodriguez) im andalusischen Süden Spaniens bei Jerez de la Frontera (der weltberühmten Sherry-Stadt). Dort wurde die germanische Herrschaft von den arabischen Mauren abgelöst (Anmerkung: das alte Wort „Mohr" stammt von „Mauren" ab). Die dunkelhäutigen Mauren stellten nun bei ihren Vorgängern aus dem hohen Norden fest, dass sich ihre Adern auf der hellen Haut blau abzeichneten. Da sollen sie der Überlieferung nach mit großem Respekt geäußert haben: „Die Goten haben blaues Blut." Seitdem ist „das blaue Blut" Symbol des Adels.

Will man jedoch eine durch und durch „natürliche" Person **beliekteeken**, also beschreiben oder charakterisieren, bedient man sich in erster Linie der am deutlichsten ins Auge fallenden Erscheinung:

De Lütke, de häff dao Koppiene,
wo den Grauten de Buukpiene quiält,
Der Kleine hat d a Kopfschmerzen,
wo dem Großen die Bauchschmerzen quälen.

Ihm macht dieser Vergleich mit dem **Slakedarius** (großer Kerl) knapp die Hälfte, weiß er doch, dass es von ihm heißt:

Better 'n lütken Kriägel äs 'n grauten Fliägel.
Besser ein kleiner Raufbold als ein großer Flegel.

Nutzt ein **lütker Spinnewipp** (kleiner „Kribbelkopp") seine Behändigkeit auch noch, um andere unverhofft zu übervorteilen, dann

is he den Düübel uut 'n Tornöster sprungen.
ist er dem Teufel aus dem Tornister gesprungen.

Demgegenüber heißt es aber auch:

**'ne spitze Nöös un 'n spitzet Kinn,
dao sitt tomehrst de Düübel drin.**
Eine spitze Nase und ein spitzes Kinn,
da sitzt meistens der Teufel drin.

**Auk 'ne olle Ssiegge frett aff un an
gäne noch 'n gröön Blättken.**
Auch eine alte Ziege frisst ab und zu noch gerne ein grünes Blatt.

Damit ist spitzbübisch „die erotische Lust der Alten" umschrieben, wenn sie sich an jugendlicher Schönheit weiden oder sie es gar auf ein unbotmäßiges Abenteuer absehen. Und so wie sich der gleichförmige Ruf des Kuckucks vom jubilierenden Schlagen der Nachtigall unterscheidet, so kommen immer auch die verschiedensten Temperamente des Menschen in Tiervergleichen zum Ausdruck:

Vüögel kennt man an' Gesang un de Mensken an ähren Gang.
Vögel erkennt man an ihrem Gesang und Menschen an ihrem Gang.

**De Grött'e mäck et nich alleene,
süss haalde wall de Koh den Hasen in.**
Die Größe allein macht es nicht,
sonst holte die Kuh den Hasen ein.

Wenn sich auch viele Tiervergleiche in den plattdeutschen Sprichwörtern und Redewendungen finden, so sind doch die Zeiten längst vorbei, in denen „im Märzen der Bauer die Rösslein einspannt".

Bewirtschaften heute leistungsstarke Landmaschinen weite und große Ackerflächen, wurden für die früher schwere Landarbeit viele Tiere gehalten. Darum ist es nicht verwunderlich, dass unsere Vorfahren ein geradezu kameradschaftliches Verhältnis zu ihrem Hausvieh hatten, wovon typische Namen zeugen.

Fanni war ein häufiger Pferdename. Kinder sagten **Hottemax** und das Schwein lief unter **Kott-kott**. Die Ente wurde mit **Piele-piele** gerufen, das Kälbchen mit **Muh-Kuh** tituliert, ein Kaninchen hieß **Mucki** und die Katze **Mies-mies**. Hunde hörten durchweg auf **Karo, Bello, Spitz** und **Flocki**.

Wie still ist es dagegen heute um so manch großen landwirtschaftlichen Betrieb geworden. Gewiss, mit der Umstrukturierung der Landwirtschaft in der zweiten Hälfte des zwanzigsten Jahrhunderts haben sich die Zeiten drastisch geändert – doch schleicht sich Nachdenklichkeit ein bei dem Spruch:

So dat Veeh – so de Lüe
Wie das Vieh, so die Menschen.

Diese Feststellung, dass der Zustand von Tieren Wesensmerkmale über deren Halter offenbart, berechtigt einerseits durchaus zu Stolz, müsste andererseits aber auch in einigen Fällen beschämen, so, wenn beispielsweise Schlachtvieh unter oft erbärmlichen Umständen tagelang durch Europa gekarrt wird und die Käfighaltung Tieren kaum Platz für ausreichend Bewegung zubilligt. Auch macht es nachdenklich, wenn in Verbindung mit Nutzvieh von „Produktionsmittel" gesprochen wird und Tiere unserem Bürgerlichen Gesetzbuche (BGB) nach – immer noch – als „Sache" gelten.

Wir beide – als Autoren – denken gerne an unsere Kinderzeit zurück, wo wir die Ferien im Emsland bei Verwandten „auf 'm Lande" verbrachten:

Niäben dat Hüüsken up de Deel kraihde de Hahn up 'n Mess.
Neben dem Plumpskloo auf der Tenne
krähte der Hahn auf dem Mist.
De Hohner kakelden in 'e Nöster.
Die Hühner gackerten in ihren Nestern.

Anten un fette Göse snaterden.
Enten und fette Gänse schnatterten.
Dat Perd keek hallup uut ′e Koppel.
Das Pferde blickte neugierig aufrecht aus seiner Koppel.
De Ssieggen bläärden in′ Appelhoff bi de Kodden.
Die Ziegen meckerden in der Apfelwiese bei den Schweinen.
De Katten miauden un de Rüens blieckden uut iähr Schott.
Die Katzen miauten und die Hunde bellten aus der Hundehütte.

Da früher die Menschen auf Gedeih und Verderb mit den Tieren verbunden waren, galt ihnen naturgemäß auch die größte Sorge, Liebe und Aufmerksamkeit. Darum auch stehen Tiere in den plattdeutschen Sprichwörtern und Redensarten häufig als Beispiel für menschliches Verhalten:

Wenn de Katte nich dao is,
spellt de Müüse up Disk un Bänke.
Ist die Katze nicht da,
springen die Mäuse auf Tisch und Bänken.

′n gueden Stall is mehr wert as den pricksten Stuoben.
Ein guter Stall ist mehr wert als die schönste Wohnstube.

Klar: „Der Stall ernährt die Stube". – **Die gute Stube** war früher das Heiligtum des Hauses. Sie wurde nur sonntags oder zu besonders feierlichen Anlässen betreten (und im Winter beheizt).
Die kunstvoll geschreinerten Möbel der guten Stube (meist ererbt aus altem Familienbesitz) bestanden entweder aus Eichen- oder Eschenholz. Die Mitte der Stube bildete ein langer, eckiger Tisch mit blank gescheuerter Holzfläche und einer bestickten Tischdecke; sehr beliebt in verschiedenen Emsgegenden ist auch die Tischwäsche mit feinem Blaudruck. Dazu waren schon einige Meter nötig, denn „der Tisch des Hauses" war breit, lang, und schwer. Unverrückbar fest stand der Tisch auf vier wuchtigen, dennoch aber fein gedrechselten Trägern.

Wackelt de Disk – wackelt dat Huus.
Wackelt der Tisch – wackelt das Haus.

Im übertragenen Sinne spricht viel daraus; denn immer schon war der Tisch der Ruhepol im Haus, der Ruhepol menschlichen Lebens, wo man zueinander findet. Wackelt der Tisch, ist der Hausfrieden gefährdet. Den Tisch umzuwerfen galt als grobe Provokation.

Für einen Tisch waren unsere Vorfahren mit großen, dicken Eichenplatten zufrieden, in denen Vertiefungen die Teller bildeten. Kaiser Karl der Große begnügte sich noch um das Jahr 800 mit so einer Tischmulde.

Zu allen Zeiten galt der Tisch ähnlich viel wie der Herd. Kein Wunder, dass er nach und nach immer mehr dem Wohle des Menschen angeglichen wurde, also nicht nur zum Essen gebraucht wurde, sondern auch der sozialen Kommunikation diente.

Der wuchtig stämmige Eichentisch wurde zum Symbol der bürgerlichen Kultur, wobei der Raum unter der schweren Platte für Kästen und Schubfächer genutzt wurde und oft noch mit Schnitzereien verziert war. Wenn also so „ein Klotz von Tisch" wackelte, weil sich auf ihm ungestüme Emotionen entluden, wackelte es wohl auch im sozialen Gefüge der Familie. Ansonsten aber war in der Regel das, was auf den Tisch kam, **pännkefett,** also reichlich und gut (von: Pfannenfett).

An der Wand hinter dem Tisch stand zumeist eine Bank mit Lehne. Unter der aufklappbaren Sitzfläche war „Besonderes" gelagert, alte Schulbücher, Fotos, feine Tücher usw.

Um den Tisch herum gruppierten sich Stühle mit binsengeflochtener Sitzfläche und hohen Rückenlehnen. Ein breiter Stuhl mit Armlehne am Kopfende des Tisches war **de Suorgenstoohl** (der Sorgenstuhl); er war allein dem Hausvater vorbehalten.

An der Hauptseite der Stube stand **dat Schapp** (der große Wohnzimmerschrank). Darin verwahrt war **fien Geschirr**, altes, wertvolles Porzellan oder **Sammeltässkes**, Gläser oder **Römer** und wertvolles Silberbesteck.

An der anderen Stubenseite stand die **Kommode** (eine Art Anrichte), die mit feiner Tischwäsche gefüllt war. Auf der Kommode standen früher häufig ein Kreuz und Kerzen, aber auch besonders schöne **Näppkes** (Porzellanschalen für Obst oder Leckereien).

Die Kerzen neben dem Kreuz wurden immer dann angezündet, wenn im Haus durch Krankheit oder auch Unwetter Gefahr drohte.

Die gute Stube war früher für die Hausgemeinschaft so etwas wie ein geheiligter Raum war. Die wichtigen Dinge des Lebens wurden mit Ruhe und Bedacht in der guten Stube besprochen. Dazu dienten etwa folgende Aufmunterungen:

Harin!
Män laot' Katte un Rüer buuten.
Herein in die gute Stube,
doch lasst Hund und Katze draußen
(Anspielung darauf, sich nun – im Gespräch – zusammenzunehmen).

Laot' us so praoten,
dat nich de Dunnerkeil drinslött.
Lasst uns so reden und miteinander umgehen,
dass bei uns nicht der Donnerkeil reinschlägt.

Seit Menschengedenken haben Blitz und Donner Schrecken verbreitet. Dass es im übertragenen Sinne bei Meinungsverschiedenheiten grummelt, ist nicht außergewöhnlich; doch darf es nicht einschlagen.

Ein gutes „Bild"; spüren wird doch bei einem plötzlich losbrechenden Gewitter noch so etwas wie eine Urangst vor der entfesselten Natur.

Als es noch keine Blitzableiter und Feuerversicherungen gab, versuchten unsere Ahnen, sich mit Hilfe übernatürlicher Kräfte gegen das Unheil von oben zu schützen, indem sie sich und ihr Anwesen unter den Schutz himmlischer Kräfte stellten.

Dafür war im nordischen Götterhimmel nach uralter germanischer Überlieferung Donar (daher auch Donner) auserkoren. Tiere, Pflanzen und Steine, die irgendwie in Form und Farbe an den Blitz erinnerten, wurden ihm geweiht.

So galt der Hahn mit seinem roten, gezackten Kamm als das Lieblingstier Donars. Und die Bitte um Schutz vor Blitz und Brand lautet:

Gott bewahr us vör den rauden Hahn,
Gott bewahre uns vor dem roten Hahn,

Schauen wir hoch zu den Kirchtürmen:
Als Wetterkünder und Mahner
hat dort der Hahn bis heute „eine hohe Stellung".

Blitzabweisende Wirkung erhoffte man sich früher besonders auch vom **Donnerkeil**. Als „Donnerkeil" galten in unserer heimischen Überlieferung Versteinerungen aus der Urzeit oder steinzeitliche Werkzeuge, die beim Pflügen gefunden wurden. Nach altem Volksglauben war nämlich so ein Donnerkeil bei schwerem Gewitter vom Himmel herabgefallen – deshalb hängte man ihn als Blitzschutz über der Haustür auf. Nach und nach verband man damit aber auch Schutz vor Zank und Streit; denn es war nicht gut, wenn in Gesprächen **de Dunnerkiel** einschlug. Also:

Better de Baort is aff as de Kopp.
Besser der Bart ist ab als der Kopf.

Wird Gesprächsbereitschaft signalisiert, sagt man:

Küeren kost´ us nich den Kopp.
Drüm will wi es seihn,
off wi et met de Pappelblaare haollen könnt.
Reden kostet uns nicht den Kopf.
Drum wollen wir mal sehen,
ob wir es so gut wie die Pappelblätter können.

Die Pappel rauscht sanft, weil die kleinen Pappelblätter immer in Bewegung sind. Das gilt in Konflikten als Aufmunterung, mit „sachten" Worten statt mit geballten Fäusten zu streiten. Reden ist besser als Handgreiflichkeiten. – Was in diesen Gesprächen auch immer angestrebt wird, gegen ein Ziel darf nicht verstoßen werden:

Laot sien, wat will:
Wi mött seihn, dat wi use Schäöpkes in´t Drüüge kriegt.
Lass sein, was will: Wir müssen sehen,
dass wir unsere Schäfchen ins Trockene bringen.

Das besagt, dass alles Streben und Tun auch ein Gewinn und alle Planung dem gegenseitigen Wohle (der Familie und des Hofes bzw. des Betriebes) zu dienen hat. Alles andere wäre nur **dumm Tüüg** (dummes Geschwätz) – **Pookerie, Mumpitz, undöchtig Werks** (nichtsnutzer Aufwand). Kaum anderswo ist dieser Spruch gebräuchlicher als entlang der Ems, wo einst die Schaftierhaltung weit verbreitet war.

Gerade in den sumpfigen Moorgegenden entlang der Ems verursachte eine Egelseuche häufig ein Massensterben unter den Schafen. Die Infektionsgefahr konnte nur gebannt werden, indem man die Schafe nicht mehr an sumpfigen Stellen weiden ließ, sondern sie ins Trockene brachte. Die Kenntnis dieser einfachen Vorbeugemaßnahme fand zuerst im nordwestdeutschen Raum über das Plattdeutsche Zugang zur heimischen Sprache und ist heute längst ein allgemein übliches Sprachbild für die Wahrung des eigenen Vorteils. Dabei sollte es an guter Zusammenarbeit nicht mangeln:

Vull flietige Hande maaket licht Wark.
Viele fleißige Hände erleichtern die Arbeit.

Werket met Fliet un rösset up Tiet.
Arbeitet mit Fleiß und rastet zur rechten Zeit.

Also: **Tömiggänger, nemm di in män wuohl in Acht!**
Müßiggänger, nimm dich in Acht!
Müßiggang ist aller Laster Anfang.

Entlang der Ems lässt man Arbeit nicht gerne liegen.

Slingfiesels un Sloddermichels mött′ us vörbiegaohn.
Tagediebe und schlampige Zeitgenossen
müssen uns aus dem Weg gehen.

Anpacken hat Vorrang gegenüber „dem Wohlergehen". Blinder Aktionismus hingegen ist ebenso verpönt wie ständige Unrast.

All′s up Tiet.
Alles zu seiner Zeit.

Und als **Döttken** (dummer Junge) lässt sich bei der Arbeit hier erst recht keiner behandeln. Ist es nicht gerade das, was viele heute „ausbrennen" lässt, dass sie sich in ihrer Arbeit nur noch fremdbestimmt und ohnmächtig fühlen, an sich bedeutungslos als ein Rädchen im unpersönlich abstrakten Getriebe des Wettbewerbs?
Pflichterfüllung ohne Phantasie und Anerkennung stumpft ab und macht krank.
Eugen Roth (1895–1976):
Ein Mensch sagt – und ist stolz darauf –
er geh in seinen Pflichten auf.
Bald aber, nicht mehr ganz so munter,
geht er in seinen Pflichten unter...

Das war einst – obwohl härtere Arbeit gefordert war – weit weniger der Fall als heute. Mehr als heute war früher jeder auf jeden angewiesen, und zwar mit seinem ganzen persönlichen Einsatz.
So betraf auch die Mahnung, Hand in Hand zu arbeiten, gerade auf dem Bauernhof alter Prägung eine Vielzahl von Arbeitskräften.

Düch de Baas nich,
dööget auk Magd un Knechte nich.
Taugt der Bauer nicht,
taugen auch Magd und Knecht nicht.

Die Vorbildfunktion in der Betriebsleitung ist von entscheidender Bedeutung für die Leistungsbereitschaft des Personals. Das galt selbstverständlich auch früher, zumal „das Gesinde" durchweg schwere Arbeit zu leisten hatte, wo mit den primitivsten Handgeräten Wälder gerodet, Sumpf, Moor und Heide kultiviert, Haus und Hof in Ordnung gehalten und große Flächen beackert werden mussten. Mägde, Knechte und Dienstboten waren zumeist die Kinder von Bauern, Köttern und Heuerlingen aus der Umgegend. Jeder war willkommen, der Arbeit nicht scheute. Nicht das Wohlergehen, sondern die Arbeit stand an erster Stelle. Von Luxus keine Spur. Hauptsache sie konnten gut zupacken. Das andere gab sich schon...

'n Knecht, de draff gar nich klook sien,
de mott bloß stark sien.
Ein Knecht, der darf gar nicht klug sein,
der muss nur stark sein.

Ein eigenes Zimmer hatte höchstens **de Baumester**, der Hauptknecht, „der Prokurist des Hofes". Ansonsten waren die Schlafkammern der Knechte überwiegend **up de Hille**, über den Ställen auf der Diele, während unten die Kleidungsstücke an **Pinne** (Garderobenhaken) aufgehängt wurden. Die Mägde hatten ihre **Kamer** (Schlafraum) in Nähe der **Deele** (Diele) oder **tüsken Affdack un Schüer** (zwischen Schutzdach und Scheune).

Da von früh bis spät gearbeitet wurde, reichte das. Mit dem Grasmähen wurde im Sommer früh morgens **in de Uchte** (in der Morgendämmerung) begonnen. Dann war es kühl, und das taubenetzte Gras ließ sich besser schneiden.

Manche Mäher gingen erst gar nicht heim, sondern schliefen in einem Heuhaufen. Überhaupt war **tüsken Saien un Maihen** (in der Zeit zwischen dem Säen und dem Ernten) Schlaf Mangelware.

To wat Tieten kammen se gar nich uut 'e Holzken druut.
Oftmals kamen sie nicht aus ihren Holzschuhen heraus.

Die Fußbekleidung entlang der Ems war seit alters her der Holzschuh, der auch noch hier und da bis in die erste Hälfte des zwanzigsten Jahrhunderts hinein zum Kirchgang angezogen wurde.

Beim Betreten des Hauses oder zumindest der guten Stube ließ man die **Klumpen** (Holzschuhe) einfach stehen, um anschließend wieder in sie hineinzuschlüpfen.

Holzken waren entlang der Ems die erste Fußbekleidung der jungen Erdenbürger und die letzte der **Öhms** (Onkel) und **ollen Lüe** (alten Leute). Aus den Holzken ging es abends ins Bett und beim Aufstehen morgens stieg man sogleich wieder in sie hinein: Treffend darum die Redewendung:

Dages öewer häbt se ′n Stück Fleesk in ′e Mund un nachts staoht se harüm un japet.
Tagsüber haben sie ein Stück Fleisch im Mund und nachts stehen sie herum und gähnen.

Im Winter „fütterte" man die Holzschuhe mit Zeitungspapier, das hielt die Füße trocken und warm. Schuhe aus Leder waren für die meisten unserer Vorfahren kaum erschwinglich. Erst nach dem ersten Weltkrieg wurde es allgemein üblich, zur Kommunion oder Konfirmation und später dann zur Hochzeit, Lederschuhe anzuziehen.

Wer auf sich hielt, der trug so ab 1900 herum als Mann Stiefel und als Frau zu besonders festlichen Anlässen **hauhge Schöhkes** (hohe Schnürschuhe). Auch hiermit ging man höchst vorsichtig um:

'n wieden Tratt, dann hoallt de Stiewwel länger.
Weite Schritte, dann halten die Stiefel länger.

An weite Schritte gewöhnt war er ohnehin, der Bauer: Gerade bei richtigen Mannsbildern wurde sehr auf Haltung geachtet. Preußens Gloria lässt schön grüßen. Doch besonders das Säen erforderte Gleichmaß in der Haltung mit strammen und weiten Schritten. Das machte nur der Bauer selbst. Stundenlang schritt er – die volle Saatschüssel umgebunden – mit gleichförmig weit ausholend rechter Hand und mit großen, gemessenen Schritten, behäbig und stumm über den weiten Acker und machte zum Schluss für eine gute Ernte ein Kreuz in den Boden.

Kunstdünger kam entlang der Ems erst nach 1862 auf.

Und doch dienten noch bis Ende des 19. Jahrhunderts hauptsächlich Stroh und Plaggen mit ein wenig Kalk und Knochenmehl als Dünger. Erst die Einführung der Düngung mit Thomasschlacke und Kainit (Kalisalz) ermöglichte die wirtschaftliche Nutzung und Urbarmachung der Heiden und Ödländereien.

Biäden un Düngen is kien Bieglauben.
Beten und Düngen ist kein Aberglaube.

Grundsätzlich wurde der alte alte Benediktinerspruch in Ehren gehalten:

Ora et labora – Bete und arbeite.

Daran hielt sich jeder, egal, ob Bauer, Knecht, **Meerske** (Bäuerin) oder Magd. Das Pflügen und Mistfahren war die Arbeit der Knechte. Die Mägde halfen bei der umfangreichen Hausarbeit, aber auch bei der Gartenarbeit, der Ernte, beim Füttern der Tiere und dem Melken; nicht zu vergessen war das beschwerliche Wäschewaschen ihre Arbeit.

Meist montags war **graute Wöske** (großer Waschtag) – und das war für die Frauen früher Arbeit en gros. Am Abend vorher wurde die Wäsche eingeweicht. Vor Sonnenaufgang musste bereits unter dem großen Waschbottich das Feuer entfacht werden.

Bei dampfenden Kesseln und Wannen klebten am Waschtag bereits frühmorgens die Haare vor Schweiß, wenn am Waschbrett immer wieder gewrungen und geschrubbt wurde. Mit welcher Kraft das geschah, hörte man am Geräusch; das war „kein lahmes Geschrubsel". Nebenbei musste das Feuer im großen Waschkessel am Lodern gehalten und viele andere Arbeiten nebenher verrichtet werden. Bei soviel Arbeit kamen nur ganz Verwegene auf „krumme Gedanken". Ja, das ist auch heute noch so:

Arbeit is för alle Undöchte guet.
Gegen alle Charakterschwächen ist Arbeit heilsam und gut.

Heute, wo durch die Automatisierung kaum noch körperliche Arbeit zu leisten und allgemein leider nur noch wenig Arbeit zu verteilen ist, zeigt sich, dass Arbeit nicht nur eine Last ist. Ohne Arbeit geraten viele Menschen auf die schiefe Bahn. Tatsächlich wird unter der Qual der Arbeitslosigkeit Nicht-arbeiten-müssen nicht als Befreiung, sondern als Strafe empfunden. Immer wieder entspringen dieser Last viele ungesunde und unsoziale Verhaltensweisen. Ist es deshalb an sich nicht unwürdig, Arbeitslose oder Bedürftige nur mit Geld oder Almosen abzuspeisen, statt sie dafür (zum Wohle der Allgemeinheit) – sozial angemessen – arbeiten zu lassen? Ließe sich damit zugleich nicht auch ein gutes Stück Würde und Sinnerfüllung erreichen? Zwar ist Arbeit nicht selten eine Plage, doch haben viele vergessen, dass sie auch Sinn und große Zufriedenheit schenken kann; natürlich kommt es dabei auf die eigene Ge-„sinn"ung und Einstellung zur Arbeit an. Wird andererseits jede Mühsal und Anstrengung aus dem Dasein verbannt, wird damit auch ein Stück Lebensfreude verbannt. Eines ist sicher:

Je leichter und verwöhnter das Leben, umso größer die Gefahr, in Sattheit abzurutschen und letztlich an Unzufriedenheit zu leiden.

Dat bünd de Falsken,
de iähren eegenen Sweet nich ruuken könnt.
Das sind die Falschen,
die ihren eigenen Schweiß nicht riechen können.

Hingegen lief früher zur Erntezeit der Schweiß in Strömen. Gegen Jakobi begann um den 25. Juli herum die Roggenernte. Hinter einem Schnitter folgten zwei Binderinnen.

Die eine raffte das Getreide zusammen, und die andere band das gemähte Korn zu Garben. Anschließend wurden zum Trocknen ca. 20 dieser Garben zu Stiegen aufgestellt.

Jeder fühlte sich im Kreislauf der Natur mit eingebunden. Eine Pracht, die unverdorbene Schönheit der Natur um sich herum: Feld, Wiese, Wald, Heuhaufen, Getreidestiegen, die in der Weide grasende Stute mit ihren Fohlen, die trillernde Lerche, rennende Hasen, hoppelnde Kaninchen, die winzigen Rebhuhnküken, das äsende Reh am Waldrand, der schon am frühen Morgen auf dem Weidetor sitzende Fasanenhahn, Pflügen, Eggen, Säen, Ernten – die schwere Arbeit erfüllt, sie ist eingebunden in die Liebe zur Natur.

Ein schönes Gedicht hierzu von:

Brigitte Hausbeck:

Farbenpracht der Sommerwiese

Wie andächtig still sie stehn,
die Ährenstiegen auf dem Acker,
nicht satt kann ich mich daran sehn.
Heuduft in der Nase,
Sonne auf der Haut.
Blumen in den Händen,
nur im Ohr den Laut
einer Schwalbe,
die im Fluge
mir ein kleines Ständchen singt
und das Summen einer Biene,
die den Nektar
heimwärts bringt.
Keinen Lärm der Straße,
keine Uhr, die drängt,
nicht in Häuserschluchten
aus Beton gezwängt.
Zärtlich streicht
ein lindes Lüftchen
mir das Haar aus dem Gesicht.
Farbenpracht der Sommerwiese
entlang der Ems,
mehr brauch ich nicht.

Nachdem jenseits der duftend blühenden Sommerwiesen entlang der Ems das reife, trockene Korn eingefahren war, begann – über lange Zeit – auf der Tenne das beschwerliche Dreschen mit dem Dreschflegel, einem stabilen Stock, an dem mit Schweinsleder ein Stück Holz von Armeslänge befestigt war. Durch unentwegtes Schlagen damit auf die Ähren, fielen die Körner heraus.

Durch das Schütteln und Rütteln mit den **Dettsken Wannen** (aus Weidengerten geflochtene Wannen, auf deren Herstellung man sich seinerzeit in Emsdetten spezialisiert hatte) wurden schließlich die Körner von der Spreu getrennt. Es war eine schwere, eintönige und langwierige Arbeit. Man sagte sich:

Well met us etten will, mott auk met us düörsken.
Wer mit uns essen will, muss auch mit uns dreschen (arbeiten).

Schon bald danach wartete mit Oktoberbeginn die Kartoffelernte. Hier waren die Kinder die besten Helfer. **Achter de Grepen** (hinter den mehrzinkigen Grepen) wühlten und scharrten sie auf Knien in der Erde, um die Kartoffeln in Körbe zu sammeln, die dann auf stabile große Ackerwagen gefüllt wurden. Und das stundenlang im wahrsten Sinne des Wortes **för 'n Appel un Ei,** zumeist für ein Abendessen und **'n Kassmännken** (25 Pfennig).

Unvergesslich schön waren dann im abendlichen Zwiedunkel am Rande der abgeernteten Äcker **de Katuffelfüerkes** (die Kartoffelfeuer).

Heute hat der Kürbis die Kartoffel überrundet. Aus dem ursprünglich englischen „All Hallows eve" wurde einfach Halloween. In keltischer Zeit war das Jahr an Saat und Ernte orientiert. Waren im Spätherbst die Felder abgeerntet, fürchtete man sich vor den Totengeistern. Um zu verhindern, dass diese sich den Geistern der Lebenden bemächtigten, wurde versucht, die Dämonen durch furchterregende Masken und Feuer zu erschrecken. Obwohl Halloween nicht zu den kirchlichen Festen gehört, ist es für viele mittlerweile bekannter als die entsprechenden christlichen Feste dieser Tage.

Da wäre, evangelisch, das Reformationsfest am 31. Oktober und am 1. November, katholisch, das Fest Allerheiligen. Doch auch im evangelischen Kirchenkalender ist der 1. November der „Gedenktag der Heiligen". Heißt Reformation „Umgestaltung und Erneuerung", so steht „der Heilige" für ein „neuer Mensch", jemand der durch und durch „heil" (geworden) ist. Wer möchte eigentlich nicht „heil" sein?

Das Allerheiligenfest entstand um 600 n.Chr. Auch Luther hat die Existenz Heiliger nicht geleugnet. Er hat stets „ihr gelungenes Leben" bewundert und betont, darin ein Vorbild für das eigene Leben zu sehen.

Wie heute Halloween schätzten früher Kinder und Jugendliche in der Zeit nach der Ernte am meisten die abendlichen Kartoffelfeuerkes und nicht zu vergessen das **Käskenspiel** (um Lamberti herum). Es wird seit dem Ende des 18. Jahrhunderts hauptsächlich im Münsterland gespielt.

Wir Kinder zogen mit aus Rüben geschnitzten Laternen in der Hand singend durch die Bauer- oder Nachbarschaft, wobei sich mehr und mehr Kinder hinzugesellten. Währenddessen schmückten auf einem zentralen Platz einige ältere Jungen und Mädchen eine große Leiter mit herbstlichen Blumen und stellten auf die Leitersprossen schöne Laternen, oft selbst gefertigt aus ausgehöhlten Rüben.

Um diese **Käskenpyramide** begannen alle Kinder im Ringelreihen zu singen und zu spielen, bis zum Schluss **de Bur** (der Bauer) kam, ein verwegen verkleideter Mann, der zum Ende des Spiels von allen Kindern bestürmt wurde und dabei zusehen musste, dass er mit heiler Haut davon kam; denn **he kreeg mächtig wat up't Jack** (ihm wurde von den tollenden Kindern mächtig zugesetzt). Zu diesem Käskenspiel gehörten ganz bestimmte Käskeslieder wie zum Beispiel zum Einholen der Kinder:

Kinnerkes kuemm ji nao 't Käsken.
Dat Käsken is so wunner-wunnerschön,
sollt auch alle mit uns geh'n un dat schöne Käsken beseh'n...
Kinder, kommt alle mit zum Käsken.
Das Käsken ist so wunder-wunderschön,
auch ihr sollt alle mit uns geh'n und das schöne Käsken beseh'n...

Die typischen Käskenlieder sind:

Ich geh mit meiner Laterne und meine Laterne mit mir...
Laterne, Laterne, Sonne, Mond und Sterne, brenne auf mein Licht...
Rote Kirschen ess ich gern, schwarze noch viel lieber...
Nun öffnen wir wieder das Taubenhaus...
Dornröschen war ein schönes Kind...
Machet auf das Tor, machet auf das Tor, es kommt ein goldner Wagen..
Der Plumpsack geht rum...
Schornsteinfeger ging spazier'n...
In Holland steht ein Haus...
Ting, tang Tellerlein, wer steht vor meiner Tür?
Klein Annchen in der Mühle, saß eines Abends kühle...

Und nach dem folgenden Abschlusslied kommt er dann, **de Bur** – und bekommt von allen Kindern mächtig was auf die Hucke. Alle singen:

**O Bur, wat kost´ dien Heu,
o Bur, wat kost´ dien Kermesheu,
dien vivat vivat Kermesheu,
o Bur, wat kost´ dien Heu?!**
O Bauer, was kostet dein Heu,
o Bauer, was kostet dein Kirmesheu,
dein hochgelobtes Kirmesheu;
o, Bauer, was kostet dein Heu?

Dieses gemeinsame Singen und Spielen war ein schönes, bleibendes Kindererlebnis. „Dat Käsken" wird heute im Münsterland und Umgebung kaum noch gespielt.
Leider verkümmert allerorten gemeinsam erlebtes spielerisches Lernen mehr und mehr. Dabei hat es einen hohen sozial erzieherischen Wert – wie es beispielsweise in diesem Spruch zum Ausdruck kommt:

**Wenn se Jöppken nich lieden möggt,
dann is Jöppken auk ´n guet Deel sömms met Schuld.**
Wenn man den kleinen Josef nicht so gerne leiden mag,
dann ist Josef auch zu einem guten Teil selbst mit Schuld daran.

Damit wurde das Kind, was sich beklagen wollte, wieder zu den Spielgefährten zurückgeschickt. Überhaupt wurde und wird es entlang der Ems vermieden, Kinder zu **verdaomeln** (verwöhnen). Die Kinder hatten neben der notwendigen Schularbeit so früh wie möglich mit anzufassen. Halleluja, wenn dabei dann auch noch ´n **Pennig** (ein Cent) bei raussprang. War es den Eltern genehm, konnten sich die Kinder dafür im kleinen Krämer- oder Kolonialwarenladen ein Stück Lakritz oder **för tein Pennig Bömmskes** (für ein paar Cent Bonbons) kaufen.

So ein **Dorfladen** bestand aus mehreren Holzgestellen. In diesen Regalen lagerten die Waren in Büchsen und Schachteln. Mehl, Salz, Zucker, aber auch Bömmskes wurden lose in Schubkästen gehalten. Verkauft wurde nach Gewicht. Oft baumelte die Waage über der Holztheke von der Decke herab. Eine einfache Tüte genügte für viele Erzeugnisse, und war der Händler ein **Knickebüül** (ein Geizkragen), drehte er beim Einkauf des Kunden die Tüten aus zurechtgeschnittenem alten Zeitungspapier! Dennoch hieß es:

Better nen Fingerlang hanneln äs nen Armlang arbeiden.
Besser einen Fingerlang handeln als einen Armlang arbeiten.

Da das Geld hart erarbeitet werden musste, wurde auch sorgsam darauf geachtet, wie und wofür es ausgegeben wurde. Man gönnt(e) sich durchweg wenig. Zu den wenigen Festen des Jahres, wo **et denn nu doch es maol richtig dehergeiht** (wo nun doch einmal über die Stränge geschlagen wird), zählt(e) **das Schützenfest**. Die Zeit für Schützenfeste ist so „**tüsken dat Heien un Maihen**" (zwischen dem Heuen und Mähen) – also Frühjahr bis Frühsommer. Schützenfeste sind – wahrscheinlich schon seit dem 13. Jahrhundert – hier an der Ems einfach nicht wegzudenken. Wehrfähige Männer schlossen sich zusammen, um die Sippe, die Nachbarschaft und den Ort vor feindlichen Angriffen zu verteidigen. Eine straffe Organisation dieser Wehr und deren Bewaffnung – zunächst Speer, Lanze, Schwert, Armbrust, dann Gewehre und Geschütze – waren notwendig.

Einmal im Jahr gab es ein großes Übungsschießen, das Schützenfest, das zugleich als Ausgleich für die Strapazen des Jahres dem Vergnügen diente. Wie wichtig, aber auch gefährlich diese Zusammenschlüsse gegen räuberische Angriffe waren, mag ein Zitat aus der Festschrift der Rheiner Schützen von 1979 zeigen:

„Am 11. Juli 1628 versuchten die Schützenmänner Emsdettens, den Saerbeckern gegen eingedrungene spanische Truppen von angeblich 700 Mann zu Hilfe zu kommen. Die Dettener wurden abgeschlagen und besonders beim Rückzug über die Ems hart getroffen. Elf heimische Schützenbrüder blieben tot vor dem Feind, zwei ertranken elendig dabei in der Ems, drei weitere starben an ihren schweren Verletzungen. Außerdem gab es sieben schwer Verwundete, von denen einige gar arg verstümmelt blieben."

Wie viele unserer Vorfahren mögen diesen tapferen Schützenbrüdern ihr Leben verdankt haben? Es ist nicht nur gut, sondern mehr als Recht, auch das nicht zu vergessen, wenn's mal wieder um'n Schützenverein geht... Warum sollte gerade diese gute Tradition nicht weiterhin gepflegt werden, auch wenn dem einen oder anderen der prächtige grün-weiße Federhut nicht gerade wacker zu Kopfe steht.

Dat mott man so knapp nich nemmen, dat lött sick in Order setten (das darf man so genau nicht nehmen, das lässt sich alles regeln). Meinee, gibt Wichtigeres. Aber so 'n fein Schützenfestzeug, dat muss schon sein!

Selbstverständlich gehören zum Schützenfest auch „**'n paar Glas Bier**". Kritikern sei gesagt: „Hinter'e Gardinen wird bestimmt manchmal mehr **gepüttket** (getrunken) als in so manchet Schützenfestzelt."

Zur Feier ist die richtige Kluft schon wichtig. **Dat lött nich, wenn jedereen sick so för 'n eegenen Kopp in Tüüg smitt** (das sieht nicht aus, wenn jeder sich auf seine Art zu kleiden pflegt). Gut geschnitten uniformiert, das fördert ein ansehnliches Stehvermögen.

Herren mit Knickerbocker sind bei der Polonaise nicht gerne gesehen, dafür beim Königsball umso mehr „die Damen in fließendem Lang".

Also: Ems und Schützenfest, da sage bitte keiner was gegen!

Daomet man sick auk guet seih´n laoten konn (damit man sich auch sehen lassen konnte) ließ man zu festlichen Anlässen – wie zum Schützenfest – gut und gerne schneidern; nur durfte das nicht zu teuer werden.

**De Wuorst för ´n Snieder
draff nich länger as ´ne Elle wiärn.**
Die Wurst für den Schneider darf nicht länger als eine Elle sein.

Um diesen Spruch zu verstehen, muss man wissen, dass der Schneider noch bis nach dem ersten Weltkrieg (1914 - 1918) von Haus zu Haus ging, um im Tagelohn zu nähen und Kleidung auszubessern. Bei mindestens zwölfstündiger Arbeit (zumeist so von 7 bis 19 Uhr) verdiente er dabei zwar nicht viel Geld, war dafür aber „gut in Kost", also im wahrsten Sinne des Wortes ein „Kostgänger".

Da er alles mit der Hand nähen musste, achteten die Leute schon darauf, dass es auch „ein flinkes Schneiderlein" war – umso weniger verzehrte er. Weil er für gute Arbeit auch gute Kost verlangte, ging es dabei nicht selten im wahrsten Sinne des Wortes „um die Wurst"; denn: **„All´s wuohl, män kiene Upmaakerie, kien Geld vernailen!"** (Alles wohl, aber keine Verschwendung, kein Geld verpulvern).

Auch regelmäßige Besuche in einem **Salon mit blitzender Silberschale**, als Zeichen dafür, dass zur Arbeit des Friseurs einst auch die medizinische Wundversorgung gehörte, so einen Besuch konnten sich früher nur die gut betuchten Damen und Herren der adeligen und bürgerlichen Gesellschaft leisten. – Die Frauen auf dem Lande ließen ihre Haare lang wachsen und steckten sie zu Knoten. Zu besonderen Anlässen wurde eine Brennschere verwendet, oder das Haar in Zöpfen kunstvoll geflochten. Ansonsten passte immer **´n Knötken** (geflochtener Zopf zu einem Knoten gewickelt).

Bei den meisten wurde an manchen Samstagnachmittagen die Küche zum Frisörsalon. Wenn der Hausvater nicht selbst zu Kamm und Schere griff, wurde hier von einem ambulanten Barbier bedient. Dieser hatte durchaus noch mehr so im Angebot: Aderlaß, Schröpfen, Wundversorgung und Zahnbrechen – „unter der Hand" natürlich, und ohne Krankenschein...

Insbesondere wurde für die alten Männer fleißig das Messer zur Rasur gewetzt. Da sie es nicht mehr alleine konnten, wurden sie zum Sonntag hin kräftig eingeschäumt, damit der **Sauerkohl** (Wochenbart) runter kam.

De jungen Bössels (die Jungen) erhielten einen **Stoppelschnitt** und **de Mannslüe** (die Herren) waren durchweg mit einem **Pottschnitt** zufrieden, so, als habe der Frisör einen Topf über den Kopf gestülpt und alles ratzkahl weggeschnitten, was da als Wildwuchs drum herum struppig sprießte. Bei all dem gab es viel zu erzählen, besonders unter Männern. Hört, hört:

'n Voss verlöss wuohl siene Haore, män nich siene Nücke.
Ein Fuchs verliert wohl seine Haare, aber nicht seine Streiche.

Wintertag musste früher dieses Gedoo mit Messer, Kamm und Schere spätestens samstagnachmittags erledigt sein – sonst war es bald finster. Nur das Herdfeuer war die einzige Feuerstelle und zugleich der einzige Lichtspender im ansonsten dunklen Haus. Es durfte, da es um 1800 herum noch keine **Sticken** (Streichhölzer) gab, nicht ausgehen.

Wie es noch um 1900 herum mit dem Licht bestellt war, ist heute gar nicht mehr nachzuvollziehen. Kerzen wurden nur angezündet, wenn es unbedingt nötig war. Ansonsten verwendete man eine **Tranfunzel**, ähnlich einer Schnabeltasse, in die ein Docht gelegt und die mit recht übel riechendem Walfrischtran gefüllt war.

Vergessen wir nicht, dass erst 1860 das erste Petroleumschiff in Hamburg einlief und wiederum erst ein halbes Jahrhundert später, 1914, das erste elektrische Licht hier und da erstrahlte. Erst so um 1920 herum hatte also **dat Ölgelecht** (die Petroleumlampe) in den dunklen Kammern und Stuben ausgedient. Kein Wunder, seinerzeit dieser Spruch:

**Lecht, Lucht un Sönne helpet mehr
äs teihn Püllekes Medizin.**
Licht, Luft und Sonne helfen mehr als zehn Fläschchen Medizin.

Wenn der ständige Rauch des Herdfeuers früher ein Gutes hatte, dann war es das Räuchern der Schinken, Speck- und Wurstwaren. Nach wie vor ist er begehrt, der lufttrockene oder auch mild geräucherte Knochenschinken, **dünn fillt un dick drup** (dünn geschnitten und dick belegt). Aber auch feine lufttrockene Mettwurst und das **Nagelholt** (ein in Salz und in Rotwein gereiftes und trocken abgehangenes Rindsrauchfleisch) gilt als Ems-Delikatesse.

Der Schlachttag gehörte früher in der kalten Jahreszeit mit zu den häuslichen Hochfesten des Jahres.

Der einzigartige Geschmack der *ff*-**Wurstwaren** (feine, frische) kommt von alten Rezepten der Hausschlachtung. Es wurde nur trocken mit grobkörnigem Salinensalz gepökelt, wobei auf ausreichend Zeit für „eine gut abgehangene Qualität" geachtet wurde. Je nach Gaumenfreude verfeinert kurzes, mildes Räuchern über Eichen- oder Buchenholz noch den Geschmack. Auch wurden Speck und Rippen eingepökelt und anschließend geräuchert. Das restliche Fleisch wurde zu Würsten und das Blut zu **Möppkenbraut** (Wurstebrot) verarbeitet.

Mangels gut gekühlter Räume galt:
Je kälter, umso besseres Schlachtwetter.

Das Schwein wurde einem Fachmann anvertraut, dem **Koppschlachter** (Kopfschlachter, Hausschlachter). Denn damit das Tier nicht litt, musste der Bolzenschlag in den Kopf „sitzen".

Der Hausschlachter begann seine Arbeit frühmorgens zumeist mit dem Spruch:

„**So. Dann will wi hier es wier eenen bi de Ohren kriegen.**"
(Dann wollen wir mal wieder ein Tierchen an den Ohren ziehen.")

Darauf bekam er die Antwort:

„**Män to, de Keddels bollert all.**"
(Nur zu, die Wasserkessel blubbern und dampfen schon).

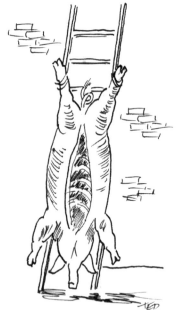

Denn sobald das Tier getötet war, wurden die Borsten mit kochendem Wasser abgebrüht und abgekratzt.

Endlich wurde das Schwein mit den Hinterbeinen nach oben an eine Leiter gehängt und fachmännisch ausgeweidet.

In der Küche roch es herzhaft nach Gewürzen, die alsbald Würsten und Sülzen „den letzten Schliff" gaben.

Auch die Pfanne wurde am Schlachttag nicht kalt, musste doch immer mal wieder probiert werden. Oh ja: **So 'n Werks is rundüm guet** (so etwas, so ein Schlachttag, ist rundum gut). Am Abend des Schlachttages gesellten sich die Nachbarn dazu.

Van Huus un Hof dat Beste,
dat ett't un drinkt wi gän met Gäste.
Vom Besten, was Haus und Hof zu bieten haben,
das teilen wir essend und trinkend gerne mit Gästen.

Wurde dann die Türe spät geschlossen, hieß es zumeist: Nach grobem Ermessen wurde 'ne ganze Menge tüchtig gegessen. Was soll's. Zu später Stunde verabschiedeten sich die Gäste mit dem Wunsch:

Nu ett et män in Gesundheit up (nun esst es in Gesundheit auf).

Gesund und munter:
Ein voller Bauch – ein lustiger Kopf

Wenn eine Erkenntnis entlang der Ems außer Zweifel steht, dann diese: Essen und Trinken hält Leib und Seele zusammen. Dabei sind es gar nicht einmal in erster Linie die **Schmecklecker** (Gourmets), die diesen Grundsatz unterstreichen, sondern jene, die **deftig weg** (gut bürgerlich) und ja nicht zu kleinlich bemessen was auf dem Teller haben wollen.

Wenn Kunst von Können kommt und Kochkunst sehr viel mit Kreativität zu tun hat, dann gebührt insbesondere den Frauen entlang der Ems ein großes Kompliment. – Überlegen wir heute, was uns morgen wohl schmecken könnte, ging es den meisten Menschen hier bis zur Mitte des zwanzigsten Jahrhunderts hinein hauptsächlich darum, aus überwiegend selbst erzeugter Nahrung satt zu werden. Oft war Schmalhans Küchenmeister.

Mehr konn de Geldbüül nich versetten.
Mehr konnte man sich nicht leisten.

Aus einem schier unerschöpflichen Angebot an Lebensmitteln etwas Schmackhaftes auf den Tisch zu zaubern, ist heute weitaus weniger ein Kunststück als früher, wo mit wenig Geld aus einem streng rationierten Mindestmaß für viele Hungrige, die obendrein körperlich schwer zu arbeiten hatten, das Beste herausgeholt werden musste. Doch selbst Millionäre halten hier nicht viel von **Dümmkerie** (daumendickes Belegen der Brote) und **Upmaakerie** (überreichlich verschwenderisches Portionieren). Ja, auch hier gab es einst viele Millionäre, besonders so um 1924 herum, als die erste Reichsmark mit sage und schreibe 4.200.000.000.000 Papiermark verrechnet wurde. Umso mehr gilt es, auch in guten Zeiten diesen alten Hausspruch zu bedenken:

Wer trocken Brot mit Lust genießt, dem wird es gut bekommen.
Wer Sorgen hat und Braten isst, dem wird das Mahl nicht frommen.

Nicht immer bekommen die richtigen Leute auch die richtigen Orden. Wäre dem so, könnten sich damit an der Ems viele Frauen schmücken.

Denn nur wenn „die gute Seele des Hauses" gut wirtschaften und gut kochen konnte, war es auch in schlechten Zeiten dennoch eine Lust, bei einem guten Essen gemeinsam am Tisch sitzen zu können.

Da zu kaufende Fertignahrung unbekannt war, waren jene zu bedauern, in deren Küche es drunter und drüber ging. Wer jedoch noch aus wenigen Zutaten Schmackhaftes auf den Teller bringen konnte, war mit Geld nicht zu bezahlen. Auch wenn es nicht immer für viele Gänge reichte, tröstete man sich mit dem Satz:

**In een Etten met veer Gänge
sitt´ twee Krankheiten.**
In einer Mahlzeit mit vier Gängen sitzen zwei Krankheiten.

Dafür war das, was auf den Teller kam, frisch und natürlich, also gesund und gut. Zufrieden ließ sich sagen: **Bi us is all´s in Buotter** (bei uns ist alles in Butter).

Dass die Butter mit Zufriedenheit und Wohlstand in Verbindung gebracht wird, geht auf den 15. Juli 1869 zurück; denn an diesem Tag wurde in Paris die erste Margarine zum Patent angemeldet. Bereits 1875 wurde dieser Butterersatz auch in Deutschland eingeführt. Damit entstand zwischen Butter und Margarine ein erbitterter Konkurrenzkampf.

Nicht selten wurden damals Gastwirte gefragt, ob in ihrer Küche etwa auch diese „billigen Fette" verwendet würden. Entrüstet antworteten sie: **„Kiene Bange, bi us is all´s in Buotter!"** (Keine Sorge, bei uns ist alles in Butter, sprich: in bester Ordnung). Das wurde mit der Zeit zu einer geläufigen Redewendung. Doch auch wenn es nicht nur „gute Butter" gab, vertraute man den Kochkünsten einer guten Hausfrau blindlings – und lobte:

Se kann ´n gueden Pott kuoken un hölt dat Wärks bineene.
Sie kann gut kochen und sparsam wirtschaften.

Das ist heute gar nicht mehr selbstverständlich; längst ist die Mehrheit nicht mehr mit einer Koch- Essens- und Tischkultur vertraut. Umso wichtiger wurde in vielen Küchen der Dosenöffner und die Mikrowelle. Und statt des Kochbuchs liegt in vielen Haushalten die Karte vom Pizza-Service aus.

Früher hingegen gab es nur an Sonn- und Feiertagen etwas Besonderes zu essen. Da sahen nicht wenige Frauen eine Herausforderung darin, aus der Küche heraus den Himmel auf Erden herbeizukochen.

Nach oft wochenlanger Alltagskost waren die Festtage willkommene Gelegenheiten, sich mal wieder **so richtig den Wams vull to friätten** (sich den Bauch voll zu schlagen). Dann schallte es frohgemut mit lauter Stimme:

To! Wi mööget wuohl wat van 't daude Swien!
Nur zu! Wir mögen wohl was vom toten Schwein!

Im Alltag war entlang der Ems die frühere Lebensweise einfach, bescheiden und anspruchslos. Das Essen bestand überwiegend aus dünner Milch mit eingeweichtem alten Brot, den sogen. **Knabbeln** (denn der Rahm wurde für die Butterzubereitung gebraucht, wofür er an der Milchoberfläche mit dem Mund abgeblasen und mit einem Löffel in den **Schmantpott** – Rahmtopf – gegeben wurde), **Bookweetenjanhinnerk** (Buchweizenpfannkuchen) und zu besonderen Anlässen auch schon mal **'n Pannekooken met veer Luken** (ein Pfannkuchen mit vier Fenstern, vier Scheiben Speck).

Ansonsten gab es **Dörneengemöös** (Gemüseeintöpfe), **Braotkatuffel** (Bratkartoffeln), Eier und – entsprechend den Jahreszeiten – das passende Obst und Gemüse. Kern- und Steinobst, das nicht sofort gegessen wurde, trocknete man im warmen Backofen zu Dörrobst.

Hinreichend für den Jahresbedarf wurden hauptsächlich Erbsen, Bohnen, Kohl, Rüben, Möhren und Kartoffeln angebaut. Als Fette dienten ausschließlich Schmalz und Butter. Nur an Sonn- und Feiertagen gab es Fleisch, Speck, Schinken, **wat van' drüügen End** (von der lufttrockenen Mettwurst) und Weißbrot. Von Pudding und feinem Gebäck (außer **Weggen** bzw. **Krintenstuten,** Rosinenbrot) war vorerst noch keine Rede.

Als Dr. Oetker mit seinen „neumodernen Zutaten" diese Leckereien und „feinen Backwaren" nach 1900 ermöglichte, wurde dennoch sparsam damit umgegangen.

Die ärmlichen wirtschaftlichen Verhältnisse erlaubten es in der Regel nicht, sich durch Zukauf von Kinkerlitzen derartige Gaumengenüsse zu erlauben; hieß es doch:

'n Slickertann döch nich för de Arbeit.
Ein Schleckermaul taugt nicht für die Arbeit.

Das stimmt bis heute jedoch nur, wenn die Arbeit unter der Genusssucht leidet; hin und wieder maßvoller Genuss verhindert Verdruss und dient einer positiven Alltagsbewältigung.

Solche kleinen Genusszeiten sind entlang der Ems fester Bestandteil des Tages; im unteren Bereich der Ems ist es das **Kaffeetrinken** und im oberen Bereich der Ems ist es das **Teetrinken**.

Die Ostfriesen trinken in Deutschland nicht nur den meisten Tee, sie sind auch deutscher Meister im Teetrinken; denn der Ostfriese trinkt nicht einfach nur den Tee, sondern er genießt ihn tagtäglich gleich mehrmals.

Die Teezubereitung
ist für Ostfriesen eine Zeremonie, ja, eine Kulthandlung. Dabei wurde früher zumeist weiches Regenwasser aus den hauseigenen Regenbaken benutzt, denn weiches Wasser macht den Tee besonders schmackhaft. Bei Verwendung von hartem Wasser verbindet sich die im Tee enthaltene Gerbsäure mit dem löslichen Kalk, der die Geschmacksstoffe an sich zieht. Hartes Wasser macht den besten Tee geschmacklos. Ist kein weiches Wasser vorhanden, empfiehlt sich ein stilles, mineralarmes Quellwasser.

Während das weiche Teewasser auf dem Ofen zum Aufkochen gebracht wird, wird liebevoll der Tisch gedeckt, selbstverständlich mit ostfriesischem Teeporzellan wie z.B. „die geschlossene ostfriesische Rose" oder „Frisia". Auf den Tisch gehören **Kluntjetopf** (Schälchen mit Kandiszucker), ein Milchschüsselchen mit einer Rahm- bzw. Sahneschicht, und etwas Teegebäck. Dazu kommt das Teestövchen, in dem die Kerze angezündet wird.

Das Wasser wird zum Kochen gebracht, darf aber nur ganz kurz **brusen** (aufkochen). Mit heißem Wasser wird vorab der **Treckpott** (Teekanne in dem der Tee zieht) ausgespült und so gleichzeitig erwärmt. Mit einem Teemaßlöffel wird nun der Tee in die Kanne gegeben, pro Person ein gut gefüllter Löffel Tee und ein Löffel extra für die Kanne. Diese wird zur Hälfte mit dem kurz aufgebrühten Wasser gefüllt und auf das bereits erwärmte Teestövchen gestellt. Die Zeitschaltuhr wird auf 4 – 5 Minuten gestellt, und der Tee bekommt in dieser Zeit des Ziehens eine immer dunklere Färbung. Bei kürzerem Ziehen kann sich das volle Aroma nicht entwickeln – bei längerem Ziehen schmeckt der Tee bitter.

Entlang der Ems sollte nie von einem „gut gekochten" Tee gesprochen werden. Nein, der Tee wird nicht „gekocht", sondern man „brüht" ihn auf.

Nach einigen Minuten wird mit dem erneut kurz aufgebrühten Wasser die Teekanne aufgefüllt. Noch etwas ziehen lassen – und dann kann der Tee durch ein Sieb in die Tassen, in die schon vorher ein **Kluntje** (ein Stück weißer Kandiszucker) gelegt worden ist, eingegossen werden.

Die Tassen werden nur etwas mehr als halbvoll eingeschenkt, wobei der Kandis verhalten knistert. Mit dem Sahnelöffel wird nun **Schmant** (die obere Rahm- bzw. Sahneschicht der Milch) abgeschöpft und vorsichtig auf den Tee „gelegt" – bei der ersten Tasse nicht umrühren.

Witte Wulkjes (weiße Wölkchen) bilden sich auf der Oberfläche: der ostfriesische Himmel... Eine Wonne, so einen Tee zu genießen.

Zunächst erlebt man den bitteren Tee auf der Zunge, danach den sanften Rahm und schließlich die milde Süße des Kandiszuckers. Bei der zweiten und dritten Tasse darf gerührt werden; denn drei Tassen gelten als „das Maß". Darum ist es unhöflich, die Dreier-Reihenfolge nicht einzuhalten. Hat man genug, stellt man den Teelöffel in die Teetasse, dann wird nicht mehr nachgeschenkt.

Entlang der Ems schwören die Menschen darauf, dass der Tee bei geistiger Arbeit inspiriert. Das liegt nicht nur an der Coffein-Gerbsäure-Verbindung; weil zudem das Coffein im Tee langsam freigesetzt wird, regt der Tee an – aber nicht auf. Außerdem enthält Tee noch ätherische Öle, die Träger des Aromas sind: Fluor, Chlorophyll und Spuren der Vitamine B und C. Ob die Ostfriesen doch recht haben, wenn sie ihr Wohlbefinden und ihr hohes Alter auf den regelmäßigen und reichlichen Teegenuss zurückführen? Auf jeden Fall **is dat nich so keggen anbie säggt** (nicht so nebenbei gesagt – es stimmt), wenn es heißt:

Wi weet' us binnen de Pöst wuohl wat toguette to doon.
Wir wissen wohl, wie wir uns zuhause etwas zugute tun.

Well sick sömms nix gönnt, gönnt auk annere nich wat.
Wer sich selbst nichts gönnt, gönnt auch anderen nichts.

Auf ihre stille und häusliche Art wissen die Menschen entlang der Ems sehr wohl, in gemütlicher Runde das Leben zu genießen.

Wu de Tee, so tefree. - Eenerlei off twee, off drei.
Punschköppkes aower, so guede stiefe,
daovan smaket auk wuohl fiefe...

Wie der Tee, so das Befinden.
Einerlei ob zwei oder drei Tassen.
Punchbecher aber, so richtig gehaltvolle,
davon schmecken auch wohl fünf...

Dat laot di säggen, dat is ganz wat (lass es dir sagen, das ist etwas ganz Besonderes). Wenn es in der dunklen Jahreszeit so richtig weht, stürmt, regnet, hagelt oder schneit, dann, ja dann ist in den fünf Monaten von Oktober bis Februar Punschzeit an der Ems.

Die Geschichte des winterlichen Würzweines geht bis zu den Römern zurück. Schon im 2000 Jahre alten Rezeptbuch des Apicius ist der „conditum paradoxum" zu finden, „der erlesene Würzwein".

Den alten Römern ging es früher hauptsächlich um Geschmacksverbesserungen, weil der Wein früher sehr sauer war. Aber auch das Haltbarmachen des Weines spielte dabei eine große Rolle; denn erst um 1500 herum konnte den Weinen Schwefel zugesetzt werden, was ihre Haltbarkeit erhöhte. Dafür wurde vorher Honig verwendet.

Neben Haltbarkeit und Geschmack spielte auch Angeberei eine Rolle, wenn es um Würzwein ging; konnten sich früher doch nur die Reichen Gewürze für den Wein leisten. So war dieses Getränk vor allem beim Adel sehr beliebt.

Würzwein galt früher als Medizin.

In dem 1580 erschienen Arzneibuch des Hieronymus Bock wird der Gewürz- und Kräuterwein wärmstens empfohlen „wider das Wehtun der Brust". Er helfe auch vorzüglich bei „feuchtem Magen", also bei Durchfall.

Eines sei an dieser Stelle deutlich gesagt:

Heute ist es weder üblich noch schicklich, sich ausgerechnet aus diesem Anlass zu einer feucht-fröhlichen Punschrunde zu treffen... Nein.

Entlang der Ems war der Punsch das typische Silvestergetränk, nicht der Sekt.

Punsch

heißt eigentlich fünf. Drum schmeckt auch nicht nur ein Punsch, und er schmeckt auch nicht alleine getrunken.

Und es gilt zu unterscheiden zwischen einem „steifen" Herren- und einem „reichhaltigen" Damenpunsch.

Ein guter „steifer" Herrenpunsch

gelingt mit 5 Zutaten, wovon ein guter, alter, 55-prozentiger Rum (kein Verschnitt!) am wichtigsten ist. Dazu kommt ganz heiß gut ½ Liter kräftiger Ostfriesen-Tee (5 Minuten ziehen lassen), frisch ausgepresster Zitronensaft und je nach Geschmack braune Kandisklumpen.

Heiß muss er geschlürft werden, der Punsch, ja nicht **miegewarm** – oder gar kalt werden lassen. Nur heiß entfaltet dieser winterliche Emstrunk sein gutes Aroma und seine wohltuende Wirkung:

Der Tee schärft die Sinne und der Rum macht warm ums Herz.

Entlang der Ems heißt es, Punsch schmecke am besten mit leisen Leuten, die still und versonnen „ganz innen lachen" können.

Die Punschtrinker der Ems lauschen bei mildem Kerzenschein still in sich rein; denn Punsch lässt längst Vergangenes wieder lebendig werden. Man ertappt sich dabei, Liebem liebevoll nachzuträumen.

Viele gute Geister flüstern uns etwas zu und aus dem Heulen des Windes klingen längst vergessene Melodien. Also dann: Auf unsere Träume! Mit Wonne verträgt „Mann" fünf. Wie heißt es nicht von ungefähr:

Der erste Punsch macht warm.
Der zweite Punsch verklärt das Gemüt.
Der dritte Punsch spült Melancholie und Sehnsucht ums Herz.
Der vierte Punsch öffnet die Tore zu verlockenden Träumen.
Und der fünfte Punsch macht Appetit auf mehr…

Doch Vorsicht, sonst können die Damen nachher den Träumen der Herren nicht mehr folgen...

Immerhin schätzen auch sie einen reichhaltigen und leckeren

Damenpunsch.

An guten Zutaten darf nicht gespart werden; besonders nicht an einem guten, alten Bordeaux-Wein. Für fünf Personen werden benötigt: ½ Liter kräftiger Ostfriesentee, 2 Flaschen alter Bordeau, 5 Teelöffel Honig, 1 Teelöffel klein gehackter kandierter Ingwer, ½ Hand voll Rosinen, 1 Zimtstange, ½ Vanillestange, 3 Nelken, 1 in Scheiben geschnittene saftig süße Apfelsine und 1 Stückchen ungespritzte Zitronenschale. Alles wird mit etwas Cointreau abgeschmeckt und erhitzt – aber nicht kochen lassen!

Wird da nicht Frieren zur Vorfreude?
Nachmittags wird hier aus feinen hohen Tassen auch gerne

der Pharisäer
getrunken. Es ist „ein Kaffee-Punsch" aus starkem Kaffee, etwas angewärmtem Jamaica-Rum oder auch altem, mildem Armagnac und einer mit geraspelter Bitterschokolade und Zimt bestreuten Sahnehaube. Himmlisch hierzu schmeckt nach folgendem Originalrezept ein Stück

E m s t o r t e :

500 g Mehl, 250 g Sauerrahmbutter, 150 g Zucker, 1 Tütchen Backpulver, 1 Tütchen Vanillezucker, 4 Eigelb und 1 Eiweiß. Das alles mit etwas Wasser vermischen und daraus einen Knetteig für 4 Böden rühren (die Böden stehen für Ostwestfalen, Münsterland, Emsland und Ostfriesland). – Sie werden einzeln 20 Minuten bei 180 Grad gebacken. Die noch warmen Böden werden sodann kreisrund von außen nach innen mit einem edlen Kaffeelikör (Tia Maria) beträufelt. Danach wird der untere „ostfriesische" Boden mit feinem Pflaumenmus bestrichen. – Die restlichen 3 Böden werden beschichtet mit einer Mischung aus ½ Liter frisch geschlagener Sahne, 1 Natur-Yoghurt, 4 Eiweiß, 200 g Hagelzucker, 1 Tütchen Vanillezucker, 2 Tütchen gestiftete Mandeln und einem gut gehäuften Teelöffel Zimt. Vor ihrem Genuss sollte diese **köstliche Emstorte** mindestens ein paar Stunden durchziehen.

Wer all das nicht mag, hat es nicht gerade leicht, mit den Bewohnern entlang der Ems „warm" zu werden. – Überhaupt gilt es als vermessen, Speisen und Getränke nicht zu mögen. Hier hört man heute noch oft:

Mag-ick-nich ligg up ′n Kerkhoff.
Mag-ich-nicht liegt auf dem Friedhof.

Sand schüert ′n Magen.
Sand scheuert den Magen.

Da viele Menschen Hunger leiden, gilt es als Sünde, Nahrungsmittel abfällig oder wie Abfall zu behandeln und wegzuwerfen. Fällt eine Schnitte mal zu Boden, gilt das Brot mehr als die Verunreinigung durch Sand.

Ein **Daomelääs** (verwöhntes Menschenkind), wer „**fies** dafür is". Auch werden **Pottschrapper** (Topfauskratzer) Kostverächtern **met lange Tiäne** (mit langen Zähnen) vorgezogen. Süßigkeiten und Extravaganzen werden immer noch mit Verweichlichungen gleichgesetzt und galten früher als **Upmaakerie** (Verschwendung). Merke: **Trocken Brot macht Wangen rot.** Wer kennt heute noch diesen Spruch? Heute gilt es schon als Makel, im Monat zweimal nach demselben Rezept zu kochen; und wenn Gäste zu Tisch gebeten werden, gilt es als schick, ein Gericht zu servieren, dessen Namen sich nach Möglichkeit nicht so ohne weiteres buchstabieren lässt.

Eindruck macht das entlang der Ems nicht. Wer nur auf Gaumenkitzel aus ist, muss sich sagen lassen:

Wi mött´ em den Brautkorf höhger hangen.
Wir müssen ihm den Brotkorb höher hängen.

Das heißt: damit so einer nicht tolldreist wird, muss er „kürzer gehalten" werden. Kürzer gehalten hätten früher auch gerne so manche Herren der Schöpfung ihre Damen, wenn es um das Kaffeetrinken ging. Immerhin wirkt ein Tässchen guter Kaffee anregend und steigert für etwa drei Stunden den Energieumsatz des Körpers.

Kaffee wurde erstmals im 10. Jahrhundert n. Chr. in Arabien schluckweise als Medizin getrunken. Medizin hin, Medizin her, Kaffeetäntkes kosteten manchem Mannsbild Nerven. Wie heißt es doch so schön in dem alten Volkslied: **C-a-f-f-e-e trink nicht soviel Kaffee...**

So begehrt der Kaffee war, so teuer war früher auch der schwarze Türkentrank. Schuld daran war der Alte Fritz, der Preußenkönig Friedrich der Große (1712–1786), der den Kaffeehandel zum Staatsmonopol machte. Zudem erließ er 1760 „das Hildesheimer Kaffeeverbot", das allen Bürgern, Bauern, Handwerksgesellen und Hausangestellten den Kaffeegenuss unter Androhung von Strafen untersagte. Nicht umsonst hieß noch bis in die erste Hälfte des zwanzigsten Jahrhunderts hinein die heimische Kaffeemühle **Bankrottmüöhl**. Nur älteren und kranken Personen wurde darum gegen zwei Uhr nachmittags das so genannte **Tweeuhrsköppken** zugestanden. Dabei goss man den heißen Kaffee aus der Obertasse, dem **Köppken**, auf die Untertasse, dem **Schäölken**, von wo er genussvoll geschlürft wurde. Hatte man genug, stülpte man die Obertasse einfach auf die Untertasse.

Guter Kaffee
schmeckt nur frisch gemahlen und ist von gutem Wasser abhängig. Wie beim Tee gelingt auch kein guter Kaffee mit hartem oder abgestandenem Wasser. Kaltes, frisches und weiches Leitungswasser lässt man kochend einmal kräftig aufwallen und gießt es sofort danach sprudelnd über den frisch gemahlenen Kaffee.

Ist das Wasser zu hart, kann man sehr gut auf Mineralwasser zurückgreifen; denn die Mineralien tun dem Kaffee ausgesprochen gut. Darum auch schwören die Genießer auf eine kleine Prise Salz über den gemahlenen Kaffee.

Wohl weil der Kaffee als ein besonderer Genuss galt, konnten manche Frauen von ihm gar nicht genug bekommen. Darum galt es bis Mitte des zwanzigsten Jahrhunderts noch als Zeichen von Sparsamkeit, wenn von einer umsichtigen Hausfrau gesagt wurde:

Se is an Muckefuck gewönnt.
Sie trinkt Getreidekaffee.

Ein Begriff hierfür ist der Kathreiners Malzkaffe. Malz- oder Getreidekaffee gab es vermutlich schon seit dem späten Mittelalter. Bekannt wurde er jedoch erst im 18. Jahrhundert durch regierungsseitige Überteuerung des Bohnenkaffees.

Damals entstand das „Kunstwort" Muckefuck aus dem französischen „mocca faux" – also: „fremder Kaffee".

Blümchen-Kaffee war ein anderer Spitzname für Kaffeeersatz, denn die Zichorie, deren rübenartige Wurzel zu dessen Gewinnung gedörrt und gemahlen wurde, ist eine schöne Blume mit leuchtend blauen Blüten (die gemeine Wegwarte = Cichorium intybus Linné). Im 19. Jahrhundert war es üblich, Bohnenkaffee mit Zichorie zu mischen, um höhere Profite zu erzielen.

Eicheln als Kaffee-Ersatz wurden in großem Stil zu Kriegszeiten verwendet, wenn das Getreide knapp wurde.

Dann war auch das Brot knapp.

Als Getreideersatz gab es nach dem zweiten Weltkrieg von den Amerikanern Mais; zwar besser als nichts, doch war das goldgelbe klebrige Maisbrot kein Vergleich zu frisch gebackenem Stuten.

Sarkastisch meinte auch entlang der Ems die geschundene Bevölkerung, es sei „das goldene Zeitalter" angebrochen. Nach ein paar selbst gebrannten Kartoffelschnäpsen sang manch einer verwegen aus voller Kehle:

Deutschland, Deutschland ohne alles,
ohne Butter, ohne Speck –
und das bisschen Marmelade
ist auf Maisbrot nur so 'n Fleck.
Ja:
Der Mais ist gekommen, das Brot sieht goldig aus.
So pappig, doch lieblich, als wär's ein Eierschmaus.
Wir essen es hungrig – doch wär' es furchtbar nett,
wir hätten statt Maisbrot auch wieder Fleisch und Fett.

Gott sei Dank sind als Folge des furchtbaren zweiten Weltkrieges (1939–1945) diese kargen Notzeiten vorbei, wo mit knurrendem Magen gefrotzelt wurde:

Rööben is Wuorst, un Speck bünd Katuffeln.
Rüben ersetzen die Wurst und die Kartoffeln den Speck.

Das erste Kochbuch, das nach dem Ende des zweiten Weltkrieges in Deutschland erscheinen durfte, war nur ein kleines, dünnes Heftchen „zum Wiederaufbau der deutschen Ernährung" aus dem Jahre 1945 und trug den Titel: „Gute Soßen und Brotaufstriche mit wenig Fett".
Die Soße sollte helfen, die Eintönigkeit des „mageren Essens" zu verbessern. Bei der Vitaminversorgung sei im Übrigen „ein Aufbrühen von Kiefer- und Fichtennadeljungtrieben" sehr empfehlenswert.
Und vor dem Kartoffelacker stand manch ratloser Bauer. Auf die Frage: **„Katuffel all so fröh druut?"** (Kartoffeln schon so früh geerntet?) antwortete er oftmals nur enttäuscht: **„Jaja, män ick wüss gäne, well ohne mi hier all so flietig wör!"** (Jaja, ich möchte nur wissen, wer ohne mich hier schon so fleißig war!)
Das war die Steckrübenzeit: „Steckrübe dir leb ich, Steckrübe dir sterb' ich. Dein bin ich..."
Es gab auch Besuch, der sich seinerzeit mit schelmischem Galgenhumor so ankündigte:

Die Rüben, die Rüben,
die haben mich vertrieben.
Hätt' man zuhause Fleisch gekocht, so wäre ich geblieben...

„Die Rübe" – genauer gesagt, die Steckrübe – war in den Notzeiten Gesprächsthema Nummer Eins, wo selbst in Vorgärten statt Blumen Rüben und Kartoffeln angebaut wurden. „Es rübelte" emsauf, emsab, angefangen vom Steckrübenfrühstück über Steckrübenmus, Steckrübeneintopf, Steckrübenauflauf, Steckrübenpuffer, Rübenmakronen, Steckrübenkraut bis hin zu Steckrübentabak. All das wurde obendrein auch noch wie selbstverständlich mit jenen geteilt, die schier gar nichts mehr hatten.

1945, das war das Jahr, wo auch entlang der Ems unübersehbare Menschenströme ausgehungert und völlig entkräftet elendig und verloren umherirrten: Flüchtlinge aus den Ostgebieten. Unbeschreiblich war die Not und Armut dieser ausgestoßenen Menschen.

Unglaublich die Liebe und die Kraft, mit der man sich „trotz allem" gegenseitig half und stützte.

Was gerade die Flüchtlinge in jener Zeit erleben mussten, das hat ein Betroffener, Karl-August Vogt, versucht, in einem Gedicht festzuhalten:

Schmachtend und keuchend auf der Flucht

Wir keuchen auf Straßen mit Weib und Kind,
gebrochen die Herzen vom Leid und vom Weh.
Wie soll uns trösten der heulende Wind,
der vor uns hertreibt nur eisigen Schnee?
Wir tragen die Schuld der verlorenen Zeit,
wir Flüchtlinge, ich und auch du.
Wir keuchen auf Straßen der Endlosigkeit
und schmachten vor Hunger, ohne Ruh'.
Die Raben zieh'n krächzenden Flugs hinterher,
sie warten bis stumm einer fällt;
der Mond und die Sterne, die Ems und das Meer
sind Zeugen des Leids dieser Welt.

Die Ems als Zeuge des Leids dieser Welt...

Aus dieser Zeit der bittersten Not stammt auch der Satz:

Man konn iähr dat Vaterunser dör de Backen blaosen.
Man konnte ihnen das Vaterunser durch die Backen blasen.

Viele dieser Ärmsten der Armen, die alles von heute auf morgen hinter sich lassen mussten, haben auch hier entlang der Ems zwischenzeitlich wieder eine neue Heimat gefunden und sind „welche von uns" geworden. Gott Dank änderte sich die Hungerleiderei bald, auch wenn immer noch häufig der entsetzte Ausruf zu hören war:

Meinee, wat is he doch uut 'e Plünnen fallen.
Oh je, was ist er abgemagert.

Umso lauter erschallte bereits nach 1950 hier überall die Parole:

Better Fett up 't Gatt as 'ne Fiär an' Hoot.
Besser ein dicker Hintern, als eine Feder am Hut.

Sehr beliebt waren darum in den fünfziger Jahren üppige Buttercremetorten. Überhaupt ließ sich am Tisch beobachten:

Se atten, wat de man so insatt.
Sie aßen, was Küche und Tisch nur so hergaben.

So mott dat up de Fier:
För Bur un Meerske 'ne dicke Gaos,
för Knecht un Magd 'n Bollerjan van Hahn,
för de öllste Blaage 'n Feldhohn
un för de Katte 'nen Lünink.
So muss es auf der Feier sein:
Für die Bauersleute eine dicke Gans,
für Knecht und Magd, ein großer Hahn,
für das älteste Kind ein Rebhuhn
und für die Katze einen Spatz.

Män nich so fissig:
Et is män bloß 'n kuort Endken in' Hals, wo et lecker is.
Nur nicht so wählerisch:
Es ist nur ein kurzes Endchen im Hals, wo es lecker ist.

`n guet Swien frett alles.
Ein gutes Schwein frisst alles (ein guter Esser ist nicht wählerisch).

Lange Fasten spaort kien Braut.
Langes Fasten spart kein Brot (danach wird doppelt soviel verzehrt).

Oh ja:
**So ´ne Gaos,
dat is män doch
´n spassigen Vuogel –
för eenen is se to graut,
und för twee
is se ´n bettken to minn.**
Eine Gans, das ist
ein spaßiger Vogel.
Für eine Person zu groß,
und für zwei Personen
ein wenig zu klein.

Wer da Einwände gegen so ein großzügiges Gansessen hat, der antworte mal auf die Frage:

Wu kann Knabbelkläösken met ´n Kluutenbüker feddig wärn?
Wie kann Klaus, der nur trocken Brot isst,
mit einem langstielig schweren Vorschlaghammer fertig werden?

Drum darf zur Verdauung auch ein guter Schnaps nicht fehlen. Entlang der Ems bevorzugt man **´n Klaoren** oder **´n Blanken met Stritz** (einen Korn oder einen Doppelkorn mit einem Schuss Magenbitter), **de treck de guet met bi** (der wirkt gut). Nur natürlich, dass solche Tischgewohnheiten auf Dauer nicht ohne Wirkung bleiben.

**Oh ja, so ´n Buukwanst mach sien Fuor wuohl,
denn de Wind häff et em nich anweiht.**
Ja, einem beleibten Schwergewicht
wurde der Bauch gewiss nicht vom Wind angeweht.

Better wat in' Lief as üm 'n Lief.
Besser was in den Leib als um den Leib.

Damit wären auch sogleich die Prioritäten geklärt.

**Leiwer binnen hento wat Deftiges
as 'n wacker Höötken up 'n knelket Köppken.**
Lieber gut was zu essen als ein modischer Hut
auf ein schächtiges Köpfchen.

Schamieskes (Vorhemd) und **Glasanten** (Lederhandschuhe), na gut. Alles zu seiner Zeit, aber auf keinen Fall auf Kosten eines knurrenden Magens. Für einen Teller, dem es an einer guten Portion fehlt, **dao rai wi kienen Finger üm** (da rühren wir keinen Finger drum). **Wi haollt nu maol van guet Etten** (uns ist nun mal gutes Essen wichtig). Sollte es auf dem Teller nun doch mal ein wenig zu viel sein, egal, **dao verschreck wi us nich vör** (das schreckt uns nicht) – auch wenn es nachher vielleicht heißt:

Nao't Etten satten se män wat eng in Tüüg.
Nach dem Essen war die Kleidung nun doch etwas eng.

Se hadden Dages vörher Fastdag haollen.
Sie hatten am Tage zuvor gefastet.

Und doch, wie ärgerlich:

**Dat is jä heelmaol deniäben:
Satt Fleesk un mi feihlt de Tiäne.**
Das ist ja nun allemal daneben:
Satt Fleisch – und da fehlt mir ausgerechnet mein Gebiss.

Wie beneidenswert dagegen der Satte:

Den Buuk vull, snuorkede he sick 'n Mesterstück bineene.
Mit vollem Bauch schnarchte er sich nach dem Essen
ein wahres Meisterstück zusammen.

Nicht, dass der Eindruck der Völlerei entsteht. Nein. Doch da man hier früher überwiegend in der Landwirtschaft tätig war und tagtäglich körperlich hart arbeiten musste, brauchte auch der Körper nicht nur mehr, sondern auch andere Nahrung als heute.

Selbstverständlich hat sich zwischenzeitlich überwiegend ein den heutigen Verhältnissen angepasstes gesundheitsbewusstes Ernährungsverhalten durchgesetzt.

Spee (mit Argwohn) aber begegnet man entlang der Ems einem Gesundheitsfanatismus, der fast schon als Religionsersatz daherkommt und dessen asketische Kostverächter zwischen „guten und schlechten Essern" (oder gar Menschen?) unterscheiden.

Met so wat sin wi nich up eenen Strick, dao will wi sömms noch Waort drüöber häbben (da lassen wir uns nichts vormachen, dazu haben wir unsere eigene Meinung und möchten diese auch nicht zur Diskussion stellen). Ein Emsgrundsatz lautet:

All's met Maote – män nich minn un mieckelig.
Alles in Maßen – nicht aber dürftig, mickerig, knauserig.

„Viel klar' Wasser" gönnt und überlässt man gerne der lieben, guten, alten Ems. Gesund ist gut, aber **flomig in' Buuk, dat döch nich** (flau im Magen, das ist nicht gut). Statt solcher Wasserkuren, Diäten oder Hungerleidereien bewegt man sich nach genussvoll gutem Essen und Trinken lieber etwas mehr und **trett de Küten dör** (bewegt die Gliedmaßen).

So gehört(e) der Gang durch den Garten zum krönenden Abschluss einer jeden guten Mahlzeit. Ein Spruch, der es in sich hat, lautet:

De beste Weg nao de Gesundheit is de Weg in 'n Gaoren.
Der beste Weg zur Gesundheit ist der Weg in den Garten.

Neben viel gesunder Bewegung in frischer Luft wird das gesunde Gemüse und Obst noch dazugeschenkt. Leider werden sie auch entlang der Ems weniger, die schönen großen Hausgärten. Immerhin, hier und da krönen sie auch heute noch das natürlich anmutige Landschaftsbild. Sie sind eine wahre Pracht, diese großzügig angelegten, bunten und herrlich duftenden **Bauerngärten**, akkurat geteilt in Gemüse-, Gewürz- und Blumengarten und umrandet mit sorgfältig gestutzten Buchsbaumrabatten.

Entlang der Ems gehört zu einem alten Bauernhof **de Appelhoff** (der Apfelhof), eine Wildkräuterwiese, die mit Obstbäumen bestanden ist.

Das, was wir heute biologischen Pflanzenschutz nennen, war unseren Ahnen seit eh und je bestens vertraut. So stehen beispielsweise Rosen und Lavendel in guter Nachbarschaft zueinander oder auch Zwiebeln neben Möhren zur Abwehr der Zwiebelfliege.

Häufig teilt ein Wegekreuz aus weißem Kies den Garten in vier Segmente, wobei mitunter ein kleines Rondell die Mitte des Wegkreuzes markiert. Strauchgruppen bilden die Grundstücksgrenze. Sie sind gleichzeitig willkommener Schutz und Unterschlupf für allerlei Getier, welches hier zugleich reichlich gute Nahrung findet.

Nur heimische Arten wie Holunder, Hasel, Flieder oder Beerenobst finden Verwendung, die in der Erntezeit für den Haushalt als Früchte und Tee verwendet werden. Wahrlich:

So lässt es sich im Einklang mit der Natur bei viel Bewegung in frischer Luft gut und gesund leben – oder?

Dat is wat:
Satt – un Wind üm´t Gatt.
Mit sattem Bauch und furzendem Hintern
lässt sich's gesund und gut leben.

Stimmt. Es geht nichts über eine gute Verdauung.

Doch „so frei heraus", da hätte gewiss bereits der gute alte Knigge (1751-1796) Einspruch erhoben; es heißt schließlich nicht umsonst:

Wie man isst, so ist man...

Beobachten wir uns heute, so ist uns nicht nur kaum noch bewusst was wir essen, sondern häufig auch nicht wie wir essen. Allzu viel wird gedankenlos nebenbei mal eben so an denaturierten Nahrungsmitteln vertilgt.

Feste Essenszeiten werden immer seltener. Es wird bereits wieder laut über Schulspeisungen nachgedacht, da gut die Hälfte aller Schüler ohne Frühstück zum Unterricht kommen. Darum ist „der Familientisch" zum gemeinsamen Essen wichtiger denn je. Gute Gespräche bei Tisch fördern ein bewussteres Essen und dienen der Gesundheit.

Darum sollten Tischsitten und gute Umgangsformen wieder mehr gepflegt werden.

Auch ist es gut, wenn jeder bei der Gestaltung des wöchentlichen Speiseplans mitreden darf. Warum sollte nicht für jeden „ein Wunschtag" möglich sein? Und angemessener Aufgabenteilung kann hin und wieder auch gemeinsames Kochen ein schönes lehrreiches Erlebnis sein. Wir sehen: Essen und Trinken offenbaren unsere Lebensweise.

Bewährt haben sich folgende **Ernährungsregeln**:
- Jahreszeitlich bedingte und natürliche Lebensmittel der heimischen Art essen.
- Gemüse, Kartoffeln und Getreideprodukte bevorzugen.
- Fisch, Fleisch, Wurst und Eier nur ein- bis zweimal pro Woche.
- Fettverbrauch reduzieren, besonders „versteckte Fette" meiden.
- Rohes Obst und Gemüse mehrmals über den Tag verteilt essen.
- Genügend trinken, bis zu 2 Liter Wasser oder Kräutertee täglich.
- Wenig Zucker und Salz
- Lebensmittel richtig und hygienisch lagern und frisch zubereiten.
- Sich Zeit nehmen und das Essen in Ruhe sitzend genießen.
- Jeder Gang macht schlank – viel Bewegung an frischer Luft.
- Regelmäßige Gewichtskontrollen.

Zwar ist keiner vor Krankheiten gefeit, doch beweisen manche Menschen Krankheiten gegenüber eine erstaunliche Widerstandsfähigkeit. Andere wiederum werden sehr leicht deren Opfer. Man kann das Zufall nennen, andererseits kann es aber auch zum Nachdenken anregen.

Es stimmt, dass unsere Widerstandskräfte durch eine natürliche Lebensweise und ebenso durch eine gesunde geistige Einstellung gestärkt werden.

Man ett, üm to liäben – man liäwt nich, üm to etten.
Man isst, um zu leben – man lebt nicht, um zu essen.

Dem gemäß auch waren im Jahreslauf bestimmte religiös motivierte **Fast- und Abstinenzzeiten** eine Selbstverständlichkeit.

Hervorzuheben ist auch, dass früher ganz selbstverständlich nur zu bestimmten Tageszeiten gegessen wurde.

Statt feste Mahlzeiten einzuhalten, wird heute dagegen rund um die Uhr zu viel wahllos gegessen und getrunken, im Stehen wie auch noch im Laufen. Nicht mehr der Hunger bestimmt unsere Nahrungsaufnahme, sondern der Appetit. Was da gerade greifbar ist, wird vertilgt. Das ist widernatürlich und schadet auf Dauer der Gesundheit.

Mehr als heute waren unsere Vorfahren mit Leib und Seele der Natur verbunden und lebten im wahrsten Sinne des Wortes „natürlich" und gemäß ihrer biologischen Uhr rhythmengerecht. Die Nahrungsmittel, die früher auf den Tisch kamen, waren überwiegend frisch und fast ausnahmslos im heutigen Sinne ökologisch selbst erzeugt. Das war und ist nicht nur sehr gesund, es ist auch sehr preiswert. Dagegen wird heute für denaturierte Kost viel Geld „verpulvert", wie dieses Gedicht einer(s) Unbekannten zeigt:

Unser Jahrhundert macht sich enorm –
alles serviert es in Pulverform:
Pulver zum Leben und Pulver zum Sterben,
Pulver gegen rasches Verderben,
Pulver für Hühner und Pulver zum Düngen,
Pulver für Damen zum Wiederverjüngen,
Pulverkartoffeln und Pulverspinat,
Pulver zum Würzen für Kohl und Salat,
Pulver aus Milch und Pulver aus Ei.
(Immer noch besser als Pulver und Blei!)
Doch der alles verpulverte Magen
lässt bescheiden und höflich nun fragen:
Wann gibt es zur nächsten Osterfeier
mal wieder richtige Ostereier?

Heute ist es längst nicht mehr selbstverständlich, gut und gesund mit frischen und natürlichen Zutaten zu kochen. Anlass zu Bedenken gibt auch diese Aussage:

He is so krank es ′n Hohn,
mach gäne wat to etten un nix wat doon.
Er ist so krank wie ein Huhn,
mag gerne was zu essen und nicht etwas tun.

Nichts übertreiben – aber gar nichts ist auch nichts.
So zielt der nachfolgende Spruch auf ein gutes Mittelmaß:

> **Lang un smal hät kien Gefall.**
> **Kuort un dick hät kien Geschick.**
> **'n Menskenkind van 't Middelmaot**
> **lött noch an besten up de Straot.**
> Lang, schmal und dürr findet keinen Gefallen.
> Kurz und dick ist auch nicht gerade schick.
> Ein Mensch jedoch vom Mittelmaß
> ist gut anzusehen auf der Straß'.

Und doch weiß man hier:

> **Kleeder maaket et wuohl,**
> **män mehr noch de Maneeren.**
> Gute Kleidung allein macht es nicht,
> mehr noch beeindrucken die guten Manieren.

Dessen ungeachtet hat, was die Kleidung betrifft, modischer Schnickschnack längst atmungsaktive Naturtextilien ersetzt. Für viel Geld bedecken wir unsere Haut mit soviel falscher Kleidung, dass Licht, Luft und Sonne kaum noch gesunden Körperkontakt haben.

Hinzu kommen Hektik und Stress, die keine Zeit zulassen für „eine Beschaulichkeit in der Natur". Dabei ist es gerade hier vor der eigenen Haustüre sehr schön. Ob Wassersport auf der Ems oder **up Patt** entlang der Ems; an gesunden Aktivitäten in der Natur mangelt es hier wahrlich nicht. Es ist die beste Medizin, es sich in der freien Natur wohl ergehen zu lassen. Drum: Wohlauf in Gottes schöne Welt.

Besonders dann, wenn „die schwarzen Raben" mal wieder krächzend über den Kopf herumkreisen. Zwar kann das keiner verhindern, wohl aber, dass diese Quälgeister sich „in unseren Haaren Nester bauen"...

Deshalb ist auch das Klagen gerade bei jenen Menschen verpönt, die sich in der Natur und mit der Natur zu bewähren haben. Herum zu jammern und doch nichts zu ändern, das geht jedem Emskopp quer.

Von so einem **Gnesepinn** oder **Klaosekopp** (Schwarzseher) heißt es hier:

He häff sien Slipp nich liek in 'e Buxe.
Er hat das Hemd nicht richtig in der Hose.

Umschrieben wird damit gesagt, dass man **sücke Konsorten** (solchen Menschen) am besten aus dem Wege geht.

So einer hätte auch noch am leckersten **Piäpperpotthast** (Pfefferpotthast), **Möppkenbraut** (Wurstebrot), **Suurmoos** (Sauerkraut) oder **Moos met guet wat drin** (Grünkohl mit Wurst- und Fleischeinlagen, Pinkel) etwas auszusetzen. So Menschen sind mit sich selbst nicht im Reinen. Drum:

Lachen giff guet Bloot.
Lachen gibt gutes Blut.

**Et giff duusend Krankheiten,
män bloß eene Gesundheit.**
Es gibt tausend Krankheiten,
aber nur eine Gesundheit.

Um so schlimmer, wenn jemand sich durch Essen und Trinken um seine Gesundheit bringt.

Auch vor einem Genussmittelmissbrauch warnen Sprichwörter und Redensarten:

**Mannslüe Fuesel und Fraulüe Koffie,
dat is 'n Gesetz, wat nich uptoschrieben naidig is.**
Der Schnaps der Männer und der Kaffee der Frauen,
das ist ein Gesetz, was aufzuschreiben gar nicht nötig ist.

Van een Jäcksken häs mehr as van 'n Konjäcksken allmanto.
Von einer Jacke hast du mehr als von vielen Gläsern Cognac.

Erst nemm ick mi 'n Pülleken – un dann nemp de Pulle mi...
Erst nehme ich ein Fläschchen – und dann nimmt die Fasche mich...

**Du kanns ruhig es maol 'n fett Swien versuupen –
män nich Dag för Dag 'n Ferken.**
Du kannst ruhig einmal ein fettes Schwein versaufen –
aber nicht jeden Tag ein Ferkel.

Schleicht sich hierbei nicht Nachdenklichkeit ein? Ein fettes Schwein zu „versaufen", das deutet auf ein ungezügeltes, ausschweifendes, ja, verwegenes Verhalten hin. Und doch wird auch dabei – mal wieder ganz menschlich – ein Auge zugekniffen. Wer begegnet schon allen Ausgelassenheiten des Lebens immer nur mit geziemender Vernunft? Zugegeben, da passiert es schon mal, dass bei bestimmten Anlässen über die Stränge geschlagen wird. Ganz entschieden aber folgt darauf sogleich die Warnung vor gewohnheitsmäßiger Ausschweifung, die da beispielsweise im täglichen Alkoholkonsum den Teufel der Sucht mit Zerrüttung, Krankheit und bitterem Ende im Schlepptau hat.

In Fuesel versuupet mehr arme Siälen as in 'e Iemse.
Im Schnaps ertrinken mehr Menschen als in der Ems.

Solch Uneinsichtigen kann selbst der beste Arzt nicht mehr helfen – selbst wenn es heißt.

**Auk de klöökste Dokter
höllt den Daut nich an 'e Praot.**
Auch der klügste Arzt
kann den Tod nicht verhindern.

Mag der Arzt auch noch so tüchtig sein, einmal ist Schluss. Andererseits: Wenn wir selbst nicht mitmachen, kann auch der beste Arzt nicht viel für uns tun. Umso bedauerlicher ist es, dass durch Messer, Gabel, aber auch Gläser, die meisten Menschen selbst zu Tode kommen. Was Ärzte und Ernährungsberater heute empfehlen, galt entlang der Ems immer schon als eine gute Maßregel:

**Fleesk män so wat –
Gemöös aower satt.**
Fleisch nicht so viel –
Gemüse aber satt.

Weniger kann auch mehr sein, ohne dass einer von uns hungern müsste. Im Gegenteil. Heute wäre es gesünder obendrein. Denn:

**Fretters wärd nich geboren,
de wärd maaket.**
Die, die unmäßig essen, werden nicht geboren,
sie werden gemacht.

**Ett di nich mehr äs satt,
dann bliff auk för annere noch wat.**
Esse dich nicht mehr als satt,
dann bleibt auch etwas für die anderen.

Müsste uns dieser Spruch nicht aufhorchen lassen. Wenn wir bedenken, dass noch zwischen 1900 und 1950 in Mitteleuropa der Fleischverzehr pro Kopf und Jahr im Durchschnitt bei 18 bis 20 Kilo lag, und sich dieser Wert bis heute vervierfacht hat, dann muss gerade dieser Spruch aufhorchen lassen.

Heute werden allein in der Masttierproduktion rund 7 Kilo Getreide benötigt, um mindestens 1 Kilo Frischfleisch zu erzeugen; Getreide, was überwiegend rund um die Welt von den so genannten Entwicklungsländern aus importiert werden muss. Das sind sage und schreibe 400 Millionen Tonnen Getreide! Davon könnten 2 Milliarden Menschen satt werden... Ungeheuerlich, wenn obendrein auch noch Unsummen allein für die Hortung überschüssiger Fleisch- und Nahrungsmittelberge ausgegeben werden.

Wie maßvoll, achtsam und würdig doch dagegen unsere Vorfahren mit den Gaben der Schöpfung umgingen. Viele ihrer Verhaltensweisen könnten uns heute Vorbild sein.

Wer müsste schon darben oder gar hungern, wenn sich jeder auch nur ein wenig bescheidener, verantwortungsbewusster und solidarischer ernähren würde? Eines aber gilt nach wie vor:

Haoll di an ′t Braut un an ′e Praot.
Genieße eine gute Mahlzeit –
aber auch eine anregende Unterhaltung.

Bekanntlich lebt der Mensch nicht vom Brot allein; ebenso wichtig ist die geistig-seelische Harmonie – und das insbesondere auch bei Tisch. Psyche und Ernährung beeinflussen sich gegenseitig. Gewohnheiten, soziale Prägungen und kulturelle Einflüsse bestimmen unser Essverhalten. Wie gegessen wird, das ist immer auch ein offenkundiger Ausdruck der jeweiligen seelischen Befindlichkeit des Menschen. Ist es nicht häufig die gediegene und gepflegte „äußere Atmosphäre" mit gut ausgewählten Getränken und liebevoll zubereiteten Speisen, die manche Gespräche unvergesslich machen? Schön, wenn dann gesagt wird:

> Wir danken für die Gastlichkeit,
> für Mühe, Trank und gute Speisen –
> und hoffen bei Gelegenheit,
> uns dankbar zu erweisen.

Ja: Körper und Geist – beide – wollen beide gepflegt sein.
Es stimmt:
Ein voller Bauch – ein lustiger Kopf. Ein gepflegt gesättigter Bauch verleiht dem Kopf Esprit.

Das wusste auch bereits der Autor eines sehr alten Kochbuches aus dem Jahre 1821 – Zitat:

> „Die Kochkunst ist das A und O des Genusses, zu allen Zeiten und für jedes Alter. Wie viel Familienglück ist dem gemeinsamen Essen zu verdanken, wie viele unauslöschlich gute Erinnerungen an bestimmte Tischrituale, wie viele Ehen wurden nicht immer wieder bereichert durch ein schönes gemeinsames Essen, in angenehmer Stimmung bei Kerzen und Wein, ja, wann fühlen wir uns wohler, als in einer entspannten Atmosphäre gemeinsam bei Tisch? Dort flüchtet die Bosheit, und die Lebensfreude kehrt ein."

Jopp ist König –
und Sefa sitzt auf'm Thron

Alleinlebende betonen gerne ihre Unabhängigkeit und Freiheit – und nicht wenige, die sie darum beneiden. Neueste Umfragen aus der Sozialforschung aber ergaben, dass nur 5 % der Erwachsenen jungen Menschen raten würden, „allein, ohne festen Partner" zu leben; und auch nur 10 % halten es für empfehlenswert, mit einem Partner zusammenzuleben, ohne zu heiraten.

So war auch bereits 1738 die erste Anzeige, die in einer Zeitung erschien, eine Kontaktanzeige. Doch bereits vorher war es (auch) entlang der Ems üblich, in einer **„Bräutigamseiche"** Partnergesuche zu hinterlassen in der Hoffnung, dass der oder die Richtige sich findet. Und wo heute per Handy SMS gesendet werden, ging es noch bis weit über die Mitte des vorigen Jahrhunderts in städtischen Tanzlokalen gemütlicher zu: „Der Hit" waren Tischtelefone, die dort für „modernes Herzflimmern" sorgten und nicht selten am Beginn so manch schöner Romanze standen. Ach ja, was lässt man sich doch nicht alles so einfallen, damit „der Funke überspringt".

Wie Soziologen und Psychologen betonen, erweist sich trotz aller Vorbehalte die Ehe nach wie vor als eine Quelle subjektiven Wohlbefindens, was natürlich auch für gut geführte eheähnliche Lebensgemeinschaften gilt. Es stimmt, was in der Bibel steht:

„Es ist nicht gut für den Menschen, allein zu sein" (Gen. 2, 18).

Lebensfreude in der Partnerschaft macht gesund und lässt auf ein langes Leben hoffen. Alleinlebende sind häufiger krank und ihre Lebenserwartung gegenüber Paaren ist nicht so hoch.

Wenn auch in unserer Leistungs- und Wohlstandsgesellschaft beruflicher Erfolg und materieller Wohlstand wichtig sind, so bedeuten Liebe und Geliebtwerden doch weit mehr – mehr noch als Prestige, Unabhängigkeit und Freiheit; denn das Gefühl, nicht geliebt zu sein, ist die schlimmste menschliche Erfahrung. So mangelt es auch nicht an vielen guten Tipps und Ratschlägen, auch ja gut „hinzugucken", **üm naoher nich up Eekenholt to bieten** (um nachher nicht auf Eichenholz beißen zu müssen). Denn:

**De laigste Bedraigerie is,
wenn de Mensk in 'e Kark bedruogen wärd.**

Der schlimmste Betrug ist der Betrug in der Kirche.
Früher war die kirchliche Trauung das, was zählte; zum Standesamt ging man vorher „mal eben". Ganz selbstverständlich traute man Gottes Zuwendung mehr als staatlicher Macht. Bevor der Segen für das gemeinsame Ja anberaumt wurde, „liefen" die Partner erst einmal eine Zeit miteinander. Dem folgte dann eine angemessene Verlobungszeit. In dieser Zeit wurden die bereits gekauften Ringe links getragen, erst nach der kirchlichen Eheschließung rechts. Man hielt es mit Schiller (1759-1805): **„Drum prüfe, wer sich ewig bindet."** Bestens bewährt hat sich vor einer Bindung

die Beachtung von 7 Erfahrungsratschlägen:

1. Meide nach Möglichkeit von vorn herein allzu „hilfebedürftige" bzw. „problembeladene" Personen mit unaufgearbeiteten „Altlasten", die in dir wahrscheinlich nur die Lösung für ihre ungelösten Schwierigkeiten und Konflikte sehen („noch" verheiratet – wer jetzt fremdgeht, ist vermutlich auch später nicht unbedingt die treueste Seele – und/oder belastet mit Familienstreit, Schulden, schwere Gesundheits- oder gar Suchtprobleme etc.). Verwechsle Partnerschaft nicht mit Seelentrösterei. Solche Fälle erfordern keine Zuneigung, sondern professionelle Hilfe!
2. Andererseits gilt ebenso: Suche einen dir genehmen, liebenswerten Menschen mit charakterlichen Qualitäten – und nicht jemanden, von dem du dir (in erster Linie) nur mehr Sozialprestige versprichst.
3. Nimm dir Zeit zum richtigen Kennenlernen und heirate einen Partner, der konkrete Lebensziele hat, der ehrlich, tatkräftig und zuverlässig ist und von dem du glaubst, dass du dich in schwierigen Situationen fest auf ihn verlassen kannst (das zeigt sich kaum von heute auf morgen).
4. Heirate einen Partner, der in seinen geistigen Anlagen und Interessen sowie in seinem Fühlen und Denken mit dir möglichst weitgehend übereinstimmt. Auf gemeinsame Lebensabsichten und Ziele achten!
5. Heirate einen Partner, zu dem du dich erotisch hingezogen fühlst.
6. Heirate einen Partner, dessen Eigenarten und Fehler dir auf Dauer erträglich erscheinen, der aber auch zu Zugeständnissen bereit ist.
7. Heirate einen Partner, der frohgemut ist in seinem Wesen und der gerne lacht, aber keinen besserwisserischen und humorlosen Partner, und schon gar keinen, dem du in der Ehe etwas abgewöhnen möchtest!

Frie´en un Brillen kaupen, dat bruuk Tiet.
Freien und Brillen kaufen, das braucht Zeit.

Wer nun dennoch (in der Kirche) betrogen wurde, war zu bedauern:

**Well Frau off Mann söch, magg wuohl beide Aogen lossdoon;
un well eene(n) häff, kann ruhig een Aoge tokniepen.**
Wer Frau oder Mann sucht, der mag wohl beide Augen öffnen;
und wer eine(n) hat, der kann ruhig ein Auge zudrücken.

Well nich auk es ´n Aoge tokniepen kann (wer nicht auch einmal ein Auge zudrücken kann), spielt mit Glück und Vertrauen. Es ist leichter Glück und Vertrauen zu verspielen als im Nachhinein wieder zurückzugewinnen. Also: Nichts überstürzen. Früher sah man in der gereiften sexuellen Erfüllung die Krönung der Beziehung und weniger ein schnelles Abenteuer. Auch Psychologen und Paartherapeuten raten dazu, zunächst einmal etwas mehr „damit" zu warten, dadurch könnte so manch spätere Enttäuschung vermieden werden. Wird zu unkritisch und zu schnell „drauflosgeliebt", bleibt die zunächst nötige prüfende Distanz auf der Strecke, ganz abgesehen von der für eine dauerhafte Beziehung nicht gerade dienlichen sexuellen Disziplinlosigkeit. Liebe ist nun mal mehr als körperliche Bedürfnisbefriedigung.

**Fief Minuten Rittmester –
liäbenlang Zahlmester.**
Fünf Minuten Rittmeister –
ein Leben lang Zahlmeister.

**´n Frier weet wat he will –
män nich wat he beginnt.**
Ein Freier weiß was er will –
doch nicht, wohin das führt.

Well gau traut, hät lange Naut.
Wer schnell heiratet,
bereut es oft lange.

Up jeden Pott passt ′n Deckel.
Auf jeden Topf passt ein Deckel.

De di van Gott is todacht, de werd di auk in′t Bedde bracht.
Wer dir von Gott als Partner(in) zugedacht ist,
der wird dir auch ins Bett gebracht.

**Will de Hahn pattu up ′n Hoff,
find′t he auk dat Lock in′ Tuun.**
Will der Hahn auf den Hof,
findet er auch ein Loch im Zaun.

Wenn dat rechte Jöppken kümp, sägg Maria: Ja!
Kommt der richtige Josef, sagt Maria: Ja!

Man kann kien Füer met Füer uutmaaken.
Man kann kein Feuer mit Feuer löschen.

Hauptsache Spaß, das reicht nicht auf Dauer. Das geht „am Thema vorbei", zumal wenn Geduld und Rücksichtnahme auch noch mit „Stress" gleichgesetzt werden. Was unsere Alten sagten, stimmt:

Frie′en un Hieraoden, dat is kien Perdehandel.
Freien und Heiraten ist kein Pferdehandel.

Keiner hat ein Recht oder Anspruch auf... Von wegen, alles muss sofort zu 100 Prozent klappen bzw. verfügbar sein. Liebe ohne Geduld und Nachsicht ist unmöglich.

Nicht umsonst beklagen manche Pädagogen den mangelnden Sinn der Jugend für die Geschichte, ja, für „einen langen Atem" generell. Kinder und Jugendliche leben „von heute auf morgen" weitgehend „bezugslos" in der Gegenwart, weil die Eltern lieber ihre Ruhe haben, statt „lang und breit" zu reden.

Das führt dazu, dass viele Kinder tun und lassen können, was sie wollen. Zu allem „Ja und Amen" zu sagen, bloß um notwendigen Auseinandersetzungen aus dem Wege zu gehen, das hat mit Erziehung nichts zu tun. Zwar ist viel Verständnis für die Kinder gut, und doch – so betonen Psychologen – kann hier bereits der Grund für spätere Beziehungsprobleme liegen, wenn Kinder „in Watte gepackt" werden.

Darum ist es nach wie vor richtig, wenn es hier entlang der Ems als Warnung vor einer zu weichlichen Erziehung heißt:

Wat dögen will, mott dör 'n Schürsack.
Was (später einmal) taugen soll, muss durch den Scheuersack.

Wuohl guet, män nich geck.
Gut schon, aber nicht töricht.

Junge Rieser laot' sick beigen – olle Tööge nich.
Junge Zweige lassen sich biegen – alte Äste nicht.

Kinder suchen Grenzen und brauchen, wenn es sein muss, ein klares und entschiedenes „Nein" als Fixpunkt zur eigenen Orientierung. Weder „grenzenloses Verständnis" noch „die Dressur zum Artigsein" ist gut, beides züchtet Menschen, die später mit anderen Menschen und in der Partnerschaft Probleme bekommen. Es ist nach wie vor so: Kinder brauchen standfeste Erziehungspartner, an denen sie sich reiben können – und das dient künftigen Beziehungen. Das aber setzt klare Rahmenbedingungen voraus.

Fehlt Kindern eine gute Erziehung, mindert gerade diese „Wurzellosigkeit" die Konfliktstabilität. Sozialpsychologen sehen hierin mit einer der Gründe für die hohen Scheidungsraten.

Unglückliche Ehen vergiften das Leben. Fast immer wirkt dieses Gift weiter und vergiftet auch das soziale Umfeld. Stress statt Glück ist das Ergebnis, wenn jeder seine Vorstellung in der Partnerschaft immer gleich zu 100 Prozent durchsetzen will und, wenn das nicht gelingt, die gesamte Beziehung gleich beleidigt in Frage gestellt wird.

Dem wäre nicht so, wenn statt des siebten Himmels schlicht und einfach eine gemeinsame Zufriedenheit angestrebt würde; bedeutet doch Zufriedenheit, dass in der Bilanz das Positive überwiegt und dass das Erlebte mit den eigenen Erwartungen weitgehend übereinstimmt, wobei die Erwartungen realitätsbezogen sind und den anderen nicht überfordern. Das bewahrt davor, dass einer sein Unbehagen gleich als negatives Urteil gegen den anderen richtet, was vorschnell unliebsame Vorwürfe und Rechtfertigungen zur Folge hat.

Met wat gueden Willen sett sick in't Trauen de Sinn.
Mit etwas gutem Willen reift in der Ehe der Charakter.

Unseren Vorfahren war klar:
Grundsätzlich ist ohne eine „Gut-willigkeit" beider Partner das so erstrebenswerte Glück in Liebe und Ehe nicht möglich.

Fehlt es an gegenseitiger Gut-„willig"keit, **sitt´ de beiden de wanner rain in to, un dann wärd et wild** (sehen beide alsbald keinen Ausweg mehr, und dann wird es gefährlich).

Zwar sind Auseinandersetzungen unvermeidlich; zu vermeiden aber sind Siegerstrategien; denn Streit heißt nicht, den anderen „platt" zu machen. **Dao is nich vull met duorsken** (da ist nichts mit gewonnen).

Wer obendrein auch noch zu stolz ist, über seinen eigenen Schatten zu springen, darf sich nicht wundern, wenn sich statt Lebensfreude und Glück, Enttäuschung und Unglück einnisten.

**Well sick es 'n Buck benemp,
wärd auk äs Buck behannelt.**
Wer sich wie ein
eigenwilliger Bock benimmt,
wird auch wie ein
störrischer Bock behandelt.

Und doch ist es nicht ungewöhnlich, wenn es auch mal kracht.
Gegen eine giftig störrische Eigenwilligkeit hilft ein kommunikativ akzeptierendes Konfliktverhalten:

1. Ruhige und klare Offenlegung und Begründung der eigenen Position
2. Hinterfragung der anderen Meinung
3. Zuhören können
4. Unterschiede auf Übereinstimmungen hin überprüfen –
   weg von emotional durchsetzten Maximalforderungen
5. Sich auf einen gegenseitig verbindlichen Kompromiss festlegen
6. Das versöhnende Ergebnis feiern

Liebe ist nicht nur mit Worten verbunden, in der ein Wort besser klingt als das andere. Viel besser tun der Liebe Ehrlichkeit und gute Absicht.
Denn in der Liebe zu bestehen ist der Versuch: im Endlichen mit unzulänglichen Kräften dem Unendlichen näher zu kommen.
Man mott sick de Saak auk annemmen (man muss sich auch auf die Sache einlassen, sich mit ihr auseinandersetzen). Beide müssen für das gemeinsame Glück immer auch „gut-willig" etwas tun, erst dann kann dem zugestimmt werden:

Wo de Leiw is, kömp de Ardigkeit van sömms.
Wo die Liebe ist, kommt die Artigkeit von selbst.

Liebe macht liebevoll. Richtig betrachtet entspringen alle Probleme die wir haben einem Mangel an Liebe. Nicht umsonst heißt es im Hohelied der Liebe, im 1. Korintherbrief (15):
„Wenn ich in den Sprachen der Menschen und Engel redete, hätte aber die Liebe nicht, wäre ich nur dröhnendes Erz oder eine lärmende Pauke."

Partnerschaftliche Liebe zeigt sich im Austausch liebevoller Gefühle und Gesten. Zwar tun sich entlang der Ems damit die Menschen schwer, das heißt jedoch nicht, dass sich Mann und Frau hier nicht von Herzen zugetan sind. Im Gegenteil.
Liebe, Treue und ein geordnetes Familienleben haben hier seit jeher den höchsten Stellenwert. Davon zeugen viele plattdeutsche Sprichwörter und Redensarten, selbst wenn – realistisch betrachtet – „die traute Zweisamkeit" nicht immer nur durch Hochgefühle gekennzeichnet ist.
Auch über der Ems hängt für Verliebte der Himmel nicht immer voller Geigen; hin und wieder ist auch schon mal eine „Bassgeige" mit dabei. Auch ist nicht immer auszuschließen, dass andere von trauter Zweisamkeit vielleicht andere Vorstellungen haben; man höre und staune:

He is kaolt es 'ne Pogge.
Er ist kalt wie ein Frosch.

Pech für die Dame, denn so einer **is mehr van ächten rüm un häff et nich so met Fraulüe** (macht sich nichts aus „Frauenzimmern").
Im allgemeinen aber wissen die Frauen beim **Poussieren** recht genau:

**Dao wo de Mannslüü herkuemmt,
dao willt se auk gäne ümmer wier hen...**
Da wo die Männer herkommen,
da wollen sie auch gerne immer wieder hin...

Doch mit Wonne „dorthin" zu kommen, das ist für manchen Mann ganz und gar nicht immer einfach – **dao mott man sick all vull so bi infallen laoten** (da muss man-n sich schon viel bei einfallen lassen).
Gibt es doch **dree Sorten Eenspänners** (drei Sorten von Junggesellen):
Die einen stehen an der Theke,
die anderen stehen nur dumm herum und
wieder andere die stehen auf Frauen.

Und die, ja, was die dann hinter vorgehaltener Hand oft so zu erzählen wissen...
**Öewer schöne Dage küert man gäne aobends –
öewer schöne Fraulüe gäne muorns.**
Über schöne Tage redet man gerne abends –
über schöne Frauen gerne morgens.

Damit nun keiner dabei verzweifelt und nur vom Hörensagen leben muss, wurde früher ein **Hielkemaaker** (Heiratsvermittler) eingeschaltet, **de em wat toküerde** (der den Heiratswilligen mit einer passenden Frau in Verbindung brachte).
Als Lohn erhielten diese Mittelsmänner bzw. –frauen einen Hut, einen Taler, oder gar einen Schinken, **wenn et denn allemaol guet päss** (wenn geradezu ideale Verhältnisse geschaffen werden) – doch erst dann, wenn tatsächlich mit einer Heirat zu rechnen war und gesagt wurde:

**Se smiet´ dat Wärks bineene –
un fallt wanner van ´e Kanzel.**
Sie werfen ihre Sachen zusammen –
und ihre Heirat wird demnächst in der Kirche bekannt gegeben.

Dass so eine Heiratsvermittlerei nicht immer eine dankbare Aufgabe war, davon zeugt der Spruch:

Hielkemaakers un Sacktobinners verdennt selten Dank.
Heiratsvermittlern und Sackzubindern
wird selten Dank entgegengebracht.

Fanden beide Zuneigung füreinander, konnte der junge Mann bei der ersten Vorstellung im Hause der Braut an dem vorgesetzten Essen feststellen, ob er als Schwiegersohn willkommen war oder nicht.

Kam **Bookweetenjanhinnerk** (Buchweizenpfannekuchen) auf den Tisch, wusste er, dass man ihn als künftigen Schwiegersohn schätzte.

Wem es zu dumm war, sich von einem Mittelsmann verkuppeln zu lassen, der musste sich hier an 'er Ems als Kerl schon ganz schön was einfallen lassen. War auch das Blut noch so stark in Wallung, auf keinen Fall durfte zu ungestüm vorgeprescht werden:

Well 'n Vüögelken fangen will, draff nich met Knüppel smieten.
Wer ein Vögelchen fangen will, darf nicht mit Knüppel werfen.

Wie eh und je nimmt das Balzgehabe oft recht seltsame Züge an. So ersetzten noch bis etwa 1965 ein paar Tropfen Benzin an Hemd und Jacke die heute so teuren Herrendüfte. Oh ja, **man häff sick all wat beholpen** (was hat man sich nicht schon beholfen). Auf jeden Fall hatten die paar Tröpfchen Sprit bei den Damen enorme Wirkung, da der Besitz eines Motorrades oder gar eines Autos auf eine dicke Brieftasche schließen ließ. Ein Trottel, wer vergaß, vorher die Fahrradklammern unten von der Hose zu entfernen... Jaja, auch im kleinsten Emsdörfchen „tut man viel" dafür, „dass es was wird". So lässt sich über so manch treffende Aussage hierzu auch trefflich schmunzeln:

He löpp achter den Slipp an.
Er läuft dem Rock (Mädchen) hinterher.

He küerde lück sööt up dat Wief an –
un se smeet em löchtende Aogen to.
Er schmeichelte der Frau – und sie himmelte ihn an.

Se staoht grell in Füer.
Sie sind – Feuer und Flamme – über beide Ohren verliebt.

Se is heelmaol nie up em.
Sie ist ganz von ihm angetan.

Doch Vorsicht, **de Olle** (der Alte) ist auch noch da. Es wird schwierig, wenn der droht:

Breng mi dat Wicht nich unner de Lüe.
Bring mir das Mädchen nicht ins Gerede.

Durch die Blume ist das eine Aufforderung, mit dem zarten Geschlecht „vorsichtig" umzugehen und „unbedachte Handlungen" zu vermeiden, die dann möglicherweise nicht ohne Folgen bleiben. Es heißt schließlich:

Better ′n Ringeldüüfken äs ′n Tuotteldüüfken.
Besser eine Ringeltaube als eine Turteltaube.

Alle guten Worte in Gottes Ohr, aber hat er, der Freier, erst einmal Feuer gefangen, ist alles Reden ohnehin umsonst. Und doch wurde früher bei den Heiratswilligen großer Wert auf „Standesgemäßheit" gelegt.

Es wurde in der Regel darauf geachtet, dass die Angehörigen der Brautleute in etwa den gleich großen Besitz an Grund und Boden oder auch entsprechende Ersparnisse auf der Sparkasse hatten. Wenn das so war, wurde von einer **guten Partie** gesprochen.

Von einer kapitalkräftigen **Deern** (junge Frau) hieß es: „**Se häff heller wat an ′e Fööte**" (sie hat was an den Füßen, sie ist reich und „gut betucht"). Umso zünftiger konnte Hochzeit gefeiert werden. Hierfür wurde zunächst **de Hochtietsbittker** (ein Mann, der zur Hochzeit einlud) ausgeguckt.

Der Hochzeitsbitter fuhr mit einer bunten Schleife um den Hut und einem bunten Stab etwa zwei Wochen vor der Hochzeit mit einem nicht minder bunt geschmückten Fahrrad zu den geladenen Hochzeitsgästen und benachrichtigte sie über das große Ereignis mit einem Spruchgedicht, das fast immer so begann:

**Hier stell ick aff mienen Staff un mienen Hoot nemm ick aff.
Drüm swiegt nu es still un hört, wat ick ju säggen will:
Ick söll ju bestell'n 'n schönen Gruß
un to de Hochtiet van ... inlaan dat ganze Huus...**
Ich stelle ab meinen Stab und meinen Hut, den nehme ich ab.
So seid nun still und hört, was ich euch sagen will:
Ich soll euch bestellen einen schönen Gruß
und zur Hochzeit von ... einladen das ganze Haus...

Hatte der **Hochtietsbittker** seinen Spruch aufgesagt, der „alles in allem" wesentlich länger ist und viele gereimte Einzelheiten der bevorstehenden Hochzeitsfeier enthält, bekommt er **'n paar Klaore** (ein paar klare Kornschnäpse) eingeschenkt – mit dem Ergebnis, dass die Vortragsweise, je weiter er herum kommt, immer eindrucksvoller wird und er mit seinem bunten Fahrrad immer größere Kurven dreht bis hin zum Zickzack.

Eine Woche vor der Hochzeit beginnen die Nachbarn mit dem **Kranzbinden**. Früher wurde die Aussteuer der Braut aus ihrem Elternhaus einige Tage vor der Hochzeit mit Pferd und Wagen abgeholt. Dabei war ihre **Mitgift** Thema Nummer Eins. Das wurde sogar durch Griffe in den Schrank ungeniert von den weiblichen Verwandten kontrolliert, denn zu einer guten Aussteuer gehörten immer auch einige Rollen bestes Leinen.

Um **de Grabbel- un Babbelwiewer** (neugierige Frauen, die in Schränken herumstöberten) zu täuschen, wurde oft der hintere Hohlraum hinter den **allemaol prick** (sehr exakt) gestapelten Stoffen und Tüchern mit zerknülltem Zeitungspapier ausgefüllt. Oh ja: **Wat mäck man nich all's so** (was macht man nicht alles so), auch wenn gesagt wird:

In 'e Leiwde is arm un riek gliek.
In der Liebe ist arm und reich gleich.

Das mag sein, doch spätestens nach der Hochzeit **laot' Jan un alle Mann** (lassen sich die Herren der Schöpfung) sich nicht gerne von weiblicher Seite **drinküern** (was sagen).

He konn et gar nich bruuken, dat se em wat sagg!
Er fühlte sich sichtlich unwohl, dass seine Frau ihm etwas sagte.

Fehlt nur noch, dass die Leute über ihn sagen:

He süht Miegampel unner sien Laken.
Er sieht Ameisen in seinem Bett.

Se is em Mester.
Sie ist ihm Meister – und hat das Sagen.

He lött sick vörsäggen.
Er spricht nach, was die Frau ihm sagt.

Und **wild wärd et, wenn et dann so geiht** (es wird höchst bedenklich, wenn es dann so geht):

**„Nu will ick miene Frau doch es bange maaken", sagg he,
dao namm he ′ne gloinige Küöhl in ′e Mund.**
„Nun will ich meiner Frau doch mal Angst machen", sagte er,
da nahm er ein Stück glühende Kohle in den Mund.

„Gnädiglich, Här Düwel, ick bün män bloß noch ′n Spook."
„Sei gnädig mit mir, lieber Teufel,
ich bin nur noch ein Schatten meiner selbst (ein Geist).

Lassen wir das mal so stehen. Ohne ein ausgeglichenes Kräfteverhältnis in der Ehe **sett de een off annere den Mund up sipp un dat Werks geiht in ′n Diek** (spitzt der eine oder andere den Mund und die traute Zweisamkeit geht baden). Dessen ungeachtet aber gab und gibt es auch Frauen, die mit den Gefühlen der Männer spielen, um sie sich so gefügig zu machen. Nicht nur in der Ehe, häufig auch ziehen in Politik und Wirtschaft die Frauen der Potentaten im Hintergrund die Fäden. Sie sagen sich:

Alle Bibatt batt′t.
Alles was hilft, ist nützlich.

Se vaxeerde sick nich slecht met em – so van ächten harüm.
Sie neckte sich nicht schlecht mit ihm – jedoch mit Arglist.

**De Döppen up, harr he dat eenlicks spitz kriggen mosst;
denn se hadde dat all mehr so doon.**
Offenen Auges hätte er das eigentlich merken müssen;
denn das hatte sie schon öfter getan.

Jene raffinierten Frauen legen mit List und Tücke den stürmischen Männern erotische Fesseln an, legen verheißungsvolle Köder aus und machen die Erfüllung geweckter Sehnsüchte zunächst einmal von der Erfüllung ihrer eigenen, ganz praktischen, Wünsche und Begierden abhängig.

Das macht die stärksten Mannsbilder butterweich und anfällig für verführerische Manipulationen. Es heißt nicht umsonst:

Jopp is Könnig – un Sefa sitt up ´n Thron.
Josef ist König – und Josefa sitzt auf dem Thron.

Een Müülken treck mehr as twee graute Perde.
Ein Kuss zieht mehr als zwei ausgewachsene Pferde.

Doch in der Realität nachher zeigt sich:

Frie´en, dat bliff nich lange ´ne Geckerie.
Vom Freien bleibt nicht nur die hübsche Neckerei.

Wer denkt schon bei Vollmond auf einer versteckten Bank am lauschigen Ufer der Ems in trauter Zweisamkeit daran, wohin das Ganze wohl führen mag? Wer weiß schon, welche Überraschungen das Leben für beide noch bereithält? Gefühle sind immer etwas Verletzliches.
 Es gibt keine Garantie für beständiges Glück. Vielleicht kommt einmal die bange Frage: „Liebst du mich noch?" Vielleicht heißt es irgendwann, mit Enttäuschungen fertig zu werden. Vielleicht übersteigt irgendwann das Verzeihenkönnen die menschliche Kraft. Vielleicht gar kippt eines Tages die Liebe in Hass um.
 Und doch: Hass erzeugt nur noch mehr Böses.

Vertönt? Dann gaoh in di un doo di üm,
süss is antlesst all´s för de Müüse.
Verstimmt, ärgerlich? Dann geh in dich und überwinde dich, sonst ist zum Schluss das ganze Glück dahin.

Ohne Gutwilligkeit kein Glück. – Pauline Hoffmann schrieb:

Die Freude und der Schmerz, die stritten um die Wette,
wer an des Menschenherz das meiste Anrecht hätte.
Da trat die Lieb' hinzu und sprach: O lasst das Streiten.
Mein ist das Menschenherz – ihr sollt es nur begleiten.

 Wer vergeben kann, lebt, wenn auch mit gebrochenem Herzen, ausgeglichener und gesünder. Hass und Bitterkeit binden Energie, die sonst in die Veränderung des Schicksals fließen könnte. Kräfte mit Hass zu vergeuden bedeutet immer einen Verlust an Lebensqualität. Um dem vorzubeugen hilft ein vertrauliches Gespräch mit einem nahe stehenden Menschen.
 Besonders ist „im Falle eines Falles" die Erkenntnis hilfreich, dass man sich mit Hass in erster Linie selbst zerstört, denn der Körper ist der Resonanzboden unserer Gefühle; hassend wirken sie autoaggressiv, fressen uns auf und machen uns krank. Auch das in Partnerschaften „so beliebte" Bocken schlägt aufs Gemüt und schadet den Nerven; schlecht, wenn es sich über Tage hinweg ausdehnt.

„Wenn ick maondags an dat Üörgel staote,
dann brummt et Saoterdag noch",
sagg de Köster – un mennde sein Wief.

Wenn ich montags an die Orgel stoße,
dann brummt sie samstags noch",
sagte der Kirchenaufseher – und meinte seine Frau.

Eines verbietet sich allemal: etwas auszuplaudern, was nur beiden allein etwas angeht. Egal was ist, gegen eine Regel darf nie verstoßen werden:

Beddepraot hört nich up de Straot.
Was im Schlafzimmer geredet wird, das gehört nicht auf die Straße.

Dafür gibt es keine Rechtfertigung. Unglaublich und schlimm, was da im Fernsehen tagtäglich von ungesitteten Schwachköpfen in primitiven Talkshows zum Besten gegeben wird.
„Schmutzige Wäsche" in der Öffentlichkeit zu waschen, ist widerlich. Was allein diePartner etwas angeht, kann und darf unbeteiligten Dritten nicht zugetragen werden. Für andere besteht da überhaupt kein Erklärungsbedarf: **Dat lött nich guet tesammen** (das ist unpassend und peinlich). nur „andere aufs Korn zu nehmen", am eigenen Glück herumzukritteln und das Glück anderer kritiklos hochzujubeln ist es weitaus besser, sich auf das Gute der eigenen Partnerschaft zu besinnen; dankbar zu sein und sich zu freuen. Ja, das müssen beide „tun"!
Doch wie ist das möglich, wenn neidisches Schielen auf andere, gegenseitiges Anspruchsdenken und eigenwillige Bedingungen die Partnerschaft beherrschen?

Geiht de Eegensinn up, geiht dat Glück debi drup.
Durch Eigensinn und Anspruchsdenken wird aus Glück Unglück.

Well in't Glück nich weet de Maote,
den krüpp dat Unglück dör de Paorte.
Wer vom Glück zuviel erwartet, bittet das Unglück herein.

Bünd Mann un Frau Frönde,
giff de Härgott sien´ Siägen drei Maol.
Sind Mann und Frau Freunde geworden,
gibt der Herrgott ihnen seinen Segen gleich drei Mal.

Erst wenn aus Liebe Freundschaft geworden ist, besteht auch die Möglichkeit, dass die Liebe hält. Seneca (4 v.Chr. – 65 n.Chr.):
„Freundschaft tut immer gut –
Liebe dagegen kann sehr verletzen."

Viele Menschen verabsolutieren das Glück zu zweit und erwarten damit etwas Unmögliches. In der Freundschaft dagegen geht man viel nachsichtiger und entspannter miteinander um. Die Ehe ist keine Seifenoper, in der immer wieder was Tolles, Neues und Aufregendes passiert. Im Gegenteil. Da kann es auch schon mal heißen:

**Man kann better ′n Ossen de Hörner ümdreihen
as ′n Kärl den Kopp.**
Es ist leichter, einem Ochsen die Hörner umzudrehen
als einem Mann den Kopf.

**„Use Härgott häff ′n noch leiwer äs icke", sagg de Frau,
dao was ähr Mann stuorben.**
„Gott hat ihn noch lieber als ich", sagte die Frau
als ihr Mann gestorben war.

Und hinter vorgehaltener Hand sagen sich die Männer:

**Wi Kärls bünd bange vör junge Wichter –
so mött wi us män met olle Fraulüe behelpen.**
Wir Männer sind nun mal ängstlich vor schönen jungen Damen –
so müssen wir uns denn mit älteren Frauen behelfen.

Darauf die dezente weibliche Entgegnung:

**„′n aollen Keddel mott auk es düftig putzt wär′n",
sagg de olle Frau – dao freide se ′n jungen Kärl.**
„Auch ein alter Kessel muss hin und wieder
gründlich geputzt werden", sagte die ältere Frau,
da poussierte sie mit einem jungen Mann.

Und mit Erstaunen nun auch noch das:

„Wat ju Mann doch nich alles so kann!"
„Och use Knecht is auk nich slecht."
„Also nein, was Ihr Mann doch nicht alles so kann!"
„Na ja, aber unser Knecht ist auch nicht schlecht."

Na, das mögen ja „schöne Frauenzimmer" sein...

„**Der Name Frauenzimmer** erinnert an den wichtigsten Beruf des weiblichen Geschlechts und zeigt, dass es daheim vorzüglich seinen Wirkungskreis und sein Element findet und hier in dieser glücklichen Stille durch Ordnung, Reinlichkeit, Freundlichkeit und Herzensgüte Freude stiften und dem Manne das Leben versüßen soll."

Dieses Zitat stammt aus dem „Westphälischen Anzeiger" des Jahres 1800 und lässt schon erahnen, welchen Wandel Ehe und Partnerschaft bis heute durchmachen:

Von einer eher sozial und wirtschaftlich bestimmten Bindung zwischen Mann und Frau, welche die Sicherung des gemeinsamen Lebensunterhalts aller Familienmitglieder und Hausangehörigen zum Ziele hatte, zu einer heute mehr auf Gefühl und Zuneigung beruhenden Lebensgemeinschaft, welche in gesundem gegenseitigen Ausgleich auf die Rollenverteilung setzt.

Das ist gut so.

Doch nach wie vor gibt es hier wie dort auch so ungezügelte **Slingfiesels** (Weiberhelden), **de kniepet de Katte in Düstern** (die kneifen die Katze im Dunkeln, sie gehen fremd).

Andere wiederum ziehen es vor, im Alter (zumeist im Wirtshaus) ihre Ruhe vor Röcken zu haben – obwohl:

„**As he noch jung was, dao wör he Mester in´t Söötenstrieken!**" (Als er noch jung war, mussten sich die Frauen vor ihm in Acht nehmen.")

Dass nun keiner meint, bei den Ems-Pärchen ginge es drunter und drüber. Wer das vermutet, kennt nicht die Vielzahl ganz anders lautender Sprichwörter. Ihr Sinngehalt – trotz nicht geleugneter menschlicher Schwächen – betont grundsätzlich immer wieder das aufbauende Miteinander in der Beziehung.

Well den annern nich ehrt, is den Trauring nich wert.
Wer den anderen nicht ehrt, ist den Trauring nicht wert.

Een Steen kann kien Miähl mahlen.
Ein Stein kann kein Mehl mahlen.

Jeder hat seinen Beitrag zum gemeinsamen Glück zu leisten. Darum ist im Gegensatz zu früher oft vertretenen Auffassungen die Ehe alles andere als eine Heilstätte für Menschen mit persönlichen Problemen, die von Haus aus innerlich in Unfrieden leben und in der Partnerschaft die Lösung ihrer Probleme erwarten. Von wegen:
Wenn se män erst traut bünd, dann giff sick dat (nach der Heirat regelt sich das schon mit den beiden von alleine). Diese früher oft gehegte Auffassung ist gefährlich. Auch ist entgegen früherer Ansicht eine gegenseitig erotische Anziehungskraft von großer Bedeutung und nicht in erster Linie Geld, Besitz oder Ansehen. **Nich dat Uutseihn, dat Geld mäck et** (nicht das Aussehen ist wichtig, sondern das Geld). Gott sei Dank hat sich in dieser Beziehung heute viel geändert – auch hinsichtlich der Rollenverteilung. Ob er oder sie nun „die Hosen anhat", wen hat es zu interessieren, wenn beide sich verstehen? Keiner hat das Recht, dem anderen seine Art zu leben einfach abzusprechen. Viel wichtiger als äußere Reglementierungen ist eine Einigung über Prinzipien, über gemeinsame Werte und Normen. Ist all das gegenseitig geklärt, nervt auch so mancher „Alltagsschnickschnack" nicht mehr. Schon immer galt:

'ne guede Frau is dat Smiär an' Wagen.
Eine gute Frau ist wie die Schmiere am Wagenrad.

Partnerschaftliches Zusammenleben bringt Früchte durch gemeinsame Aktivitäten. So zieht der Mann den 'Wagen' der Familie leichter, wenn seine Frau ihn 'schmiert'. Das bedeutet, dass sie drinnen für Ordnung, Wirtschaftlichkeit und mitmenschliche Wärme sorgt.

Selbstverständlich gilt das ebenso auch für den Mann. Warum soll das „altmodisch" sein, wenn es läuft „wie geschmiert"? Wird hingegen nur gegenseitig aufgerechnet, ist einer immer der Gelackmeierte. Das kann auf Dauer nicht gut gehen.

Better in Sturm up See
as in Huus ohne Free.
Besser im Sturm auf See
als in einem Haus ohne Frieden.

Und doch:

Ohne Trauring mossen Mann un Frau sick
met wildfremde Lüe harümkäbbeln.
Ohne Trauring müssten Mann und Frau
sich mit wildfremden Leuten streiten.

Dass Spannungen auftauchen und sich Konfliktstoff ansammelt, gehört zum Leben wie die Wolkenbildung zum Wetter.

Die Zentralaussage vieler Sprüche lautet darum, dass nicht die konfliktfreie oder spannungslose Ehe die glücklichste ist, sondern gerade die, in der es gelingt, dass beide Partner gerade in schwierigen Situationen gemeinsam einen Schritt nach vorn gehen.

Zwar wird man gerade entlang der Ems den Menschen mit ihrer zurückhaltend kühlen Art eine derartige Sensibilität auf den ersten Blick kaum anmerken, dennoch aber weiß jeder seine Gefühle unaufdringlich für das Gute der Beziehung einzusetzen:

Wo die Liebe ist, kommen Güte und Ausgeglichenheit von selbst.
Liebe macht liebevoll.

Well dat Glück nich in´ Huuse häff,
de bruuk et in de wiede Welt nich to sööken.
Wer das Glück nicht zuhause hat,
der braucht es in der weiten Welt erst gar nicht zu suchen.

Wiet socht is mehrst dichte bi.
Weit gesucht, ist häufig nahe bei.

Veer Aogen een Blick, de dööget för't Glück.
Vier Augen, ein Blick, die taugen fürs Glück.

Jede Beziehung entwickelt sich auf ihre Weise. Ob in Ehe oder Freundschaft, eine harmonische Beziehung hängt nicht zuletzt von einer übereinstimmenden Sicht im breiten Spektrum der verschiedenen Ansichten und Absichten ab.

Für eine lange Wanderung oder für eine Expedition planen und berechnen wir gut im Voraus. Um ans Ziel zu gelangen, ertragen wir Wetter wie Unwetter, nehmen Strapazen auf uns, weil wir willens sind, dafür auch mit Schwierigkeiten fertig zu werden. Mit Aufgeben löst man keine Aufgabe.

Nicht Fortuna hat das entscheidende Wort, sondern Frau und Mann. Dabei hat die Ehe ihre Gezeiten. Große Nähe verlangt oft auch zugleich große Distanz. Der Abstand meint aber nicht, einander den Rücken zu kehren, sich aus den Augen zu verlieren; nein, nur ermöglicht hin und wieder ein gewisser Abstand eine bessere Sicht. In der durch gegenseitige Interessenabwägung gewonnenen Übersicht eröffnet sich die Aussicht auf eine glückliche Zweisamkeit. Gemäß der Losung: Ich bin, der andere ist – und wir sind, passt hier der Vergleich vom Meer und dem Strand.

Se laot' sick es Ebbe un Flut.
Sie lassen sich wie Ebbe und Flut.

Ein gutes Bild für die Beständigkeit einer guten Beziehung – egal wie auch immer „das Wetter" ist. Wie Ebbe und Flut finden beide immer wieder zueinander. Es kann nicht alle Tage eine „Hoch-zeit" sein. Manche „Ent-täuschung" gehört zum Leben dazu, um nach und nach frei zu werden von Täuschungen und unrealistischen Illusionen. Mag es dabei hin und wieder auch zu „Sturmfluten" kommen, wobei aufpeitschende Gischt die Blicke trüben kann; besteht aber im Wesentlichen Übereinstimmung, werden sich die Wogen schon wieder glätten.

So gesehen wird jeder Unglücksfall zum Zwischenfall –
aber kein Zwischenfall zum Unglücksfall...

„Durch dick und dünn" gehend, schreiben die Partner Kapitel für Kapitel an ihrer gemeinsamen Lebensgeschichte und halten sie von der ersten Begegnung, den schönen gemeinsamen Zeiten mit den Kindern bis hin zu all den vielen anderen wunderbaren und schmerzhaften Erlebnissen hoch in Ehren.

Erinnertes Leben wird zu lebendiger Erinnerung.
Aus guten Erinnerungen strömt Dankbarkeit. Das tut gut, weil aus jedem Satz mitklingt: Du bist nicht allein... Das nimmt die Angst.
Daraus spricht Liebe und Lebenssinn, das Schönste im Leben. Das möchten zufriedene Paare – gemeinsam mit den Kindern und Kindeskindern – um nichts in der Welt missen; denn das ist allemal stärker als alle möglichen Schwierigkeiten. Darum: Je länger Paare einander treu sind und gemeinsam durchs Leben gehen, umso mehr hängen beide an ihrer Lebensgeschichte, nicht aus Nostalgie, sondern aus tiefer gegenseitiger Achtung und Verbundenheit. Gibt es etwas Schöneres?

Wir sind nach wie vor gerührt über den Brief von Heinrich Böll (1917–1985), den er kurz vor seinem Tod an seine Enkelin Samay geschrieben hat:

Liebe
kennt keine Angst

wir kommen weit her,
liebes Kind
weit weit her
und wir müssen weit gehen
hab keine Angst
du bist nicht allein
alle sind bei dir,
auch die,
die vor dir waren
deine Mutter,
dein Vater
und alle,
die vor ihnen waren –
weit, weit zurück
sind alle
in Liebe bei dir
mein liebes Kind
vertraue
der unvergänglichen Liebe
hab keine Angst

Kluge Leute und fremde Faxen:
Anders als andere

Wir sind das, was andere uns vererbt und gegeben haben, und werden, allmählich reifend, eine Synthese, in der das Ererbte und das, was wir daraus gemacht haben, mit dem Neuen, mit unserem Namen, verschmilzt.

Richtig betrachtet sind immer „das Alte" und „das Neue" aufeinander angewiesen, obwohl es „das Neue" immer erst schwer hat, sich durchzusetzen, weil sich Zweifel am Gewohnten regen. Interessant ist, dass zumeist in der Abwehr des Zweifels das Gewohnte gar nicht gestärkt wird. Vielmehr spüren wir eine Verunsicherung gegenüber unserem eigenen Wahrheitsempfinden. Gerade diese „Risse" sind die Samenfänger des Neuen.

Wer weiß schon, wofür unsere heutigen Zweifel vielleicht einmal gut sind?

Es ist ein psychologisches Gesetz, dass „alles was anders ist", alles Fremde, im Anfangsstadium auf Skepsis stößt und zunächst häufig nicht nur abgelehnt, sondern bekämpft wird (aus der Angst, dabei selbst in Frage gestellt zu werden). Solch einem wird „bei uns" denn auch häufig leider allzu schnell beschieden: **Et schinnt wat wild met em. He löpp de doch wuohl nich met?** (Es scheint bedenklich mit ihm. Ist er etwa nicht ganz gescheit?)

Auch wenn – sozialkritisch betrachtet – derartige Äußerungen nicht ungewöhnlich sind, zeugen sie von einem Mangel an Offenheit.

So behindern Voreingenommenheit und Vorurteile das richtige Erfassen neuer Mitteilungen, denn die meisten unserer Lebensüberzeugungen gelten als solche nur aufgrund sozialer Stützen. Sei es, dass wir uns auf eine kompetente Einzelperson, eine „Autorität" aus unserer Mitte, berufen oder sei es, dass wir der „Majorität", d.h. einer großen Anzahl von „glaubwürdigen" Personen in ihren Meinungen folgen. Dabei ist es ein Naturgesetz: Je enger das soziale Netz, umso stärker der soziale Druck.

Das ist auch in weiten Teilen entlang der Ems so. Denn gerade in geschlossenen sozialen Verbänden ist es üblich, einfachhin unkritisch auf „die Allgemeinheit" zu setzen, auf den „consensus gentium".

Wer nur das gelten lässt, was „man" so für richtig hält, der sondert sich vom Reichtum des Lebens ab; so verkümmert ungelebtes Leben, so können keine neuen Erfahrungen gemacht werden. Typisch dafür die Aussage:

Wat de Bur nich kennt, dat frett he nich.
Was der Bauer nicht kennt, das isst er nicht.

Nichts gegen ein berechtigtes Sicherheitsdenken, doch darf das nicht dazu führen, bei Ungewohntem von vorn herein abzuschalten oder Sturm zu läuten. Wer in Vorurteilen verstrickt ist, hört auch nur, was er hören will. Deshalb gilt es, sich davor zu hüten, voreilig Urteile über andere zu fällen. Voraussetzung dafür ist eine positive Grundeinstellung und ein neugieriges Interesse für den Umgang mit ungewöhnlichen Menschen.

Wer sich selbst unsicher fühlt, wird entweder zaghaft auftreten oder den anderen „überrollen", weil er durch Überheblichkeit die eigene innere Unsicherheit überspielen will. Soziale Kompetenz hingegen will gelernt sein, weil Verständnisbereitschaft, Entgegenkommen, Toleranz und Höflichkeit nicht einfach naturgegeben sind.

Wichtig ist zu bedenken, dass Gewohnheiten (insbesondere aus der Kindheit heraus) prägen und zu inneren Glaubenssätzen werden. Deshalb verunsichert das Neue da besonders stark, wo sich gemeinschaftlich gelebte Werte in festen Traditionen äußern. Darin liegt sowohl eine Chance als auch eine Gefahr, solche Lebensansichten durch gegenseitige Bestätigungen als „gesichert" anzusehen. Das fördert einerseits zwar die Festigung sozialer Strukturen und verleiht darin dem Einzelnen Sicherheit, verleitet jedoch auch zu unkritischer Anpassung.

Wer da vom Gewohnten abweicht, hat es nicht leicht, weil ja „das Alte" erschüttert wird und sich die Menschen dadurch in ihrer Weltanschauung in Frage gestellt sehen. Das kann dazu führen, dass die Grenze zwischen Argwohn und Ablehnung immer fließender wird, ja, dass schließlich gar der „Überbringer einer schlechten Nachricht" als Bösewicht attackiert wird und nicht der eigentliche Verursacher, der im Moment nicht zu greifen ist. „Hauptsache Ruhe und Ordnung", so eine Einstellung ist auf lange Sicht gesehen Zündstoff für soziale Konflikte.

Aus all dem wird deutlich, dass es nicht gleich etwas mit bösem Willen oder abweisender „Weltfremdheit" zu tun hat, wenn eine Verunsicherung durch Neues eintritt.

Wer aber nun „den Menschen auf dem Lande" von vornherein Intoleranz unterstellt, tut ihnen Unrecht. Man betrete nur einmal „seriös gekleidet" eine Disco oder präsentiere sich auf einem offiziellen Empfang mit Manchesterbuxe (Cordhose). Die Reaktionen gleichen einander. Die Klischees sind in unterschiedlichen sozialen Strukturen austauschbar.

Egal in welcher Sozialstruktur: Jeder pflegt (s)ein Image und seine Vorstellungen vom Leben – **dat sitt 'e nu maol so in** (das ist nun mal so). Auch auf großstädtischen Promenaden lösen sich unsere Urinstinkte nicht einfach auf. Abgrenzungen dienen zunächst einmal dem natürlichen Eigenschutz. Dieser macht sich entlang der Ems häufig mehr oder weniger deutlich „Luft" durch Äußerungen wie:

So wat häb wi hier nich för Bruuk.
Das ist hier nicht Sitte.

Wat is dat dann för 'n Nachtwächter?
Was ist das denn für ein Nachtwächter?

Im Falle des Nachtwächters wirkt bis heute negativ nach, dass er **nachts up de Beene un dagesöewer müö** (nachts unterwegs und tagsüber müde) war. Genau das erschien den Menschen früher unehrenhaft, nachts **in Düstern laate noch so harümtostrieken** (spät noch im Dunkel der Nacht so herumzustreichen). Wer demnach als Nachtwächter bezeichnet wird, ist zunächst einmal mit Vorsicht zu genießen.

Dass die Nachtgestalten in öffentlichen Diensten Feuer und Diebestreiben von den Schlafenden fern hielten und jeweils zur vollen Stunde getreulich die Uhrzeit ausriefen, besserte nicht ihren Ruf. Sie waren durchweg raue Gesellen, die wenig gut angesehen waren. Erst die Romantik brachte um die Wende zum 19. Jahrhundert den Nachtwächtern eine nostalgische Verklärung, die allerdings mit der Realität seinerzeit wenig zu tun hatte.

So schön romantisch waren die Zeiten früher nicht; auch waren sie keineswegs sicher. Überfälle durch plündernde **Räuberbanden**, die auch entlang der Ems vor Mord und Totschlag nicht zurückschreckten, verbreiteten immer wieder Angst und Schrecken.

Oft nahmen die Überfälle und Räubereien derartige Ausmaße an, dass beispielsweise zwischen 1820 und 1830 in weiten Teilen entlang der Ems ortsübergreifende allgemeine Vagabundenvisitationen durchgeführt wurden.

Diese öffentlichen Vagabundenjagden bestanden darin, dass alle Brücken, insbesondere die großen Emsbrücken, Wege und Überfahrten mit einem Unteroffizier und vier Mann Besatzung gesichert wurden und alle Schlupfwinkel, Gebüsche und verdächtige Plätze von bewaffneten Patrouillen durchsucht wurden.

Noch von meinem Urgroßvater, dem Postillion Martin Pötter (15.1.1866 – 30.7.1930) wird in der Mettinger Chronik berichtet, dass er mehrere Male überfallen und beraubt wurde:

„... Darum fuhr in den Jahren nach 1890 Martin Pötter mit einer gesicherten Postkutsche über Land. Der Wagen hatte vorn einen Kutscherbock und hinten einen verschließbaren Wagenkasten, in dem Briefe, Pakete und Wertsachen gesichert untergebracht waren."

Gewiss sagte Pötter's Ahn sich auch:

Haoll di an 'e Koohkante, dann häs vör 'n Ossen kiene Naut.
Halte dich an die Kuhseite,
dann brauchst du vor Bullen
keine Angst zu haben.

Also: Keine riskanten Manöver oder waghalsigen Experimente! Geh auf Nummer Sicher! Denen, die sich daran halten, traut man mehr als Hasardeuren – Draufgängertum kann auch Hals und Kragen kosten. Was hier „ankommt", ist der vom alten Turnvater Jahn geprägte Slogan: **Frisch, fromm, fröhlich, frei!**

Ein Vorbild dafür waren früher die reisenden **Handwerksburschen**, obwohl es bis heute nicht ganz so einwandfrei klingt, wenn vielsagend gemunkelt wird:

He is maol wier up de Walz.
Er ist mal wieder auf der Walz.

Wer „auf der Walz" ist, geht nach heutigem Verständnis, frei und unerkannt – meistens so von Wirtshaus zu Wirtshaus – seinen eigenen Gelüsten nach. Nicht auszudenken, wenn sich so einer dafür drei Jahre und einen Tag Zeit nehmen würde...

Exakt so lange aber dauerte früher bei den rechtschaffen fleißigen Handwerksburschen „die Tippelei auf der Walz".

In dieser Zeit durften sie sich ihrem Heimatort nur bis zu 50 km nähern. Bis zurück ins 12. Jahrhundert lässt sich diese alte Handwerkstradition zurückverfolgen. Voraussetzung: keine 30, nicht vorbestraft, unverheiratet und schuldenfrei. Ließen sie sich dennoch „auf der Walz" etwas zu Schulden kommen, riss man ihnen das Symbol ihrer Ehre, den Ohrring, aus dem Ohr. Weil das Läppchen in Fetzen hing, nannte man sie **„Schlitzohren"**.

Alles, was auf der Walz benötigt wird, ist im **Charlottenburger** eingerollt, ein stabiles Bündel, das über der Schulter getragen wird. Gewiss gehört auch eine Portion Abenteuerlust dazu; denn auch vor Übernachtungen in freier Natur durfte man sich nicht fürchten.

Kam aber jemand zackig in einer schneidigen Uniform daher, hatte der wahrscheinlich noch mehr erlebt. „Die vom Militär" trugen nicht nur häufig dick auf, sondern auch noch ihre Nase recht hoch und schnarrten wichtigtuerisch im Kommandoton um sich. Selbst so ein einfacher Reservist brüstete sich gern auf Hochdeutsch: „Habe drei Jahre beim Kommiss gestanden." Worauf ihm unbeeindruckt geantwortet wurde: **„Verdüllt! Dann sett di män hen, dann sass auk wuohl ratz möö sien"** (Donnerwetter! Dann setz dich schnell hin, dann bist du auch bestimmt total müde).

Da haben wir wieder die typische Eigenart der Emsmenschen: „Mut ohne Übermut." Demnach hat der Mut seine Grenzen. Und wann Mut zum Übermut wird, das hat der kluge Theodor Fontane auch nicht gesagt. Brauchte er auch nicht, dass wissen die Menschen entlang der Ems instinktiv auch so. Wer aber meint, er könnte uns Hiesige hier **för dumm verslietten** (für dumm verkaufen), der hat die Rechnung ohne den Wirt gemacht:

He söll sick wuohl nich wööst bi us gefallen.
Es wird ihm bei uns wohl nicht besonders gut gefallen.

Dat is hier nich dat rechte Thema.
Das ist hier nicht das richtige Thema – das gefällt uns nicht.

Wi bünd nu maol wat richt uut.
Wir sind frei heraus offen und ehrlich.

Gerade Menschen, die gehalten sind, bei ihrer täglichen Arbeit nicht lange zu fackeln, vertrauen weitaus mehr ihrem ersten Gefühl als Kopfmenschen. Mit ihrer Beurteilung von Situationen und Personen „aus dem Bauch heraus" liegen sie überwiegend richtig. Im Übrigen gilt für uns alle:
Sind wir gehalten, eine Person zu **beliekteeknen** (zu charakterisieren), bedienen wir uns automatisch zunächst den am deutlichsten ins Auge fallenden Erscheinungsformen. Ob klein, ob groß, ob dick, ob dünn, die ersten 5 Sekunden entscheiden über Sympathie oder Antipathie. Wer hierbei bereits verspielt hat, muss sich schon gewaltig anstrengen, um den einmal entstandenen Eindruck wieder korrigieren zu können. Er ist das Ergebnis all unserer Ansichten, Gewohnheiten und Glaubenssätze.

Jedes Ich hat seine spezielle geistige und körperliche Signatur. Dabei bewahrheitet sich stets das psychologische Gesetz: Was ich nicht kenne und was von meiner Art zu leben abweicht, dazu gehe ich zunächst **lück spee** (vorsichtig) auf Distanz.

So überrascht es nicht, dass unter naturverbundenen, landwirtschaftlich geprägten Menschen die **Wiessnuuten**, also „die Studierten", die Theoretiker, besonders aber „die Neunmalklugen" nicht gut wegkommen. Besonders sie werden argwöhnisch begutachtet, zumal sie sich tatsächlich häufig **anners äs anner Lüe** (anders als andere Leute) geben.

'n Ackersmann, 'n Plackersmann –
'n Gaffelmann, 'n Geldmann.
Ein Ackersmann ist Arbeitsmann.
Einer der nur sagt, wo es langgeht, ist ein Geldmann.

Aber auch der Bauer geht mit sich selbst nicht zimperlich um:

Wenn 'n Bur timmert, verdeint de Timmermann guet Geld.
Wenn ein Bauer zimmert, verdient der Zimmermann gutes Geld.

Keiner kann alles. Drum: Schuster bleib bei deinen Leisten.

Und keiner meine, er sei „mehr" als andere.

Dao is nich vull van met.
Da ist nicht viel Wahres dran.

Besonders schwillt der Kamm bei Bevormundungen:

An so wat häff wi gar kien Snuuwen an.
Daran können wir nun überhaupt keinen Gefallen finden.

Dennoch sind die Menschen entlang der Ems von Grund auf gutmütig und ruhig weg. Um des lieben Friedens willen geben sie auch gegenüber so manchem **Klookschieter** (Klugscheißer) gerne einmal nach. Sie haben ihre eigenen Erfahrungen:

Jeder Ärger hat seine Methoden, Kleider und Verkleidungen, Ärger zieht Ärger an, nicht jedes Unbehagen sogleich in Worte fließen lassen, nicht gegen Mauern anlaufen, einen geordneten Rückzug vorziehen, in Ruhe gehen, mit 'ner Zeitung in ein anders Zimmer, an einen anderen Platz, auf 'ne schöne Bank an 'er Ems, den Bann brechen, die Tapeten wechseln, nicht **üm Nix Gebruuse maaken** (sich nicht um Unabänderliches aufregen), **'ne Nacht dröewer slaopen** (eine Nacht darüber schlafen).

Was soll's – ohnehin gilt:

**Gott weet alles,
män de Schoolmester weet all's noch vull better.**
Gott weiß alles, doch der Lehrer weiß alles noch viel besser.

Selbstverständlich zählen Wissen und Leistung im Leben – und doch neigen wir dabei zu eitlem Rivalisieren. Was nicht so gut ist, das ist die Verabsolutierung von Wissen und Leistung. Vor lauter Nützlichkeits- und Zweckmäßigkeitsdenken wird die ganz einfache, unverbildete „Wahr"-nehmung des Herzens, das ganz normale Leben belastet.

Statt zu schauen und zu empfinden was ist, haben wir blitzschnell ein kluges und wertendes Wort dafür aus unserem ach so umfangreich antrainierten Denkmagazin geholt und schon „wissen" wir: „Ach, das kenne ich ja schon", „Das ist ja nichts als..." oder „Da gibt es weitaus Besseres". Doch so ein kluger Trost tröstet nicht; statt dessen macht die Begehrlichkeit durch ständige Vergleiche unruhig.

Ich kann machen was ich will, bei jedem Vergleich werde ich feststellen: Es gibt immer bedeutendere, klügere, reichere, glücklichere oder angesehenere Menschen als ich. Wenn ich von diesen ständig kritischen Vergleichen nicht lassen kann, bleibe ich mein eigener Einpeitscher. Diese Erkenntnis kann zu jener Einsicht führen, die da lautet:

Unglück is de gröttste Schoolmester.
Unglück ist der größte Schul- oder auch Lehrmeister.

Better demödig föhr'n as hauchmödig gaohn.
Besser demütig gefahren als hochmütig gegangen.

Met Fallen un Upstaohn mott man dör de Welt gaohn.
Mit Fallen und Aufstehen muss man durch die Welt gehen.

Laufen wird durch laufen gelernt. Das gilt im übertragenen Sinne auch für den Lebensweg.

Den Menschen entlang der Ems gefällt es mehr, schlicht, einfach und praxisorientiert zu lernen. Wie alte Seeleute einiges von Wind und Wetter verstehen, so haben auch wir alle auf der Reise des Lebens unsere eigenen Erfahrungen gemacht. Ehrlich betrachtet ist oft das, was wir als Schicksal bezeichnen, eng mit unseren eigenen Denkstrukturen und Lebensabsichten verbunden.

Gottlob sind wir Menschen in unseren Entscheidungen immer frei. Darum auch gibt es keinen Lebensweg mit nicht mehr umkehrbaren Richtungsanzeigern. Unsere freie Willensentscheidung erlaubt die eigenwilligsten Wege; keiner, der auf den von ihm eingegangenen Pfaden nicht hin und wieder stolpert oder auch fällt. Doch nicht liegen zu bleiben, sondern aufzustehen und unverdrossen weiterzugehen, darauf kommt es an.

Nix verspreck mehr Lauhn,
as sömmens denken un auk daon!
Nichts verspricht mehr Lohn, als selbst zu denken
und es dann auch eigenverantwortlich zu tun!

Geschätzt sind Zielklarheit und Eigeninitiative; nur eines nicht: sich von anderen verrückt machen und es am nötigen Durchhaltevermögen fehlen lassen.

Wer selbst nicht weiß, was er will und nur auf andere hört, dem schwirrt schon bald der Kopf und er darf sich nicht wundern, weder ein noch aus zu wissen.

Vulle Köppe – dulle Sinne.
Volle Köpfe – verwirrte Sinne.

Wiessnuuten und Keddenrüerns verdeint et Geld met ´e Muule.
Klugschwätzer und die Kettenhunde
verdienen ihr Geld mit dem Mund.

Je gelehrder, je verkehrder.
Je gelehrter, je verkehrter (unverständlicher).

Entlang der Ems hält sich die hartnäckige Meinung, ein Theoretiker habe **twee linke Hande** (zwei linke Hände). Nicht nur des Theoretikers häufige Ungeschicklichkeit in den praktischen Dingen des täglichen Lebens findet in vielen Sprichwörtern und Redensarten ihren Niederschlag, sondern ebenso auch seine Anfälligkeit gegenüber Illusionen und Utopien, mit denen erst recht bodenständige Menschen mit handwerklichem Geschick nicht viel anzufangen wissen. Und überhaupt kann es „dem kleinen Mann" zur Plage werden, was da in manch klugen Köpfen oft so ausgeheckt wird. Es heißt nicht umsonst:

´n sittend Gatt bedenk sick bloß wat.
Ein sitzender Hintern heckt nichts Gutes aus.

Überhaupt...
 ... weet ´n Dokter un ´n Buer mehr
 äs ´n Dokter alleene.
 ... weiß ein Doktor und ein Bauer mehr
 als ein Doktor alleine.

 ...ligget up ´n Kerkhoff
 auk wuohl Dokters.
 ... liegen auf dem Friedhof
 auch Ärzte.

Tjä, maak wat:

**Et is slecht to verstaohn,
wat de Dokters so schriewet
un de Pastörs so singet.**
Es ist schlecht zu verstehen,
was die Ärzte so schreiben
und die Geistlichen so singen.

Damit wird spitzbübisch dem großen Latinum eins ausgewischt; war früher doch die Beherrschung der lateinischen Sprache das Markenzeichen der Bildung und gesellschaftlichen Akzeptanz überhaupt – für Krethi und Plethi jedoch ein Buch mit sieben Siegeln. Ja, Latein war und ist etwas Besonderes.

Papst Johannes XXIII bezeichnete 1961 in seiner Apostolischen Konstitution mit dem schönen Titel „Veterum sapientia" (Die Weisheit der Antike) das Latein als „eine noble und majestätische Sprache".

Durch den fast völligen Wegfall lateinischer Messen in den katholischen Kirchen ist diese „noble und majestätische Sprache" zwischenzeitlich aus dem Bewusstsein der Leute verschwunden. Zumindest die nachfolgenden kirchlich-religiösen Begriffe auf Latein waren in den überwiegend katholisch geprägten Gebieten entlang der Ems früher Allgemeingut:

Agnus dei:	Lamm Gottes
Chrisam (gr. chri(s)ma):	Salböl
Credo (lt.):	Glaubensbekenntnis
Firmung (lt. firmare):	stärken, bekräftigen, ermutigen
Gloria (lt.):	Gotteslob
Konfirmation	Mündigwerden junger Christen
Kyrie eleison (gr.):	Herr erbarme dich
Litanei (gr. Lissomai):	Bittgebete
Liturgie (gr. leiton ergon):	Feier des Gottesdienstes, Messe
Märtyrer (gr. martys):	Glaubenszeuge

Ökumene (gr. oikoumene):	Das Allumfassende, die bewohnte Erde – Überwindung konfessioneller Unterschiede durch Hinwendung zu gemeinsamen christichen Werten
Oration (lt. orare):	Das Gebet
Pastor (lt.):	Hirte – evangelischer Geistlicher
Präfation (lt. praefatio):	Vorspruch, Eingangsgebet
Predigt (lt. praedicare):	Verkündigung
Priester (gr. presbytes):	Katholischer Kleriker (Geistlicher)
Prozession (lt. processio):	Feierlicher religiöser Umzug
Psalm (gr.):	Gebete, Gotteslieder zur Harfe
Sanctus (lt.):	Heilig – Heiliger Lobpreis
Zelebrant (lt. celebrare):	Pastor, Priester, der den Gottesdienst feiert

Doch ist das Latein nicht nur „die christliche Stammsprache", auch ist es nach wie vor „die wissenschaftliche Stammsprache". Mehr noch: Latein wirkt gegen Sprachverwilderung. Ist nicht vieles unverständlich, was allerorten so gesungen, gesagt und geschrieben wird?

Wir können uns kaum noch gegen all die fremden Faxen wehren, die ununterbrochen auf uns einwirken. Ohne dass wir es merken, wimmelt es in unserer Sprache unentwegt nur so von absurden Kunstwörtern, deren Bedeutung und Sinngehalt kaum einer kennt. Zugegeben, man kann nicht alles wissen:

Wat weet de Foss van Piäpper,
wenn he noch nich in ′e Aptheke west is?
Was versteht selbst der Fuchs von Pfeffer,
  wenn er noch nie in einer Apotheke war?

Eine Apotheke im Ort, das war früher was. Die Kräuter, Salben und Tinkturen mit all ihren lateinischen Namen verbreiteten geradezu Ehrfurcht. Doch längst sind sie vorbei, die Zeiten, als man spezielle Artikel nur in Fachgeschäften bekam, wie beispielsweise den einst so exotischen und begehrten Pfeffer in der Apotheke oder alkoholische Getränke ausschließlich in der Wirtschaft.

Heute ist, egal wann und wo, von jedem für jeden so gut wie alles zu haben, von exotischen Gewürzen bis hin zu den ungewöhnlichsten Medikamenten – das Internet macht's möglich. Unmengen von wirren Wortkürzeln schwirren nur so um uns herum. Wenn nichts mehr hilft, muss der Computer herhalten (auch ein Wort, dass bis Mitte des zwanzigsten Jahrhunderts noch unbekannt war). Tatsächlich genügt ein Knopfdruck und per Mausklick wird eine unvorstellbar komplexe Informationsflut in Bewegung gesetzt.

Der Technik sei Dank: Nie war umfassende Information und Bildung so schnell möglich wie heute.

War früher **dat Blättken** (die Regionalzeitung) neben **Apptheek** (Apotheke), dem **Kolonialwarenladen** (Lebensmittelgeschäft) und dem Stammtisch in der hiesigen Wirtschaft Meinungsmacher für alle, so gibt es heute keine gemeinsamen Medien mehr. Während die Alten in der Zeitung blättern, surft die Jugend im Internet.

**Junge Hohner mött´ Eier leggen
un olle Köh de Melk gem'n.**
Junge Hühner müssen die Eier legen
und alte Kühe müssen Milch geben.

Alt und Jung leben auf ihre Art – und doch ist heute vieles anders als früher. Zwar ist es heute auch noch so, dass die Alten bemüht sind, die Jungen lebenstüchtig zu machen; dennoch:

Wie nie zuvor sind heute besonders die Alten für die Gegenwartsbewältigung auf die Jungen angewiesen, sonst kommen sie einfach nicht mehr mit! Wer da nur mit Starrsinn reagiert, ist schnell „weg vom Fenster".

Ja: Alt und Jung leben auf ihre Art, aber so unterschiedlich wie heute lebten sie noch nie.

Allein bei der Programmauswahl des Fernsehens sind Einigungen kaum noch möglich. Schon lange nicht mehr gibt es das gemeinsame Samstagabendprogramm, wo es sich die ganze Familie in der guten Stube bei Bluna, Bier und Bömmskes vor dem Bildschirm gemütlich machte, um sich **heelmaol best** (so richtig schön gemütlich) bei ´Einer wird gewinnen´ oder ´Der große Preis´ zu unterhalten.

Nein, heute werden unterschiedliche Wertsysteme von unterschiedlichen Medien bedient. Für zig Programme sind an schönsten alten Giebeln längst graue Sattelitenschüsseln montiert.

Zu welcher Generation wir gehören, hängt davon ab, in welcher Informationskultur wir aufgewachsen sind. Schon kleine Kinder spielen allein für sich mit Minicomputern, Gameboys, statt gemeinsam mit anderen Kindern in frischer Luft und freier Natur im Sandkasten oder auf dem Spielplatz. Der „Stand-by-Modus" wird zum Ausdruck für soziales Prestige.

Wir wollen als Autoren gar nicht verhehlen, dass auch wir bereits seit längerem der digitalen Obdachlosigkeit entflohen sind, siehe:
www.otto-poetter.de
Schön und gut, doch online funktioniert nur mit einer Vielzahl bisher völlig unbekannter Wortkürzel. Dabei ist ein Gedanke interessant: Wenn Millionen mit demselben Wort ungefähr das gleiche Ziel anpeilen, kommt irgendwann auch etwas Gemeinsames für alle dabei heraus. Das ist so wie mit einem Trampelpfad. Niemand will, wenn er etwa eine Abkürzung quer durch eine Grünanlage nimmt, hier einen neuen Weg entstehen lassen.

Man denkt nur: Feine Abkürzung, da gehe ich schnell mal durch. Wenn das an derselben Stelle in relativ kurzer Zeit nun Hunderte und danach Tausende tun, entsteht ein Weg.

Und so wie der Trampelpfad eines Tages zu einem regulären Weg wird, so verlieren auch „mit der Zeit" die neuen Wörter ihr zunächst unverständliches Kauderwelsch.

Umgekehrt gilt das Gleiche.

Wenn keiner mehr den Weg nimmt, verwildert er langsam aber sicher, und irgendwann weiß kaum noch jemand, dass das mal ein schöner Weg war. Der Vergleich mit unserem Plattdeutsch zwingt sich geradezu auf... Aber auch dem Hochdeutschen droht längst die Gefahr der „Verwilderung". Egal ob „im Netz" oder sonst wo, die Kunstwörter, zumeist anglizistische Fetzen, werden uns nur so um die Ohren gehauen.

Wer in dieses bunt zusammengewürfelte Kauderwelsch nicht mit einstimmt, ist nicht „in". Natürlich lebt eine lebendige Sprache davon, dass in ihr fremde Worte heimisch werden; natürlich ist es phantastisch, im „Global Village" über Kontinente hinweg hin und her mailen zu können – aber muss deswegen auch so geschrieben oder gesprochen werden, als würde Donald Duck Schluckauf haben? Verkommt Sprache da nicht achtlos zu einem wirren Buchstabensalat; gerinnt sie auf diese Art und Weise nicht mehr und mehr zu abstrakten Chiffren, wo selbst der schlaueste Fuchs passen muss. Ganz abgesehen von wundersamen Programmier-„sprachen", deren Enträtselung nur noch gewieften „Insidern" gelingt.

Dat is mehr as in ′t Näppken geiht.
Das ist mehr als „ins Näpfchen geht".

Die Frage ist, ob sich vieles in unserer Umgangssprache nicht auch „einfach, normal und natürlich" ausdrücken ließe.

Da ist in der Heimatzeitung zum Beispiel über den Umbau eines alten Klosters in ein Kunsthaus zu lesen (MV 17.02.2003 Gravenhorster Klosterumbau), dass

„die neue Nutzung nicht als kompensatorische Verschönerung der Gesellschaft verstanden wird, sondern mehr als ein kritischer Diskurs im gesellschaftlichen Kontext. Dabei sollen die Schwerpunkte für fünf inhaltliche Themenkomplexe stehen, nämlich „Remember History, Natural Reality, Lost Paradise, Body Relations und What is Reality? Perception-Observation-Truth?"

Was soll das?

Warum muss es „kids" heißen und nicht Kinder, warum „family" und nicht Familie? Gegenüber eitler Fremdwörterei reagiert ein sturer **Emskopp** auf seine Art:

So reineweg van′ Kanten, dat is nich, wat sall dat.
Allzu exaltiert, das ist und bleibt Mumpitz,
das stört nicht nur, sondern macht obendrein auch skeptisch.

Wat juckt mi de böhmsken Düörper –
Hauptsaake dat eegene Huus is guet instand.

Was interessieren mich die böhmischen Dörfer –
Hauptsache das eigene Haus ist gut instand.

Viele verstehen von „böhmischen Dörfern" mehr als von den heimischen Gefilden. „Sich auskennen"? – Gut und schön. Aber so klein die große Welt auch geworden ist, es besteht kein Grund, im Vergleich dazu die heimischen Gefilde klein zu machen. Auch wenn die **stillkefeinen** Ecken entlang der Ems mal nicht bonbonfarben, sondern herbstkahl und windzerzaust sind, sie „haben was", was wir sonst nirgendwo anders finden. Weder wollen, noch müssen sie mithalten im Angebot bunter Reisekataloge.

So pardieslick de Welt auk is, kiek män:
Wu schön is 't doch egaolweg an 'e Iemse!
So paradiesisch die Welt auch ist, doch schau nur:
Wie schön ist es doch auch immer wieder an der Ems.

Oft verblasst im Traum von der großen weiten Welt die eigene Heimat; die Wurzeln verdörren. So schön die Welt auch ist, die Heimat ist und bleibt etwas ganz Besonderes, mit Nichts zu vergleichen. Wer sich überall zu Hause fühlt, ist nirgends daheim. Hierzu eine alte Legende:

Weit entlegen rastete einst ein versprengter Trupp von Gauklern. Angelockt durch das bunte Treiben gesellte sich ein junger Bauernbursche zu den Fremden und ließ sich in ihren ungestümen Bann ziehen.

Was für ein herrlich ungebundenes Leben gegenüber der Eintönigkeit der heimischen Wiesen und Felder und der Pflicht der täglichen Arbeit. So würfelte und trank er mit ihnen und war hingerissen von der verführerischen Schönheit ihrer exotischen Tänzerin. Der graue Alltag schien wie verflogen. Als der Abend kam, legte auch er sich – vom süßen, schweren Wein umnebelt – zu ihnen am romantisch flackerndem Feuer zum Schlafen nieder. Die Truppe jedoch, unrastig wie sie war, brach spät in der Nacht ziellos wieder auf. Dabei warfen sie voll Übermut den trunken schlafenden Bauernburschen auf ihren bunt geschmückten Planwagen und fuhren davon. Erst als die Sonne schon hoch am Himmel stand, fand er allmählich wieder zu sich. Mit dumpfem Kopf und benommen von all dem Neuen, das ihn umgab, vermochte er kaum zu fassen, was mit ihm geschehen war. Doch da ihn die Freiheit der großen weiten Welt mehr reizte, als das tägliche Einerlei zuhause, fügte er sich willenlos dem laut lärmenden Tross, so, als habe er schon immer dazugehört. Und so reihte sich ein Tag an den anderen – dabei führte ihn der Weg immer weiter von der Heimat fort in eine ungewisse Ferne. Eines Tages aber geschah es, dass der Weltenbummler urplötzlich, als würde ein Bann von ihm genommen, aus diesem ziellosen Dahinleben in der Fremde erwachte. Das laute Treiben um ihn herum, bei dem er bis zur Stunde noch ausgelassen mitgetan hatte, wurde mit einem Mal für ihn zu einem beunruhigenden Spiel. Einsam und verloren erblickte er sich inmitten seiner ungestümen Zeitgenossen... Nur noch drei entscheidende Fragen bewegten ihn: Wo bin ich? In was wurde ich verstrickt? Wohin wird mich mein Weg noch führen, wenn ich so weitermache wie bisher?

Diese drei Fragen sind d i e philosophischen Fragen des Menschen überhaupt. Keiner kann ihnen auf Dauer entrinnen.

Auch will uns diese Geschichte davor warnen, beziehungs- und verantwortungslos „nur so" durchs Leben zu rutschen.

So paradiesisch und schön die Welt auch ist, so bleibt bei aller Weltoffenheit die schlichte Anmut unserer Heimat doch unser Anker.

Allzu leicht lassen wir uns durch allerlei „fremde Faxen" den Kopf verdrehen.

Ja, viele gieren nach „Events" und wiederum andere ziehen ins Zelt auf den nahen Sportplatz zur „Beach-Party", um auch einmal „Original Sangria Eimer" zu leeren – „Hauptsache mal was anners". Und so geht es weiter: Taormina, Rhodos, Mallorca, die Malediven oder die Bahamas – die Reisekataloge quellen über mit den fernsten Traumzielen. An sich egal wohin, „Hauptsache wech".

Ließen sich nicht auch der heimischen Landschaft ganz besondere Reize entlocken? Für viele weit Gereisten sind die stillen Ecken der Ems „böhmische Dörfer".

Übrigens sind „die böhmischen Dörfer" als Sinnbild für alles Fremde und Unverständliche seit dem Dreißigjährigen Kriege (1618–1648) ein fester Begriff. Dieser furchtbare Krieg entzündete sich in der Auseinandersetzung zwischen Protestanten und Katholiken in Böhmen. So waren es böhmische Soldaten, die im Laufe des langen Krieges auch entlang der Ems mit ihren Erzählungen von den böhmischen Dörfern für allerlei Verwunderung und Verwirrung sorgten.

Insbesondere waren die tschechischen Namen dieser „böhmischen Dörfer" für die hiesige Landbevölkerung derartige Zungenbrecher, dass sich diese außergewöhnlichen Bezeichnungen weder aussprechen, noch merken ließen. Anders, wenn besonderes im Münsterland gemunkelt wird:

He is ′n Trimbach van Kärl.
Er ist der reinste Trimbach.

Nur noch die ganz Alten haben ihn „drauf", diesen früher im Plattdeutschen so geläufigen Vergleich. Das zeigt: Wie jede andere Sprache lebt auch das Plattdeutsche vom gesprochenen Wort. Wird die Sprache immer weniger gesprochen, ist sie schon bald nicht mehr „zeit-gemäß", umso weniger wiederum wird sie gesprochen und umso mehr erstarrt sie „in ihrer Zeit"; so vergeht sie langsam und nachfolgende Generationen wissen nicht mehr, wovon die Rede ist. Ein Beispiel hierfür ist „der Trimbach".

Die Menschen im südlichen Emsland bzw. nördlichen Münsterland bezeichnen damit ein Raubein, einen gefühllosen Draufgänger und gebrauchen damit einen Namen, der vor vielen Generationen der Schrecken an der Ems war: Trimbach.

Dieser Trimbach war der Anführer eines gefürchteten Freicorps im Siebenjährigen Kriege von 1756–1763, wo der sagenumwobene Alte Fritz (Friedrich II, der Große, 1712–1786) gegen Maria Theresia (1717–1780) um den Besitz Schlesiens kämpfte. Das Trimbachsche Freicorps entwickelte sich hierbei zu einer der niederträchtigsten Räuberbande.

In der münsterschen Chronik über die Begebenheiten des Siebenjährigen Krieges liest sich das so:

„Das Freicorps von Trimbach war mit seinem rachsüchtigen und zügellosen Haufen die Geißel des Hochstiftes Münster und hat an Bauern und Bürgern solche Schandtaten verübt, dass die Menschheit sich darüber entsetzen muss. Allein der Raum eines Buches könnte diese nicht fassen."

Haben wir aus solchen Schandtaten, wie sie leider immer wieder überall auf der Welt passieren, gelernt? – Nein.

Während wir an diesem Buch schreiben, zeichnet sich der erste große interkontinentale „militärische Schlagabtausch" des 21. Jahrhunderts (also Krieg) bereits ab. Mit aufwiegelnden Worten wird bereits „aufgerüstet".

Es war schon immer so: Immer meint(e) der eine Trimbach, er müsste den anderen Trimbach...

Von 1914 bis 1918 starben im 1. Weltkrieg 9.740.000 Menschen. Nur 21 Jahre später begann am 1. September 1939 um 5.45 Uhr der 2. Weltkrieg. Er dauerte 6 Jahre und 1 Tag, und endete am 2. September 1945 um 9.25 Uhr; in dieser Zeit kamen in jeder Minute 17 Menschen ums Leben... insgesamt 55 Millionen!

Was muss eigentlich noch mehr passieren, um endlich mit diesem Wahnsinn aufzuhören und auf andere Mittel der Konfliktbeseitigung zu setzen? Wie das Trimbachsche Beispiel zeigt, mussten auch unsere Ahnen lange vor diesen unmenschlichen Greueltaten des 20. Jahrhunderts immer wieder mit Angst um Leib und Leben kämpfen.

Gut nur, dass wenigstens einige unserer Vorfahren trotz Brand und Plünderung noch in den eigenen vier Wänden einigermaßen überleben konnten; wer weiß, ob es uns sonst heute gäbe...

Dessen ungeachtet ist grundsätzlich das Leben nicht immer leicht. Von denen, die damit „überhaupt so" Schwierigkeiten haben – und davon gibt es leider auch genug – heißt es hier:

Gaoh mi weg – se sitt´ e mächtig met in ´e Breduje.
Oh, hör auf – sie sitzen mächtig in der Bredouille.

Dass ausgerechnet mit einem französischen Wort das Missgeschick „plattdeutsch" umschrieben wird, mag zunächst verwundern. Gerade das aber zeugt davon, dass das Plattdeutsch seinerzeit eine vitale Volkssprache war. Was – wie gesagt - eine Sprache stark macht und sie am Leben erhält, ist ihre Aufnahmebereitschaft für Einflüsse aus anderen Sprachen, ohne selbst dabei ihre Identität und ihren ursprünglichen Charakter zu verlieren!

So haben, ähnlich wie einst die böhmischen Soldaten, gut zweihundert Jahre später französische Soldaten die plattdeutsche Sprache angereichert. Das begann zu Beginn des 19. Jahrhunderts in der „Franzosenzeit", wo durch die Machtgier Napoleons (1769-1821) französische Heere auch nicht an der Ems Halt machten. Es hieß, sich an französische Worte zu gewöhnen. Bredouille heißt so viel wie „Matsch" – und es ist wahrlich ein Dilemma, sich möglichst ungenierlich daraus zu befreien.

Überhaupt, als es hier kaum befestigte Wege gab, sagte man über jene, die bei schlechtem Wetter unterwegs waren: **Bi Riägen nemmt se sick ´n half Iärwe an ´e Holzken met** (wenn es regnet, hängt an den Holzschuhen ein halbes Erbe Land – sie nehmen sich daran ein halbes Erbe an Land mit).

Wie die Bredouille stammen noch viele andere Wörter aus jener Zeit, als zum Beispiel Rheine an der Ems nicht nur eine französische Stadt, sondern 1803 obendrein auch noch – man höre und staune – Landeshauptstadt war, Landeshauptstadt des Fürstentums Rheina-Wolbeck.

Aus dieser „Franzosenzeit" finden sich bis heute gerade in der niederdeutschen Sprache viele übernommene Wörter und Begriffe, die an diese vergangene Fremdherrschaft erinnern:

Durchtriebener Mensch – Fillu (Filou), schmeicheln – flatteeren (flatter), poltern oder schimpfen – futterseeren (foudroyer), klein halten oder gefügig sein – kaduck (caduc), bequem – kommodig (commode), fähig – kumpaobel (capable), verloren – paddü (perdu), Regenschirm – Paraplü (Parapluie), Vergnügen – Plaseer (Plaisir), misstrauisch – schalu (jaloux), Vorhemd – Schamiesken (Chemise), blästigen – tribeleeren (tribelaltion).

All das geht entlang der Ems jedem platt weg locker und flott von Zunge und Lippe. Wenn dennoch irgend welche Worte suspekt klingen, muntert man sich augenzwinkernd gegenseitig auf:

Dat wär wi wanner wies.
Kein Problem, das haben wir gleich; wir kommen schon dahinter.

Ob dem immer so war, sei dahingestellt; waren einige früher doch sehr „anders als andere". Mit dem Aussterben bestimmter Berufe droht daher auch **das Jenische – die Geheimsprache der Straßen** – verloren zu gehen. Wandernde Gewerbetreibende, Viehhändler, Hausierer, Kesselflicker, Scherenschleifer, Bürstenmacher, Schrotthändler, Schausteller und das nicht sesshafte „fahrende Volk" verständigten sich untereinander so, dass „die Gatschis", die sesshaften Bürger, sie nicht verstehen konnten.

Eine ganz spezielle Art dieser Geheimsprache bildete sich im westfälischen Münster unter der Bezeichnung:

Masematte – Beispiele:

Ärger – Hallas, Angst – Muffe, Arbeit – Maloche, Aufruhr – Randale, Ausweise – Fleppen, Butterbrote – Knierften, Füße – Mauken, Gewinn – Reibach, kräftig – schmackes, Nase – Zinken, Pferd – Zossen, regnen – meimeln, schlecht – mies, Schnaps – Schabau, Sonne – Lorenz, einstecken können – verkasematucken, verrückt – meschugge, Zigarette – Fluppe.

Manch Hiesigem blieb der Mund offen stehen, wenn er hörte:

Quäs Humpisch!
Sprich die Geheimsprache!

Das Humpisch redeten früher untereinander die **Tüödden**, auch Packenträger genannt, die die ländliche Bevölkerung mit Leinen und Wollerzeugnissen versorgten. Sie trugen die feinsten und besten Gewebe über Land. Wo es dennoch zu Absatzschwierigkeiten kam, boten die Tüötten auch zusätzlich noch Kurzwaren und hochwertige Messerartikel an.

Als weithin geachtete Wanderhändler begannen auch die Gründervater von C & A, Clemens & August Brenninkmeyer, die 1841, aus Mettingen kommend, im holländischen Sneek ihr erstes Konfektionsgeschäft eröffneten.

Der allseits bekannte Mettinger Kaufmann Gerhard Brenninkmeyer (1855–1921) ging noch bis um die Wende zum zwanzigsten Jahrhundert persönlich mit dem Pack über Land und bot auf Plattdeutsch seine Waren preis. Sein Wahlspruch lautete:

Wer nachgeht seiner Ahnen Spur und lernt aus ihrem Rat, der senkt in seine Lebensflur hinein keimfrohe Saat.

Näheres hierzu findet sich im sehenswerten **Tüöttenmuseum in Mettingen**. Ein Abstecher in dieses einladende, sanft hügelig gelegene, münsterländische Städtchen mit seinem schönen Tüöttenmuseum im gepflegten alten Romantik-Hotel Telsemeyer im Ortskern ist eine Reise wert.

Die Packenträger – viele entlang der Ems „zuhause" – handelten als ambulante Kaufleute mit fein gewebtem, hochwertigen Leinen. Denn gerade „das Emsleinen" war wegen seiner außergewöhnlich guten Qualität überall sehr begehrt. Denn es wurde auf den Bauernhöfen entlang der Ems viel Flachs angebaut; dieser lieferte die gute Faser für das berühmte Leinen der Ems.

Immer wieder aufflackernde kriegerische Auseinandersetzungen waren wohl Anlass, das Schicksal in die eigene Hand zu nehmen, die eigenen hochwertigen Weberzeugnisse und handwerklichen Waren marodierenden Horden und Plünderern zu entziehen und dort gute Preise zu erzielen, wo gerade Ruhe und Ordnung herrschte.

Der Tüöddenhandel blühte besonders im deutsch-niederländischen Gebiet. Heute kann man den Pfaden der Tüödden über zwei gut ausgeschilderte Wanderwege nachgehen:

Der Marskramerspad I und **der Tüöddenweg** sind verbunden zum Handelsweg. Dies ist **eine deutsch-niederländische Wanderroute** mit dem Thema: „Der Handelsreisende zu Fuß".

Der Tüöddenweg reicht von Osnabrück bis nach Oldenzaal und geht dort über in den **Marskramerspad**, der in Deventer endet. Die **gesamte Länge** beider Wanderungen beträgt **gut 230 km**.

Die Tüödden waren allseits wegen ihrer ehrlichen, freundlichen und glaubenstreuen Art und Gesinnung sehr beliebt. In Friesland nannte man sie Fijndoekspoepen oder Lapkepoepen. Ihr wiederkehrender Besuch wurde sonntags in den Kirchen sogar von der Kanzel verkündet.

Überhaupt hielten sich die Tüödden für gute Christen. Das überlieferte Abendgebet der Tüödden lautete:
Här, hier ligg 'n Haupen möde Knuoken. Oh leiwe Här, siägne se (Herr, hier liegt ein Haufen müder Knochen. Oh, lieber Gott, segne sie).
Gar bis hoch hinein nach Skandinavien trieben unsere Tüödden ihren Handel. Natürlich brachten sie auch von dort her nach hier außergewöhnliche Waren und Erzeugnisse.

Bei all der Reiserei wurde selbstverständlich auch **up Deibel kumm haruut** (auf Teufel komm heraus) geschmuggelt. Schmuggeln war früher bei den vielen Grenzen ein einträgliches Gewerbe für sich. Bedenken wir nur, dass 1815 der Wiener Kongress 35 Fürstenstaaten und 4 Freie Städte als souverän anerkannte.

Um sich unterwegs nicht selbst zu verraten, hatten sich die Tüödden mit der Zeit ihre eigene **Geheimsprache** zugelegt:

das Bargunsch oder Humpisch.

Wenn sie sich unterwegs in Gasthäusern trafen, konnten sie so ungestört miteinander reden. Einige Beispiele aus dem Museumsführer des Tüötten-Museums in Mettingen mögen das verdeutlichen:

Geld – Büchte, Bett – Külter, Gebetbuch – Nosterplügge, Rucksack – Rippert, Kaufmann – Soimer, Theke bzw. Gasthaus – Tispel.

In'n Tispel, bi 'n fietsen Butt, wärd de Rödel bequässt.
Im Gasthaus, bei einem guten Essen, wurde der Handel besprochen.

De Tüödden strüchelten, um Büchte te quinten.
Die Tüöddenkaufleute reisten umher, um Geld zu verdienen.

Waren die Tüödden (unterwegs stets gut gekleidet mit feinem Gehrock aus bestem Tuch, edlem Krummstock, Zylinder und geputzten Lederstiefeln) die Großen und Weitgereisten ihrer Zunft, besuchten die **Kiepenkerle** (in blauem Wams mit rotem Halstuch) nur die Nachbarorte, um mit allerlei Kurz- und Haushaltswaren zu handeln. Die erste urkundliche Erwähnung eines Kiepenkerls findet sich 1474 bei dem Karthäuser-Mönch Werner Rolevinck. Der letzte noch wirklich aktive Kiepenkerl des Münsterlandes war Wilhelm Klüper aus Coesfeld, der 1938 starb.

Kiepenkerle, diese typisch ambulanten Händler entlang der Ems, waren aber nicht nur „die Kaufleute des kleinen Mannes", sondern gleichzeitig Nachrichtenübermittler, Geschichtenerzähler, Possentreiber, Heiratsvermittler sowie Viehhändler für Kleinvieh.

Die Kiepenkerle handelten mit allerlei, jedoch nicht mit Großvieh. Da ließen die Viehhändler keinen anderen dran. Auch sie reisten viel umher, wenn auch nicht so weit wie die Tüödden. Dafür sind und waren sie auf den heimischen Viehmärkten so gut wie zuhause.

Mit ihren „fremden Faxen" hatten nicht selten die Bauern „die Faxen dicke". Sie hatten mit den Viehhändlern ihre liebe Not, um nicht übers Ohr gehauen zu werden. Besonders hellhörig wurden sie, wenn auf Viehmärkten selbstbewusst eine laute Stimme tönte:

Kes mei Schuck.
Es heißt soviel wie: Verkauft.

Noch nie gehört?
Kein Wunder, denn auch diese alte **Viehhändlersprache** wird nicht mehr gesprochen und gehört bereits zu den untergegangenen Sprachen. Bevor der Kauf jedoch perfekt war, wurde gefeilscht und gehandelt was das Zeug hielt. Na, und was wurde schließlich verkauft? – Antwort:

„´ne Bore – met Massel un Brooch."
„Eine Kuh; auf dass das Tier gedeiht und dem Bauern Glück bringt."

Doch nicht nur dem Bauern sollte das Tier Glück bringen, sondern auch dem Fleischer, dem Schlachter; er hieß in der alten Viehhändlersprache **Katzowe** (Metzger).

Hier haben wir es mit einem Wort zu tun, dass sich vereinzelt bis heute ins Hochdeutsch hinein retten konnte. Ein weiteres Tier gefällig? Kein Problem. Wie viele sollen es denn sein?

Olf, beis, kimmel, dollert orre hei?
Eins, zwei, drei, vier oder gar fünf?

Na, dann...
... **kniep nich an Ratt un Schuck.**
... lasse nicht wegen Ratt (ein paar Euro) oder Schuck (ein paar Cent) den Handel platzen.

So schallte es früher beim Viehhandel, wenn es **üm et leepe Geld** (um das leidige Geld) ging. Hoch ging es her beim bunten Treiben auf den Viehmärkten in den größeren Städten entlang der Ems. So standen noch bis zur Mitte des vorigen Jahrhunderts in den großen Lingener Viehhallen mehr als 1.500 Rinder, Pferde, Schweine und Schafe, samt allerlei Federvieh zum Verkauf. Wer da kein Plattdeutsch konnte, brauchte den Mund erst gar nicht zu öffnen.

Und doch kratzte sich so mancher Bauer an seinen dürftigen Haarkranz, wenn **de Veehhändler 't maol wier heller an Togg hadden un met wahne Waorde män bloß so üm sick smeeten** (die Viehhändler mal wieder geschäftstüchtig zugange waren und mit unverständlichen Worten nur so um sich warfen). Man höre und staune: Was diese **haböken** (rücksichtslosen) Viehhändler unter sich redeten war zu einem Gutteil – Hebräisch!

Die Anfänge dieser fremd klingenden Viehhändlersprache sind nicht gesichert. Da es auch keinerlei schriftliche Aufzeichnungen darüber gibt, gehört sie der Vergangenheit an.

Fest steht, dass die Viehhändler über Jahrhunderte ihre Geheimsprache sehr aktiv noch bis nach dem ersten Weltkrieg (1914–1918) sprachen. Es wurden hauptsächlich Substantive (Hauptwörter) und Adjektive (Eigenschaftswörter) durch hebräische Wörter ersetzt. Besonders wichtig war den gewieften Händlern, dass die Zahlen nicht verständlich waren. So konnten sie ungestört über den Preis des Tieres reden, während dabei den Bauern der Mund offen stand. Hierher rührt übrigens auch der heute leider immer noch so malträtierte Begriff vom 'dummen Bauern'. Doch kein Wunder, dass die Bauern stöhnten:

Et is ganz uut ´e Wiese mit dat olle Jitschen.
Werde einer klug aus dem Geschummel der Viehhändler.

Fielen aber die Bauern auf **das Jitschen der Viehhändler** herein, waren sie selber Schuld. Hätten sie genügend Obacht gegeben, hätten sie gemerkt, dass man dem Aussehen der Tierhörner nicht immer glauben konnte. Oft waren die Hörner **gejitscht** (geschönt), also fein abgeschmirgelt und damit jünger gemacht. Ein schlauer Bauer hätte dem Vieh noch einmal ins Maul und auf die Zähne gesehen – hätte er es, wäre dem Viehhändler beschieden worden:

Du kanns mi nich up ´n Holzken nemmen.
Du kannst mich nicht für dumm verkaufen.

Blaos mi in ´e Taske.
Pustekuchen – du kannst mich mal.

Was beim Viehhandel aber nach wie „exerziert" wird, das ist das Feilschen. Da fliegt das urtümliche Platt samt Zahl und Währung nur so hin und her; man spricht recht derb und drückt sich dabei doch schelmisch ein Auge zu.

Beim feilschenden Viehhandel scheint es, als litten rechte Hände an „Zuckungen seltener Art"; denn es kann dauern, bis dass endlich per Handschlag kräftig eingeschlagen wird und damit der Handel perfekt ist.

Wer so ein buntes Viehmarkttreiben auch heute noch erleben möchte, der besuche nur den großen **Telgter Viehmarkt an der Ems zu Maria Geburt** (8. September). Obwohl für Eingeweihte völlig normal, gibt es dort in Telgte entlang der Ems für Städtker´s immer noch Jahr für Jahr jede Menge „fremde Faxen" zu bestaunen.

Heute ist zu vernehmen, wie alten Originalen nachgetrauert wird, Menschen mit Ecken und Kanten, die zwar nicht „pflegeleicht", dafür aber charakterfest „ehrlich weg" ihr Leben lebten und anderen nicht nach dem Mund redeten. Nicht selten waren es Kauze und Außenseiter.

Ja, anders sein und Faxen machen, wer gönnt sich das noch? Angst, nicht ernst genommen zu werden?

Was Faxenmacher oft behaupten, halten Neunmalkluge nicht für richtig. Doch dass sie furchtlos reden dürfen, ist das allein nicht auch wohl wichtig?
Ja:
Einer dem die vielen Pflichten
immer Ernst und Fleiß empfehlen,
sollte, statt sich zu vernichten,
sich Verrücktes auch mal stehlen...

So wichtig es sein mag, Wichtiges ernst zu nehmen, so wichtig ist es, furchtlos und freiweg auch das mal zu sagen, was wirklich Wichtiges von manch aufgeblasenem Welttheater unterscheidet. Muss man immer angepasst sein, um anerkannt zu sein? Muss man denn alles gleich „bierernst" auf Punkt und Komma im Griff haben? Was wäre schon so ein Leben?

Darum ist „Anderssein" (zu dürfen) ebenso wichtig wie Ernsthaftigkeit, Pflichtbewusstsein und Fleiß. Hüten wir uns vor Verabsolutierungen. Vieles im Leben entgleitet uns ohnehin. Und gerade das, worauf es ankommt, lässt sich ohnehin ebenfalls nicht berechnend kontrollieren.

So wichtig es sein mag, andere zu beachten, so wichtig ist es aber auch, sich selbst treu zu bleiben und sich selbst nicht zu verlieren.

Vielleicht auch hat deshalb der große Denker Nikolaus von Kues (1404–1464), ein interessantes Kugelspiel erfunden.

Es geht dabei darum, eine Kugel in die Mitte eines spiralförmigen Feldes zu werfen. Weil aber die Kugel nicht ganz gleichmäßig rund ist, sondern einseitig ausgehöhlt und ausgebuchtet, rollt sie nicht gerade, sondern in eigenwilligen, schwer vorhersagbaren Kurven.

Wer meint, sie direkt ins Zentrum werfen zu können, treibt sie in eine völlig andere Richtung.

Nur wer sich mit ihr vertraut gemacht hat und mögliche Abweichungen mitbedenkt, kann sie der Mitte annähern. So ist es auch mit uns...

Auch wir Menschen sind nicht alle gleich berechenbar, nicht bestimmte nur gut und andere weniger gut, nicht vorbildhaft heil, nicht hundertprozentig vollkommen, nicht nur „groß", weil angepasst, nicht vollkommen ausgereift und entwickelt, nein, jeder ist anders; darum sind fremde Faxen nicht nur dubios, sondern auch bereichernd; darum ist Anderssein nicht nur rätselhaft, sondern einfach nur irdisch normal, ja, einfach nur richtig schön menschlich.

Stur durch und kein Gedööns

Ein Leben lang trachten wir danach, wie wir „am besten" leben können. Dabei gehen die Meinungen für „ein gutes Leben" weit auseinander. Dennoch besteht wohl Einigkeit darüber, dass zunächst einmal nichts ein gutes Elternhaus und eine gute Schulbildung ersetzen kann. Uns stehen heute darüber hinaus nahezu alle und bisher nie gekannte Bildungsmöglichkeiten offen. Gerade das aber erfordert Umsicht, ein kritisches Abwägen und nicht zuletzt Eigenverantwortung, weil niemand die wachsende Komplexität an Wissen und globalen Lebenseinflüssen durchschauen und überblicken kann. Denn tagtäglich löst eine Sensation die andere ab; da gilt Normalität schon fast als rückständig. Es wird immer schwieriger, Wichtiges von Mumpitz (Schall und Rauch) zu unterscheiden. Um nichts wird oft viel Gedööns (Aufhebens und Wirbel) gemacht.

Das, was von irgendwo her weit entfernt seine Schatten wirft, wird zumeist völlig unkritisch hochgejubelt, während das Solide, das Bewährte, das Vertraute und das Gute, was so nahe liegt, gedankenlos kaum die entsprechende Beachtung und Würdigung findet.

Es ist nicht gut, die Bodenhaftung aufzugeben und „abzuheben". Auch wenn die Welt klein geworden ist, ist nach wie vor ein gesundes und konstruktives Heimatbewusstsein wichtig. Schließlich aktualisiert jeder nur einen Ausschnitt aus der großen Weltgemeinschaft, egal ob er in Rheine an der Ems oder in Chilcuautla am Rio Tula lebt. Wie gesagt ist es schön und gut, sich als Kosmopolit zu fühlen, doch stellt sich auch hier die Frage, ob es wirklich so erstrebenswert ist, „überall und nirgends" zu sein?

Auch ist zu bedenken:

Je mehr Menschen mitreden und beteiligt sind, desto stärker ist die Versuchung, die eigene Verantwortung aufzulösen, da jeder vom anderen ein Eingreifen erwartet, sich selbst aber nicht zuständig fühlt. Hingegen sind verpflichtende Aktionen und Reaktionen an Ort und Stelle Maße der Lebensqualität.

„Ein gutes Leben" muss sich – da wo man ist und hingehört – hier und heute durch „Mitreden und Anpacken im Alltag" bewähren; durch Selbstermutigung, uneigennützigen Einsatz, Kampfgeist, Unverdrossenheit und Optimismus, aber auch durch Fürsorge, Bescheidenheit und Rücksichtnahme.

Erst aus solchen konkreten Positiverfahrungen „für etwas", also über sich selbst hinaus, gedeihen Glück und Zufriedenheit. Drum klingt das hier gar nicht gut, wenn gesagt wird:

Well kennt mien Gatt in annermanns Stadt.
Wer kennt meinen Hintern in einer fremden Stadt.

Ohne Selbstdisziplin verkommt die Freiheit zur Willkür. Überhaupt haben rücksichtslose Liederlichkeiten mit einem guten Leben und positiver Selbstverwirklichung nichts zu tun. Nein, so nicht:

Je höhger de Aape stigg, ümso mehr wieset he sien´ Ääs.
Je höher der Affe steigt, umso mehr zeigt er seinen Hintern.

„Hochmut kommt vor dem Fall", Anmaßung stößt ab und rächt sich irgendwann:

Hoffart mott Piene lieden.
Hoffart, Überheblichkeit und Selbstgefälligkeit bringen Unheil.

Wer vergessen hat, wer er ist und woher er kommt, „überhebt" sich. Ohnehin verzehrt sich der Mensch, wenn er meint, ohne ihn ginge es nicht. Wird auch noch die eigene Kinderstube verleugnet, wird es obendrein auch noch peinlich. Die Leute von der Ems haben ein feines Gespür dafür, „wenn andere vergessen haben, wer sie sind". Eindruck schinden, **gaoh mi weg, dao is hier kieneene spitz up** (damit ist hier keiner zu beeindrucken). Im Gegenteil.

Was entlang der Ems zählt, das ist nicht **Wind** (Angeberei), sondern Arbeit; kein **Buhei** (Zungengedresche), sondern Zuverlässigkeit in den kleinen Dingen des Alltags; nicht heute so und morgen so, sondern aufrichtig und „stur durch". Wenn hier einer was anpackt, dann **treck he et auk dör** (zieht er es auch durch) und hängt es nicht an die große Glocke.

Weil er selbst davon überzeugt ist, tut er es – auf Nummer Sicher – aufrichtig und unverdrossen mit ganzem Herzen und großem Engagement.

Dubbelt dreiht un dubbelt naiht, dat hölt.
Doppelt gedreht und doppelt genäht, das hält.

Ja nicht klein kriegen lassen oder aufgeben: Stur durch und kein Gedööns – mit festem Willen und Gottes Hilfe lässt sich alles schaffen! Davon ist man entlang der Ems überzeugt. Wehe dem Faselfritzen, der nur durch **aapig Gedoo** (Hochmut) wirken will. Wirft sich so einer auch noch so ins Zeug, wird ihm schon gezeigt, was 'ne Harke is. Untrügliche Blicke und offene Ohren haben es schnell heraus:

> **Se häff jä vull an 'e Gäppe,**
> **män et is nix äs Wind.**
> Sie redet zwar viel,
> aber es sitzt nichts dahinter.

> **He kann üm sick noch so 'n**
> **graut Gesuuse maaken,**
> **den fienen Pli**
> **häff he nich binnen.**
> Und macht er auch noch
> so viel Aufhebens um sich,
> die wahre feine Art
> fehlt ihm.

Hier gilt:
> **Blief wu de bis – un doo düftig weg, wat 'e kanns.**
> Bleib der, der du bist – und tue das, was du kannst.

Ich muss nicht „großtun", anders werden und mich verbiegen, um „ankommen". Besser ist: Achtung durch Selbstachtung. Dazu gehört auch, die Kommunikation der „kleinen Leute" zu würdigen. So wie die Leute reden, offenbart sich die Volksseele; sei es bei einem **Schnack up Platt** zwischen Nachbarn, an der Theke nach dem Kegeln, im Vereinssport, oder beim Frisör, wenn er überhaupt noch Frisör heißt und seinen Salon nicht umbenannt hat in Hair-Studio. Wer meint, mehr zu sein als andere, der bleibe, wo er will. Wer meint, er könne uns unserer schlichten Art und ungekünstelten Sprache wegen **oiben** oder **verhohnerpiepeln** (hänseln oder dumm behandeln), der irrt. Es heißt hier dann kurz und schmerzlos:

> **Laot di nich öewer 'n Leppel scheren.**
> Lass dich nicht über den Löffel scheren.

Um diesen warnenden Hinweis auf Platt zu verstehen, muss man wissen, dass früher die Dorfbarbiere alten, zahnlosen Männern mit eingefallenen Wangen einen Löffel in den Mund schoben, um die für die Rasur erforderliche feste Wölbung zu erreichen.

Dass es dabei nicht immer sehr gefühlvoll zuging, spricht für sich. Gewiss hat sich bei diesem Anblick auch so mancher junge **Nickel** (Lausbub) gekrümmt vor Lachen. Ja: Wer den Schaden hat, braucht für den Spott nicht zu sorgen. Wohl auch daraus die Erkenntnis, dass „der kleine Mann" häufig der Dumme ist.

An der Ems gibt es ein altes Fährgasthaus, dessen Eingang ist mit einem schönen Emailleschild verziert, auf dem fünf stattliche „Menschenskinder" stehen. Zu einem jeden von ihnen steht geschrieben:

Ich regiere für alle	- die Majestät
Ich plädiere für alle	- der Jurist
Ich kämpfe für alle	- der Soldat
Ich bete für alle	- der Geistliche
Ich tu was für alle	- der Bauer

Das passt zur Ems. Leider ist es noch immer so, dass der, der etwas (für alle) tut, weniger hoch angesehen ist als jene, **de bloß küeren** (die nur reden) und meinen, „was Besonderes" zu sein.

Am deutlichsten zeigten sich die Klassenunterschiede früher bis Ende der fünfziger Jahre, wenn man mit der Bahn fuhr; die oft einzige Möglichkeit überhaupt, mal „rauszukommen". Während „Majestäten" (oder auch solche, die sich dafür hielten) es sich in der 1. Klasse bequem machten, wählten jene, die was auf sich hielten die 2. Klasse. Hier begegnete man seinesgleichen, ob Adel, Jurist, Offizier oder Geistlicher. Das „gewöhnliche Volk" samt Bauern, Ackerbürgern und Tagelöhnern war nur auf den Holzbänken der 3. Klasse zu finden.

Die 1. Klasse, das waren weich gepolsterte Sitze mit rotem Samt überzogen, so weich wie Großmutters **Chaiselonge** (gepolsterte Liege mit Kopflehne) oder das feine **Kanapee** (Sofa). Und mit einem Lächeln sagte der Kontrolleur: „Dürfte ich bitte die Fahrkarten sehen."

In der 2. Eisenbahnklasse waren die Sitze mit grauem Chintz überzogen. Nicht mehr ganz so exklusiv, doch ebenfalls bequem. Und der Kontrolleur sagte immerhin noch „bitte", wenn auch schon ein wenig kurz ab: „Bitte die Fahrkarten."

Recht barsch klang es nun in der 3. Klasse: „Die Fahrkarten!"

Vor dem zweiten Weltkrieg fuhren nicht wenige auch noch in der 4. Klasse. Von diesen Reisenden wurde gesagt: **Se sitt´ de knapp bi** (sie haben nicht viel Geld). Oder auch: **Se konnen kien graut Lock smieten** (sie konnten nicht groß auftreten). Entsprechend auch sah der Waggon aus, mit je einer langen Holzbank zu beiden Seiten. In der Mitte war viel Platz für Taschen, Körbe und Kleingetier. Dort schnarrte der Uniformierte: „Fahrkartenkontrolle! Den Durchgang frei machen! Und kein Gedööns!"

Stur durch und kein Gedööns, was zählt ist: Ankommen.

Um durchzukommen im Leben mussten sich früher nicht wenige so einiges bieten lassen. Dennoch sagten sich die Menschen hier:

Jammern mäck jämmerlick.
Jammern macht jämmerlich.

Gewiss war es unseren Ahnen seinerzeit nicht egal, wie „die da oben" mit ihnen umsprangen. Gewiss hatten sie es nicht einfach im Leben. Was sie sich aber dennoch bewahrten, das war ihre Würde und Selbstachtung.

Heute ist oft zu beobachten, wie sehr Menschen sich selbst im Wege stehen, weil sie ständig an sich selbst zweifeln.

Obwohl es andere gut mit ihnen meinen, verurteilen sie sich und andere, und zwar nicht irgend eines begangenen Unrechts wegen, sondern allein deswegen, weil ihnen das Leben keine Freude macht, weil sie sich nicht für etwas erwärmen können, wozu es sich lohnt zu leben, etwas, was sie befähigt, auch mit Widrigkeiten fertig zu werden und stur durch – ohne Gedööns – ihren Weg zu gehen.

Gejammert wurde früher weitaus weniger als heute. Es stimmt:

Wer zum Grübeln wenig Zeit hat,
mit dem Schicksal selten Streit hat.

Die einfachen Leute wussten, sich ihre Würde zu bewahren, weil ihnen klar war, was sie zu tun hatten und sie selbst nicht daran zweifelten, dass sie es auf ihre Art und Weise gut taten. Gerade das verlieh ihnen Würde und machte sie originell und sympathisch. Dennoch wird mancher fragen: Wie kann man mit geschlossenen Augen sehen? Wie kann man hoffen gegen alle Hoffnung? Auch für solche Fragen mag es Gründe geben. Doch oft sind es die immer gleichen Einwände eines zweifelnden Herzens. Um gerade deswegen „eine neue Sichtweise" zu erlangen, ist ein Wechsel in der Betrachtungsweise erforderlich: Sich einzulassen auf das, was „dennoch" möglich ist, hat sich in der Geschichte allemal als sinnvoller erwiesen als noch so berechtigte Klagen, die irgendwann vielleicht zum Aufgeben führten.

All´s wuohl,
män bloß den Kopp nich hangen laoten.
Alles wohl,
nur den Kopf nicht hängen lassen.

Tun, was man selbst für richtig hält, das verleiht Kraft und Selbstachtung; sollen die anderen denken und tun was sie wollen. Das lässt vieles ertragen, gibt immer wieder neuen Mut und hilft „trotz allem" mit Würde aufrecht durchs Leben zu gehen und auf Dauer gut durchzukommen.

Über dem Bett meiner Großmutter, deren bäuerliche Wiege im Emsland stand und die dem alten Ostfriesengeschlecht der Groenevelds entstammte, hing – sorgfältig auf Leinen gestickt – folgender fein eingerahmter Spruch:

Vergiss nie, was die Seele braucht

Sie braucht einen Platz, auf dem sie steht.
Sie braucht einen Freund, der mit ihr geht.
Sie braucht was Schönes, das empor sie hebt.
Sie braucht die Freude, solange sie lebt.
Sie braucht ein Tun, das sie täglich erfreut.
Sie braucht Stille, Sinn und Beschaulichkeit.
Sie braucht Orientierung, für Gott bereit –
zum Lauschen und Ahnen der Ewigkeit.

Gedööns, das passt hierzu überhaupt nicht. **Liekuut, liekan** (stur durch geradeaus) geht hier jeder seinen **Patt** (Weg). Rührt daraus vielleicht das Urteil, das ein gewisser Beenken einmal über die Menschen entlang der Ems fällte, als er in seinem „Bildwerke der Ems in Westfalen" schrieb:

„Es ist sicher kein Zufall, dass die Menschen entlang der Ems in Deutschland kaum groß auffielen oder in irgendeiner Hinsicht bekannt waren, sondern mehr für sich im Wesen ihres Stammes ein einheitlich gewachsenes Stück bildeten. Obwohl es sie nie an die Spitze trieb, sind diese aufrechten Menschen aus tiefstem Herzen gut, gediegen und tüchtig."

Dem begegnen die Menschen hier mit einem treffenden Spruch:

Uut ´n lütken Struuk spring auk wuohl es ´n grauten Hasen.
Auch aus einem kleinen Strauch springt wohl ein großer Hase.

Ein „sehr großer Hase" sprang einst „aus einem kleinen Strauch" nahe der Ems im münsterländischen Ladbergen. Erinnern wir uns: Es war einer der größten Tage in der Geschichte der Menschheit, als am 21. Juli 1969 Neil Armstrong (*1930) als erster Mensch den Mond betrat.

Kurz darauf war dieser Schlager hier die Nummer eins:

Zwischen tausend Sternen, tausend Jahre lang,
tat er durch die Fernen seinen sanften Gang.
Sendend seine Helle über Meer und Land,
freundlicher Geselle, tröstlicher Trabant.

Über fahle Felder ist er fortgerollt;
hing in dunklen Wäldern, wie ein Gong aus Gold.
Segelte als Sichel über Flüsse hin,
Wanderern ein Lenker, Liebenden Gewinn.
Manchmal schnitt er Fratzen und hat breit gelacht;
Menschen hat und Katzen er verrückt gemacht.
Doch auch Trost den Kranken war sein sanfter Schein.
Trunkene Gedanken gab er Dichtern ein.
19-69 hat zur halben Nacht,
man ihn um den Zauber und den Glanz gebracht.
Hat ihn mit Computern und Raketenkraft –
und drei Astronauten ruchlos abgeschafft.

Wer weiß schon, dass der Urgroßvater von Neil Armstrong Plattdeutsch sprach? Es war der Landwirt Friedrich Kötter aus Ladbergen, der 1860 emsauf sein Bündel schnürte und mit zwei Brüdern nach Nordamerika auswanderte.

Kiek, de Hauptmatador dao, van düsse drei Astrauten, de kamm hier van Kötters her uut Ladbergen weg – dao satt sien Ankevaa. (Ja, und der Chefastronaut, dessen Ahnen kamen hier aus Ladbergen – da lebte einst sein Urgroßvater mit Namen Kötter.)

Übrigens haben nach den Statistiken der amerikanischen Auswanderungsbehörde zwischen 1820 und 1975 rund 7 Millionen Deutsche „über den großen Teich" in Amerika ihr künftiges Glück gesucht; die meisten im 19. Jahrhundert. Illionois, Ohio und Pennsylvanien waren die bevorzugten Einreisegebiet der Westfalen und Emsländer. Neil Armstrong kam aus Ohio (Pennsylvanien).

Mehr als „ein großer Hase" war auch **der Löwe von Münster, Bischof Clemens August Graf von Galen** (1878–1946), dessen Bistum sich entlang der Ems vom Münsterland über das Emsland bis hin zu den ostfriesischen Inseln erstreckt. Er war der große geistliche Widersacher der Nationalsozialisten, der in einer seiner berühmten Predigten 1941 mutig ausrief:

„Was auf dem Amboss geschmiedet wird, erhält seine Form nicht nur vom Hammer, sondern auch vom Amboss! Der Amboss kann nicht und braucht auch nicht zurückzuschlagen, er muss nur fest und hart sein. Und das sind wir!"

Gemäß seines Leitspruches:
„Man muss Gott mehr gehorchen als dem Menschen",
hatte Galen den Nerv des hiesigen Volksschlages hier getroffen.

„Stur durch – und kein Gedööns".
Auch hieraus spricht unbeugsam „der Emskopp", der sich sagt:

Well met ´n struppigen Rüe nao Bedde geiht,
steiht met Flööh wier up.
Wer mit räudigen Hunden ins Bett geht,
steht mit Flöhen wieder auf.

Auch wenn es noch so verlockend „verkauft" wird, wer sich mit Schlechtem identifiziert, kommt vom rechten Weg ab und liefert sich selbst dem Verhängnis aus.
Die Menschen der Ems lassen dafür keine Entschuldigung gelten.
Es ist gefährlich, denn das schlechte Beispiel wirkt ansteckend.
Darum gilt gerade heute bei all der Medienvielfalt: genau und kritisch hinhören und wenn es sein muss, ruhig auch mal – stur durch – auf den Busch klopfen, denn:

Duusend Laigen maaket kiene Waorheit –
un well lögg, de bedrögg.
Auch aus tausend Lügen wird keine Wahrheit –
und wer lügt, der betrügt.

Wie oft sind Menschen nicht schon durch große Worte betrogen worden. Immer wieder lassen wir uns davon blenden und hereinlegen, statt das Kleine, oft Unscheinbare, dafür aber Echte und Gute wertzuschätzen. Wer nur nach Ansehen und Ehre heischt, ist mit Vorsicht zu genießen.

Kien Blöömken frögg di, off et auk guet uutsüht.
Keine Blume fragt dich, ob sie auch gut aussieht.

In dieser schlichten Feststellung wird „durch die Blume" das Geltungsbedürfnis angesprochen. Wie viele doch, die sich zerschleißen und dafür obendrein auch noch zerschlissen werden. Erfolg ist schön, erstrebenswert, und er tut gut, aber er allein zählt nicht. Der Spruch bedeutet:

Egal was die anderen sagen, lebe nach bestem Wissen und Gewissen leidenschaftlich und tatkräftig dein Leben. Lass dich dabei von keinem entmutigen. Sei von dir überzeugt. „Blühe", um zu blühen, so wie die Blume blüht, ohne Bewunderung erheischen zu wollen. Viktor E. Frankl (1905–1997), der Begründer der Logotherapie, sagt:

„Wenn du etwas gerne tust, und es dir sinnvoll erscheint, dann brauchst du dir um den Erfolg keine Sorgen zu machen; denn du bist bereits erfolgreich und andere werden es schon merken. Je mehr du aber allein nur den Erfolg anstrebst, um so mehr machst du dich und andere verrückt und umso weniger wirkliche Ehre wird dir zuteil."

Dazu passt eine gute Erkenntnis der evangelischen Theologin Dorothee Sölle (1929-2003):
„Bete nicht, damit du gut schläfst.
Aber wenn du betest,
dann schläfst du gut."

Welche Kommentare unser Tun auch immer begleiten, haben wir selbst ein gutes Gefühl dabei, dann wird uns so leicht nichts erschüttern. In diesem Sinne spricht Gelassenheit aus den Worten:

Well sachte geiht, de faste steiht.
Wer langsam und behutsam geht, der fällt nicht so leicht.

Sachtsinnigkeit lött Arm in Arm gaohn.
Eine ruhige und besinnliche Art lässt Arm in Arm gehen.

Gut leben, das heißt nicht, auf allen Straßen, Wegen und Plätzen Vorfahrtsrechte zu haben und sich auf der Sonnenseite bewundern und verwöhnen zu lassen. Gut leben, das heißt vor allem: Nicht liegen bleiben, immer wieder aufstehen, standhalten und zuversichtlich weitergehen, nicht aufgeben, stur durch, ohne viel Gedöns. Und ist es nötig, dann muss auch forsch ausgeschritten werden, ohne sich verunsichern zu lassen, ohne nach links und rechts zu gucken. Die Westfalen mach(t)en sich Mut, wenn sie sagen:

Dao sitt Kattun achter.
Da sitzt Kattun dahinter.

Damit ist gemeint, dass etwas mit Kraft, Schwung und Elan angegangen wird. Diese Redewendung ist typisch für das von der Textilindustrie geprägte Münsterland, denn Kattun bedeutet nichts anderes als Baumwolle, was aus dem englischen Wort „cotton" abgeleitet ist.

Die Kenntnis einer neuen, kostbaren Faser, Baumwolle, brachte hauptsächlich den Bewohnern des Münsterlandes die erste wirtschaftliche Revolution. Die Engländer begannen damit, Baumwolle aus ihren Kolonialgebieten maschinell zu verarbeiten. Dank des englischen know how entwickelte sich nach 1845 insbesondere im Münsterland eine Industrialisierung der Baumwollspinnerei. Die Emsstadt Rheine wurde zum Vorreiter, so dass in dieser Stadt bereits 1850 – Dank des Engländers Hardy Jackson – mehr als 15.000 mechanische Spindeln im Einsatz waren. Das ging natürlich zu Lasten der Hausweber, bei denen dieser Spruch ein geflügeltes Wort war:

Dag för Dag ´n Flöcksken, dat giff in´t Jaohr ´n Röcksken.
Jeden Tag ein Flöckchen Wolle ergibt im Jahr ein Kleid.

Bald schon galt dieser Spruch nicht mehr. Viele Männer und Frauen, im Volksmund **Wollmüüskes** (Wollmäuschen) genannt, gingen von nun an außer Haus zur Arbeit und erhielten zum ersten Mal jeweils zu Ende der Woche eine Lohntüte. Das veränderte das soziale Gefüge; denn einst war emsauf, emsab die Spinnstube ein beliebtes Kommunikationszentrum.

Seit dem 16. Jahrhundert drehte sich in den Stuben **das Spinnrad**; in vielen Häusern klapperte der Webstuhl. Flachs und Hanf waren die heimischen Rohstoffe, die zu feinem Leinen verarbeitet überall in Deutschland und im westlichen Europa ihre Abnehmer fanden. Selbst die englische Königin Victoria (1837-1901) schätzte den **„feinen Damast von der Ems"** (das Wort „Damast" geht zurück auf die altertümlich feinen Gewebe der Stadt Damaskus in Syrien).

Qualität stand in den Spinnstuben entlang der Ems an oberster Stelle, auch wenn es in den Spinnstuben nicht an Unterhaltung fehlte. Im großen Kreise saß man dort, die Alten in der Nähe des Feuers. Beim Spinnen wurde allerlei Kurzweil getrieben, es wurde gemeinsam gesungen, Klatsch und Tratsch ging von Mund zu Mund, das Neueste aus Dorf und Umgebung wurde berichtet und immer wieder erzählte man sich viele alte Geschichten, im Winter mit Vorliebe gruselige Spukgeschichten.

Während die Spinnstuben nun immer leerer wurden, brachten es die ersten Textilfabrikanten zu Reichtum und Ansehen. Da konnte nicht einmal mehr der bis dahin hoch angesehene Müller mithalten. Ohnehin traute man ihm nicht so ganz mit seiner Waage:

Kieneener liäwt so guet van´ Wind es den Möller.
Keiner lebt so gut vom Wind wie der Müller.

Überhaupt:

Man mott sick nich breeder maaken äs man is.
Man sollte sich nicht breiter machen als man ist.

Well hauch stigg, kann deep fallen.
Wer hoch hinaus will, kann umso tiefer fallen.

Better demöödig gaohn äs hauchmäödig föhr´n.
Besser demütig gehen als hochmütig fahren.

Je mehr Gedööns gemacht wird, umso krauser zieht sie sich in Falten, die hohe Stirn der Emsländer. Wer meint, über den Dingen zu stehen, nur weil er es zu was gebracht hat oder er vielleicht einer privilegierten Gesellschaftsklasse sein Image verdankt, eine schöne reiche Frau oder den erfolgreichsten Mann am Platze geheiratet hat, der täuscht nur eine zur Schau gestellte Scheingelassenheit vor, die in ihrer Fassade schnell zusammenbrechen kann, wenn unerwartete Belastungen auftreten.

Auch dafür gibt es an weisen Sprüchen viele Beispiele:

**Man mott nich höhger in 'n Baom klimmen
as de Tööge an sind.**
Man soll nicht höher den Baum klettern als Zweige an ihm sind.

Hauhge Klemmers un deepe Swemmers wärd nich aolt.
Hohe Kletterer und tiefe Taucher werden nicht alt.

**Janbäänd woll ümmer all hauch haruut,
dao knüppden se em antlest an 'n Galgen an.**
Janbernd wollte im Leben immer schon hoch hinaus,
da knüpften sie ihn zum Schluss hoch oben an den Galgen.

Schnell hoch hinaus zu wollen, dazu verführen viele krumme Touren. Ein verhängnisvoller Weg. Dagegen schätzen die Menschen entlang der Ems Aufrichtigkeit und den goldenen Mittelweg im Leben, wobei weder blindlings ausgeschritten, noch ängstlich innegehalten wird:

**Nich to wild un nich to tamm,
dann bliffs ümmer guet up 'n Damm.**
Nicht zu wild und nicht zu zahm.
Dann bleibst du immer gut auf dem Damm.

Ist jemand **guet up 'n Damm**, so bedeutet das: es geht ihm gut und alles läuft ohne nennenswerte Probleme.

Dabei tauchen alte Bilder aus der Heimat auf. Denn diese Redewendung bezieht sich auf unsere uralten Überlandstraßen, die Dämme, die später in der Franzosenzeit **Chausseen** hießen, die noch bis weit ins 19. Jahrhundert als künstlich aufgeworfene breite Pflasterwege in möglichst gerader Führung die unwegsamen Gebiete durchquerten.

Stundenweit reichten entlang der Ems einst dunkle Wälder, Moor und Heide; hier und da durchsetzt von unzugänglichen Sümpfen und Wasserlöchern, **Kolke** genannt. Da durchzogen nur einige wenige Dämme das unwegsame Land. Aber sogar in Regenzeiten bot so ein befestigter Höhenweg Gewähr dafür, gut passierbar zu sein. Wer also **guet up ´n Damm** war, der schritt in der Zuversicht aus, ein ganz bestimmtes Ziel auch zu erreichen, auch wenn jenseits des Dammes vielfältige Gefahren lauerten. Nichtsdestotrotz behauptet ein Spruch:

Versliet auk den krümmsten Weg
nich glieks äs Biesterpatt.
Halte krumme Wege nicht gleich für lästige Umwege.

Wer hat es nicht schon erfahren, dass im Leben nicht immer der direkteste Weg zum Ziel führt. Bekanntlich führen viele Wege nach Rom. Auf das Leben bezogen, meint so denn auch dieser Spruch, dass all die Wege, die wir in langen Jahren gehen, stets auch Umwege sind. Doch:

´n lieken Gang dör Krümme,
geiht biliäwe nich ümme.
Der gradlinige Weg
führt trotz mancher Schwierigkeiten nicht in die Irre.

Solange diese sicherlich nicht immer bequemen Wege im Leben aber getreten und gebahnt sind, darf ihren Windungen und Wendungen dennoch getrost Vertrauen entgegengebracht werden. Das ist allemal besser, als wie im Nebel umherzuirren und auf diese Frage keine Antwort zu wissen:

Wat sall all dat Laupen,
wenn de Patt verkehrt is?
Was nützt all das Laufen,
wenn der Weg verkehrt ist?

    Seltsam, im Nebel zu wandern.
    Einsam ist jeder Busch und Stein.
    Kein Baum sieht den andern,
    jeder ist allein.

Ja: Seltsam im Nebel zu wandern... So beginnt Hermann Hesse (1877-1962) sein Gedicht „Im Nebel". Nebel ist entlang der Ems nichts Unbekanntes. Feucht und unheimlich ziehen Schwaden über die Wiesen; es scheint sich aufzuhellen, gespenstische Gestalten tauchen auf und treten wieder zurück – der Nebel kreist.

Annette von Droste Hülshoff (1797-1848) lässt schön grüßen: „O wie schaurig ist's über's Moor zu geh'n." Ein Angst machendes Laufen ist es, irrend und suchend dahinzutappen, unsicher, auf dem richtigen Weg zu sein. Hesse sieht im Nebel ein Sinnbild für das uns Trennende:

Seltsam, im Nebel zu wandern.
Leben ist Einsamsein.
Kein Mensch kennt den andern.
Jeder ist allein.

Daraus spricht mehr als Melancholie. Tatsächlich kann kaum einer leugnen, dass er sich nicht irgendwann unverstanden und allein fühlt – wie ein im Nebel verlorener Baum. Und doch ist der Nebel nicht alles. Und doch ist Leben immer auch Gemeinschaft. Auch Nebel trennt nur scheinbar. Er verwischt und verdeckt die Wirklichkeit, die „an sich ganz anders" ist. Umso mehr wiegt die Gewissheit „festen Boden" unter den Füßen zu haben. Mögen auch noch so rührige Mitmenschen mit allerlei guten Ratschlägen bemüht sein, uns auf „den rechten Weg" zu bringen, eine Erkenntnis bleibt uns nicht erspart:

**Klookschieters un Handwiesers wieset wuohl den Patt,
gaohen doot se 'n aower nich.**
Kluge Leute und Verkehrsschilder weisen wohl den Weg,
gehen jedoch tun sie ihn aber nicht.

Was Neunmalkluge dagegen oft gut können, das ist: **'n dicken Wilhelm markeer'n** (einen dicken Wilhelm markieren). Dahinter versteckt sich nicht die ehemals kaiserlich deutsche Pracht. Im Gegenteil.

Not und Überlebensängste der Bevölkerung entlang der Ems klingen dabei durch. Denn auch unsere Vorfahren waren einmal „Gastarbeiter". So bezeichneten unsere fleißigen Ahnen mit dem „dicken Wilhelm" einst den Niederländer, weil „Willem" dort ein sehr geläufiger Name war.

Die Redewendung geht zurück auf die Zeit der **Hollandgängerei**, also bis ins 17. Jahrhundert, wo bei den Oraniern nicht wenige reiche Kaufleute durch weltweiten Überseehandel ein Leben in Pracht und Eleganz führten, während die deutschen Grenzgänger diesseits der Ems kaum das Nötigste zum Leben hatten.

Scharen von Heuerleuten, Tagelöhner und Bauernknechten wechselten als Gastarbeiter jährlich in der Zeit **tüsken Saien un Maihen** (zwischen Säen und Mähen) die Grenze, um im wirtschaftlich blühenden Holland als **Veenker** (Torfstecher), **Handkemaiher** (Grasmäher), **Widdeler** (Anstreicher und Stukkateuer) oder **Klättker** (Maurer) ihr Geld zu verdienen; durchschnittlich 5 Taler die Woche.

Die Arbeit war schwer und dazu kamen noch schlechte Unterkünfte. Doch „vor der Zeit" (die Erntezeit um Jakobi) zurückzukehren galt als unehrenhaft. Stur durch und kein Gedööns. Sonst hieß es:

He hät Wuoddelsaot uut Holland haalt.
Er hat Wurzelsamen aus Holland geholt.

Es galt seinerzeit sogar als Ehrensache, in Holland gewesen zu sein und nicht untätig **achter Moors Pott to klucken** (hinter Mutters Topf zu hocken). So entstand er bei uns. Der Begriff des dicken Wilhelm.

Obwohl wir dabei heute längst nicht mehr an den wohlhabenden Holländer denken, charakterisieren wir damit jene, die da so tun als ob. Zu diesen Menschen hatten Emsköppe schon immer ein zwiespältiges Verhältnis; denn hier gilt: **Nich unwies maaken laoten – Emskopp bliff Emskopp, auk wenn he meddags slöpp** (nicht verrückt machen lassen – Emskopf bleibt Emskopf, auch wenn er mittags ein Nickerchen macht).

Den Unnerst haollen (sich eine Mittagruhe gönnen) ist entlang der Ems gute Tradition.

Well den heelen Dag wat dött (wer den ganzen Tag über arbeitet), darf schließlich auch nicht nur **up Stund** (zur festen Tagesstunde) essen, sondern auch ruhen, um neue Kraft zu schöpfen.

Der Heimatdichter August Hollweg widmete dem **Unnerst** gar dieses Gedicht:

Unnerstunn

Et is so still. Kien Lüftken weiht.
Es ist so still. Kein Lüftchen weht.
Van 'n blaoen Himmel gülden glaiht
Vom blauen Himmel glüht golden
De leiwe Sunn.
Die liebe Sonne.
't is Unnerstunn.
Es ist Mittagspause.

Alls is in Ruh, auk Pütt un Hack.
Alles ruht, auch Brunnen und Hacke.
Bloß buoben unner't Schüerendack
Nur oben unter dem Scheunendach
'n lütken Lünink flait't:
Ein kleiner Sperling flötet:
Wu geiht`t? Wu geiht`t?
Wie geht's? Wie geht's?

De Düppen up de Eikenbank
Die Milchkannen auf der Eichenbank
Bünd spöllt un wasket sülwerblank
Sind gespült und gewaschen silberblank
Un drüppelt noch,
Und tröpfeln noch,
Drüpp, drüpp. – Hör doch.
Tropf, tropf. – Höre doch.

De Muorgen was wat lang un swaor;
Der Morgen war recht lang und schwer;
Nümms is to seihn, alls ligg up't Ohr
Niemand ist zu sehen, alles liegt danieder
Un resst sick uut.
Und ruht sich aus.
Still. Nich so luut.
Still. Nicht so laut.

Interessant ist es, an dieser Stelle ein Untersuchungsergebnis der Weltgesundheitsorganisation (WHO) zu erwähnen. Demnach haben Langzeitstudien ergeben, dass Menschen, die mittags regelmäßig ca. eine halbe Stunde ruhen und „abschalten", älter werden.

Keine Zeit für so etwas? Dann darf sich auch niemand wundern, wenn mit Leib und Leben draufgezahlt wird. Im Übrigen ist es nur eine Frage der Gewichtung, wofür die Zeit verwendet wird.

„Zeit ist Geld!" Wer nach dieser Devise lebt, hat nie Zeit – dafür umso mehr Stress und Ärger. Muss das wirklich immer sein? Oder will man sich damit nicht doch häufig nur beweisen? Keine Zeit! Was bin ich doch für ein wichtiger Mensch! – Hierauf wird entlang der Ems nur kommentarlos abgewunken. Entsprechend auch heißt es hier:

Vull Volk hät dat Gloria in´ Kopp –
un de Misere in ´e Taske
Viele haben das Gloria im Kopf –
aber die Misere in der Tasche.

He woll wohl `n Wagenrad schieten,
aower et kamm nich es de Splint.
Er wollte sich wohl ein Wagenrad herausdrücken,
aber es kam nicht einmal der Splint.

Der Splint ist jener kleine hölzerne Stift, der dafür sorgt, dass die Radnabe nicht von der Achse läuft; wenn auch wichtig, so doch im Gegensatz zum großen Wagenrad fast nichts.

Aber auch wir müssen zugeben, dass wir oft von Dingen Glauben machen wollen, die in keinem Verhältnis zu unserem Leistungsvermögen stehen. Doch wenn es darauf ankommt, gleichen wir Affen.

Wer kennt sie nicht, die Affen, die ihre Hände vor Augen, Ohren und Mund halten: Nichts sehen, hören und reden.... In diesem Symbol begegnen wir der uralten Weisheit, dass es unsere eigenen verborgenen Wünsche, Phantasien und Gedanken sind, die negative oder positive Ergebnisse hervorbringen.

Je mehr im Inneren unsere Gedanken und Phantasien durch angestachelte Begehrlichkeit jenseits unseres eigenen Leistungsvermögens kreisen, umso schwieriger wird „ein gutes Leben".

Nicht vorzupreschen, nicht zurückzusteh'n,
bemüh dich, schrittfest mit der Zeit zu geh'n.
Das Geschwätz der anderen dabei nicht hören
heißt: Auf Selbstsicherheit und Würde schwören.

Zufriedenheit, Glück und Erfolg müssen selbst gewählt zu uns passen. Egal, was auch immer andere meinen: Wenn wir wissen, was wir wollen, erreichen wir auch das, was uns gut tut: „Stur durch und kein Gedööns".

Die größten Helfer sind eine gesunde Selbstdisziplin im Denken und eine maßvolle Selbstbeschränkung im Wünschen, dann lässt sich auch mittags noch „in Ruhe weg ein Auge zu tun". Und doch:

Warum nur pendeln wir Menschen so häufig zwischen Selbstüberschätzung und Selbstunterschätzung? Oft ohne dass wir es merken, durchschneidet dieses Pendel unzählige Male den Punkt unseres natürlichen Leistungsvermögens. Ihn zu erkennen, zu akzeptieren und danach zu handeln, das ist es, worauf es ankommt.

Ein Fußballstar, der vor dem Super-Cup interviewt wurde, sagte: „Wenn dies das größte und wichtigste aller Spiele sein soll, wie kommt es dann, dass es nächstes Jahr wieder eines gibt?"

Etwas weniger Gedööns, und wir könnten uns so manchen Ärger, Stress und allerlei Aufregung sparen.

Merke:
Sich dreinfinden ist nicht unterliegen,
sondern drüberstehen...

Lebe geistlich
und pfeif auf die Welt

Sind die Namensgebungen ursprüngliche Versuche einer Wesensbezeichnung, so sind die Weisheitssprüche alter Denker Kernaussagen über menschliche Wesensbestimmungen. Sinnsprüche, Spruchweisheiten und geläufige Redewendungen zielen sowohl auf den Kern unseres menschlichen Wesens als auch auf bestimmte Seiten davon, die sich unter bestimmten Bedingungen entfalten und zeigen.

Dabei kommt häufig zum Ausdruck, dass „das Weltliche", dass Fakten unwesentlich werden, wenn es „ums Wesentliche" geht; es sind Beschreibungsversuche, die unsere rationale Welt übersteigen z.b. Sinn, Liebe, Gelassenheit, Zeit, Ewigkeit usw.

Viele Ursprungsworte haben einen „die Welt übersteigenden übersinnlichen Kern". Sprache ist das Lebenselement unseres Geistes. Sie vermittelt uns, dass beispielsweise alles Gute, Schöne, Beglückende, Dauerhafte und Weiterreichende „nach oben" weist, während alles Belastende, Qualvolle und Drückende „nach unten" gerichtet ist. So äußert sich uraltes seelisches Empfinden. Da ist von erhebenden Gefühlen und gedrückter Stimmung die Rede. Atmosphärische Hochs bedeuten gutes, die Tiefs hingegen schlechtes Wetter. Bei angenehmen Erlebnissen sind wir in gehobener Stimmung, da wird uns leicht ums Herz – ansonsten sind wir (mal wieder) ganz unten. Wenn organisch etwas nicht stimmt, heißt es Beschwerden, bei gesundheitlicher Besserung Erleichterung. Wer einen Menschen liebt, strebt zur Hochzeit – ist er von ihm enttäuscht, endet das in Niedergeschlagenheit. Und dem lichten, hohen Himmel steht die Finsternis des Jammertals gegenüber...

Wir sehen: Wesentliche Kernaussagen bedienen sich bildhaft der physischen Realität, um dadurch Metaphysisches zum Ausdruck zu bringen. Während heute die kritische Vernunft versucht, Mysterien zu enträtseln, vertrauen „schlichte Gemüter" darauf, dass es gar nicht unbedingt darauf ankommt, alles wissen zu müssen. So sagt man sich auch hier:

För „dao buoben" kann nich eener de rechte Brill maaken (für „da oben" kann niemand die richtige Brille machen). Der Blick „nach oben" muss von innen her kommen.

Drum stehen **Jan un alle Mann** (die meisten) treu zu ihrem Glauben und halten sich's gut mit dem lieben Gott, ja, aber sie machen aus ihrer Gesinnung **kien Geluut** (kein Geläute). Hier sagt man sich:

Wi willt män nett ardig sien und doon dat auk.
Wir wollen aufrichtig (fromm) sein –
und das (schlicht und einfach) durch unsere Taten auch bezeugen.

Entsprechend begegnen sie den „Verkündern der frohen Botschaft" nicht gerade mit enthusiastischem Frohlocken. Hört, hört:

De Kark is kienen Hasen, se löpp nich weg.
Die Kirche ist kein Hase, sie läuft schon nicht weg.

So sagt man, wenn ein Kirchgang versäumt wurde. Es heißt aber auch:

Je kötter bi de Kark, je laater de in.
Je näher an der Kirche, desto später zum Gottesdienst – aber auch:
Je näher an der Kirche, desto lauer die Gläubigen.

Damit wird gesagt, dass man umso unwürdiger mit der Kirche umgeht, je näher sie einem ist – man sie andererseits jedoch umso mehr vermisst, je mehr sie verboten ist bzw. von Seiten des Staates unterdrückt wird. Wie dem auch sei: **Baortgail** (hochtrabend und schwülstig) kommt die Religion an der Ems nicht so gut an. **Nix ümbie** (nichts dagegen), wenn in der Kirche „das Bodenpersonal" mit drastischen Worten überzeugend aufzutreten vermag, **dör de Bank, wat mott, dat mott** (egal, was sein muss, muss ein), aber letztendlich **will wi sömms Inseihn demet häbben** (möchten wir selbst aus uns heraus unseren Glauben leben).

Entlang der Ems wird Religiosität mehr als eine Sache der rechten Gesinnung gesehen, ja, als eine ganz persönliche „innere Wandlung" (gr. metanoia), und damit der gesamten Lebenshaltung. Wird das nicht im Alltag sichtbar, **is dat heele Knaien un Baiern för de Müüse** (sind alle religiösen Äußerlichkeiten – wie Knien und Läuten – nicht „stimmig"). Ohne Frage gilt „dem Höheren" im Leben höchste Priorität. Die überirdischen Mächte der Natur und die unberechenbaren Launen des Schicksals, da muss man durch – das ist nicht immer einfach, zumal die unvorhersehbaren Schwankungen der menschlichen Seele oft auch noch ihr Übriges tun.

Was andere Zufall nennen, wird hier – besonnen, still und nachdenklich – als Schnittpunkt zweier Gesetzmäßigkeiten gesehen.

Et kümp nix van´ Wind.
Nichts kommt nur vom Wind allein (alles hat eine Ursache).

„Man glaubt", dass hinter allem Tun und Lassen „mehr" wirkt und ist, **auk wenn dat öewer use Vernüll geiht** (auch wenn das unseren menschlichen Verstand übersteigt). **Et is wu et is** (vieles ist so, wie es ist, ob wir das nun wahrhaben wollen oder nicht, das ist letztlich egal). Und ob der eine nun so oder der andere auf eine andere Art meint, gut zu leben und selig zu werden, was soll's, solange die Grundeinstellung „dem Höheren" dient:

Use Härgott häff ´n grauten Diergaoren.
Unser Herrgott hat einen großen Tiergarten.

Kopfschütteln verursacht darum „ein Kampf um den besseren lieben Gott". So viele Namen es gibt, so viele Wesensbezeichnungen, Charaktere und Meinungen gibt es auch.

**Wi glöwet alle an eenen Gott,
män wi ett' nich alle uut eene Schüöddel.**
Wir glauben alle an einen Gott,
doch essen wir nicht alle aus einer Schüssel.

Philemon (264 v.Chr.): „Glaube an Gott und verehre ihn, aber forsche ihm nicht nach und versuche nicht, ihn allein nur deinen Zwecken und Absichten dienlich zu machen." – Ist es nicht normal, dass die Empfindungen und Deutungen des Lebens beispielsweise am Jordan anders sind als an der Ems? – Entlang der Ems gilt:

Jeder för sick – un Gott för us alle.
Jeder für sich – und Gott für uns alle.

„Ich meine damit, dass jeder etwas anders sagt... Ist deshalb aber Gott zerteilt?" (1 Ko 1, 13) Was uns allen gemein ist, ist der Geist. Paulus sagt:
„Es gibt viele Gaben, aber nur einen Geist" (1 Ko 12, 9). Er ist unser höchstes menschliches Gut, etwas ganz Großes – wohl der sicherste Beweis, dass Gott mit uns bzw. in uns (allen) ist.

Der Verstand sagt uns, dass der Verstand selbst seine Grenzen hat – und gerade das ist so schwierig zu akzeptieren...
Wurde uns das nicht schon oft zum Verhängnis?

Dat Laigste kümp van Mensken, de kiene Andacht häbt.
Die schlimmsten Übel kommen von Menschen ohne Demut, von Menschen, die Gott entwürdigen und das Heilige nicht ehren.

Ohne „An-dacht", also ohne ein gutes Empfinden für Demut und Ehrfurcht zu handeln, gilt entlang der Ems als unselig. Vor selbstherrlichen Neunmalklugen wird mit den Worten abgewunken: **Wahr di, dao kümps bi in′ Knüpp** (hüte dich, das bringt Unheil).

Die Fabel von der Büchse Pandora berichtet von einer Frau, Pandora, die von den Göttern eine versiegelte Büchse erhält und diese niemals öffnen soll. Pandora aber ist, wie wir alle, neugierig und öffnet die Büchse, und alle möglichen Übel entweichen und machen ihr das Leben schwer.

Fällt es nicht auch uns schwer, „etwas Höheres" zu akzeptieren und zu respektieren? Ehrfurcht und Demut werden zu Fremdwörtern. Lieber machen wir uns – anmaßend – selbst zum Maß der Dinge.

Met de Späöne, de man sunndags haut,
bott de Düwel de Wiäke öewer de Hölle.
Wer Heiliges schändet, geht dem Teufel zu Händen.
Aber auch:
Wem es an Ehrfurcht und Demut fehlt, missachtet die Schöpfung – und schafft genau die Probleme, die uns das Leben schwer machen.

In den Jahren nach dem zweiten Weltkrieg schien der oberflächliche Glaube an einen dauernden Fortschritt tödlich getroffen. Es heißt nicht umsonst: Not lehrt beten. Doch seltsam, selbst das Todesleiden der Millionen, denen dieser barbarische Menschheitsstreit das Leben gekostet hat, hat bei dem überlebenden Durchschnittsmenschen den anmaßenden Glauben an seine eigene Macht nur vorübergehend ins Wanken gebracht.

Bertrand Russel (1872–1970) meldete sich als Wortführer dieses anmaßenden Glaubens, allein mit wissenschaftlich-technischen Maßstäben das Leben gänzlich durchzurationalisieren. Der Wissenschaftler gebe dem Techniker die Mittel, das Dasein des Lebens so zu lenken, dass dadurch alle drohenden Gefahren gebannt würden.

Und doch sehen wir, wohin intellektuell begabte Führer uns gebracht haben und – heute mehr denn je – die schlauesten Wissenschaftler mit dem Geist in der Flasche kämpfen...

Well met den Düwel up See geiht, kümp in ′e Hölle an Land.
Wer mit dem Teufel zur See fährt, kommt in der Hölle an Land.

Wenn wir nicht „mehr" gelten lassen, wird′s gefährlich. Das gilt auch für uns selbst. Wir bringen uns um unseren Verstand, wenn wir uns allein auf ihn verlassen; verlassen wir uns allein auf ihn, sind wir nur allzu häufig verlassen.

De Mensken maaket den Kalenner – män Gott mäck dat Wiär.
Die Menschen machen den Kalender – doch Gott macht das Wetter.

Gut, dass es einen Kalender gibt; doch er hebt nicht „das Eigentliche" aus den Angeln, Zeit und Wetter. Je fortschrittsgläubiger, umso mehr vernarrt sind wir in uns selbst. Doch zählt nicht immer nur das Neue, sondern auch das Alte, und besonders das, was immer war und „ist". Damit sind wir in guter Gesellschaft mit den großen Denkern, die in allem was „ist", dessen Sinn zu ergründen such(t)en.

Drum ist auch dieses: „Pfeif auf die Welt und lebe geistlich" keine Missachtung der Welt, sondern „ein gesundes Zurechtstutzen" weltlicher Ansprüche und Maßstäbe. Bedenken wir nur: Philosophie und Religion heißen nicht „Suche nach Wahrheit", sondern „Liebe zur Weisheit"!

Das eine sollte das andere nicht ausschließen.
Es ist so:
Je feinfühliger der Geist, umso weitsichtiger und transparenter das Wissen...

Besonders Künstler sowie naturnahe und religiöse Menschen stehen Fakten skeptisch gegenüber; sie widerstreben der Wissenschaftsgläubigkeit, weil sie ihnen als zu nüchtern, als nicht erfüllend, erscheint. Sie fühlen sich trotz aller Genialität ums Herzblut betrogen.

**Man wärd dör nix mehr bedruogen
as dör ′n Stück ungesolten Menskenfleesk.**
Man wird durch nichts mehr betrogen als durch ein Stück ungesalzenes Menschenfleisch.

Derb und deutlich, wird mit diesem Spruch vor Menschen gewarnt, denen es „an einem Gespür für's Göttliche" (ungesalzen) fehlt und die sich selbst zum Maßstab aller Dinge machen. Vorsicht also:

Nich all's is een Pott natt.
Es ist nicht alles gleich – nicht jeder ist mit jedem zu vergleichen.

Entsprechend auch sollte uns nicht alles egal sein, **süss kehrt sick wanner dat Rugge nao buuten** (sonst kehrt sich eines Tages das Raue nach außen). Von Anfang an „weiter" zu denken, hilft nicht nur den „Durchblick", sondern auch einen guten „Überblick" zu bewahren.

„Moderne Menschen" sind oft „vernarrt in die Welt"; sie neigen dazu, nur das für wirklich zu halten, was sie sehen, messen, zählen und berechnen können. Dennoch ist „die Wirklichkeit" reicher. So wie der Name mehr ist als eine bloße Aneinanderreihung von Buchstaben, so liegt gerade auch „das Soll" einer Lebensordnung über allen Fakten der fassbaren Welt; mehr als „zu fassen" ist... Drum heißt es hier ganz gelassen:

'ne Hand vull Gottvertruuen is mehr äs 'n Fatt vull Verstand.
Eine Hand voll Gottvertrauen ist mehr als ein Fass voll Verstand.

Dat Hiärt weet faken mehr äs de Verstand us wiesmaaken will.
Das Herz weiß häufig mehr als der Verstand uns sagen will.

„Herz und Verstand", das steht auch für so etwas wie „innere und äußere Wirkung" – etwas, das voneinander abhängig ist wie Samen und Frucht, wie Frucht und Samen.
Was heißt „innen", was heißt „außen"?
Wir sehen den Samen zur Frucht werden und die Frucht, im Kreislauf, den Samen spenden. Zwar können wir in unserer menschlichen Einfalt beide vernichten, aus dem Nichts sie zu schaffen vermögen wir nicht. Unwillkürlich schleichen sich da Staunen und Ehrfurcht ein. Dabei bewundern wir das, was größer ist als wir selbst; unbewusst stehen wir gewissermaßen mit etwas „Größerem" in Verbindung.
Das meint auch das Wort Religion, abgeleitet aus dem lateinischen religio, Rückbindung, also „eine Einbindung ins Große und Ganze".
Es wird immer dann gefährlich, wenn wir selbst uns als absolut setzen.

An der Ems gilt: Wir alle sind begrenzt und unvollkommen und bedürfen für ein gelingendes Leben der Gnade Gottes. Überall stoßen wir auf Unvollkommenheit.

Wo wat is, is eenmaol wat – un wo nix is, is tweemaol wat.
Wo „etwas ist", ist einmal was –
und wo angeblich nichts ist, ist zweimal was.

Jeder hat mit sich und der Welt genug zu tun. Keiner, der es „allein aus sich heraus" schaffen würde. Darum auch ist es eine Anmaßung, nur rein materialistisch, rein weltlich zu denken und zu handeln; denn

Use Härgott kappt de Bäöme,
dat se nich in´ Hiemmel wasset.
Unser Herrgott stutzt schon die Bäume,
damit sie nicht in den Himmel wachsen.

Gottes Wege sind so vielgestaltig, wie er Individuen erschaffen hat. Keiner ist ein geborener Engel.

Jedereen häff sien Päcksken to driägen.
Jeder hat sein Päckchen im Leben zu tragen.

Das ist nicht immer einfach. Doch wurden auch jedem Gaben zuteil und jeder hat mit diesen seinen Gaben verantwortlich (vor Gott, der Welt und den Menschen) umzugehen. Das, was wir tun, haben wir gut und gerne zu tun, weil es letztlich „alles in allem" einem Höheren dient... Das verleiht ein ruhiges Gewissen und Gelassenheit, die reinste Form seelischer Gesundheit, die uns sagen lässt:
„Pfeif auf die Welt und lebe geistlich".
Worüber wir uns ansonsten auch immer verrückt machen, der Himmel stürzt davon nicht ein:

Föllt de Himmel in, bünd alle Bauhnenstaaken kapott.
Wenn der Himmel einfällt, brechen alle Bohnenstangen entzwei.

Und auch das sei gesagt:
Wenn du das tust, was du kannst, dann „tut dir Gott" auch nichts...

Religiosität als Weltflucht, **dat will use leiwe Här jä gar nich** (das will Gott ja gar nicht). **Gott will us nix – maak di män nich in 'e Büx** (krieche nicht vor Gott, versteck dich nicht und sei nicht so ängstlich). All das ist eine augenzwinkernde Warnung vor einer lähmenden Wirklichkeitsfremdheit, aber auch vor allzu viel Ängstlichkeit aus mangelndem Vertrauen. Vertrauen setzt einen guten (und nicht einen drohenden und klein machenden) Glauben voraus. Egal, ob von einer „christlichen Konjunkturschwäche" die Rede ist und uns die geistlichen Führer nun passen oder nicht; egal, ob in all der Spiegelfechterei der Welt fortgesetzt das Unwesentliche für das Wesentliche ausgegeben wird; egal: Es kommt auf die ganz persönliche innere Einstellung und auf die Perspektive an, die mitten durch das Leben hindurch auf das gerichtet ist, was trägt und allen Zielen Sinn verleiht. Ansonsten ließe sich sagen:

Se häbt sick äs Höhner, de dat Eierleggen vergetten häbt.
Sie haben sich wie Hühner, die das Eierlegen vergessen haben.

Dabei gilt bei allem „klugen Gegacker":

Gott's Siägen is so guet in Waater as in Wien.
Gottes Segen gilt allen und allem Tun.

An Gottes Segen ist alles gelegen.
Selbstüberschätzung und Überheblichkeit führen in Sackgassen:

Ohn usen leiwen Här gelt nix.
Ohne Gott gilt und zählt nichts.

Wir können noch so klug und tüchtig sein, eines können wir nicht: Wir können uns selbst keine Letztbegründung geben. Bei aller Klugheit, bei allen Gotteszweifeln, bei allem Philosophieren, Forschen und Faktensuchen ist uns kaum (noch) bewusst, dass unser geschichtliches Denken eigentlich ein theologisches Denken ist. Das geschichtliche Denken kommt von einem Anfang her, und die Geschichte eilt auf ein Ziel zu. Wir sind in einem winzigen Zeitraum zwischen Anfang und Ziel – und beides kennen wir nicht. Und doch sind wir immer wieder versucht, uns selbst in diesem unseren „Augenschlag des Lebens" als Existenzmaßstab zu betrachten.

Zu allen Zeiten hatte die Verabsolutierung des Menschen seine eigene Versklavung zur Folge, weil das unweigerlich darauf hinaus läuft, dass die Schuldfrage ausgelöscht wird und statt verlässlicher Werte die Willkür regiert. Statt Freiheit wuchert(e) am Ende stets die Angst. Zwar können wir viel; wer aber meint, wir könnten es besser ohne Gott, der irrt.

Öewer Eegensinn un Bieglaof lachet Gott un de Düwel.
Über Eigensinn und Aberglaube lachen Gott und der Teufel.

Solch närrische Überheblichkeiten werden entlang der Ems als **Quinten** abgetan. Denn kaum andere lassen sich von ihren Ansichten über Gott und die Welt so wenig aus der Ruhe bringen wie die mit Emswasser Getauften. Für sie gilt nur eins: Fest in Treu und Glauben. Da gibt es **kein Bewimpeln und Bewampeln** (der Glaube wird nicht zur Diskussion gestellt). Und trifft es hier die Menschen auch noch so hart, sie zeigen es nicht, machen das still für sich mit Gott ab, und sagen sich lieber:

Vull Geküer höllt männigeen van´ gueden Patt aff.
Durch viel Gerede kommt manch einer ab vom rechten Pfad.

Wo de Waohrheit nich is, kann de Tunge se nich maaken.
Wo die Wahrheit nicht ist, kann die Zunge sie nicht machen.

**Et is better, ´n Kiäßken antosticken,
as up ´t Pickedüüster to schennen.**
Es ist besser, eine Kerze anzuzünden
als über die Dunkelheit zu schimpfen.

Spee (zweifelnd) werden hier jene betrachtet, die sich selbst für „die Privatpatienten Gottes" halten; die sich überschätzen in der Annahme, durch ihren Christeneifer gegen die dunklen Seiten des Lebens „von oben herab" gut abgeschirmt zu sein. Unser Spruch spricht eine andere Sprache. Es kann jeden treffen; auf einmal irrt man allein im Dunkeln und fragt sich: Warum gerade ich? Gerade dann nicht zu resignieren, ist mit eine der größten menschlichen Leistungen.

Verlassen fühlt man die Kälte der dunklen Nacht um sich, fröstelt, weint Vergangenem nach, ist einsam und untröstlich. Was, außer Gottvertrauen, kann da noch helfen, um Verzweiflung, Bitterkeit, und noch so berechtigte Klagen dennoch im Zaum zu halten? Gerade dann, im **Pickedüüster**, in der Dunkelheit der Welt, ist es gut, sich bewusst zu machen:

Et bliff düüster, wenn bloß öewer Lecht simmeleert wärd.
Es bleibt dunkel, wenn über Licht nur nachgedacht und geredet wird.

Das will sagen: Nur was vom „lieben Gott" zu erwarten und sich selbst zu bedauern, das ist ein falscher „Wunderglaube".

„Geistlich leben", das heißt nicht, nur die Augen gen Himmel zu richten, mich in frommen Weisen zu verlieren und um mich herum die Welt zu vergessen. Nein. „Geistlich leben" zeichnet sich dadurch aus, dass ich weiß, was zu tun ist und ich dabei auch Gottvertrauen habe.

Zu wissen was zu tun ist, ist besser als auf „die da oben" zu schimpfen, Menschen in gut und böse einzuteilen oder gar angesichts des Elends in der Welt die rhetorische Frage zu stellen, wie Gott das alles nur zulassen kann.

'n Kiäßken in Pickedüüstern antosticken (eine Kerze im Dunkeln anzuzünden), das heißt, die unfertige, unheile Welt nicht durch ein Drauflosgepolter zu verdammen, sondern zunächst einmal still und „hellhörig" zu werden, um dann mit Veränderungen zum Guten da anzufangen, wo sie im eigenen Bereich des Möglichen mit gutem Willen realisierbar sind.

Zu keiner Zeit war die Welt ein Paradies, weder am Jordan noch an der Ems. Eigenwilliges Wunschdenken, das den lieben Gott auch noch zum Komplizen macht, **dat is Sapp** (Unfug). Statt dessen sagt man sich hier guten Mutes:

'n guedet Wort find't auk 'n gueden Ort.
Ein gutes Wort findet auch den rechten Ort.

De Tunge häff wuohl kiene Knuoken –
un doch kann se männigeen den Rüggen brekken.
Zwar hat die Zunge keine Knochen –
dennoch kann sie manchem den Rücken brechen.

Gerade im Streit kann man gar nicht vorsichtig genug mit Worten sein. Sich nicht von seinen verletzten Gefühlen hinreißen zu lassen, sondern vorher genau zu überlegen, was man sagt.

Nicht wenige, die an verletzenden Worten in wütender Aufgebrachtheit zerbrochen sind, von übler Nachrede ganz zu schweigen. Die Frage sei erlaubt: Wo gibt es schon „das Böse" in Reinkultur?

Auk de Wulf suorget för de Sienen.
Auch ein Wolf sorgt für die Seinen.

Dat Aoge kick alltiet van sick aff.
Das eigene Auge sieht sich selbst nicht.

Siehe Matthäus, Kapitel 7, Vers 3: „Warum siehst du nur den Splitter im Auge des anderen, und den Balken im eigenen Auge nicht?" Diese uralte Frage zielt auf eine der größten menschlichen Schwächen überhaupt, nämlich, Fehler immer nur bei anderen zu (suchen) sehen. Damit nicht genug. Es ist nun mal so, dass alles was wir ge-„wahr" werden, automatisch der eigenen „Wahr"-nehmung, Empfindung und Deutung unterliegt.

Darum sind die Grenzen zwischen „Be"-urteilung und „Ver"-urteilung fließend. Dabei sähe vieles anders aus, wenn jeder sich zunächst einmal über seine Grundmotivation, über die sein eigenes Handeln beeinflussenden Anlagen, Gesinnungen und Beweggründe, Klarheit verschaffen würde. Hier heißt es:

Wi bünd nich achter 'n Moosstrunk upjungt.
Wir sind nicht hinter einem Grünkohl groß geworden
(Wir wissen, was wir wollen – wir lassen uns nicht beirren).

Ick verlaot mi up miene Hande Arbeit.
Ich verlasse mich auf das, was ich tue.

**Gott alleen kann auk met 'n krummen Knüppel
noch 'n lieken Slag doon.**
Gott allein vermag selbst noch mit einem krummen Stock
einen geraden Schlag zu tun.

Drüm fleit wat in 'e Welt un liäbe geistlick!
Pfeif auf die Welt und lebe geistlich.

Aus solchen Sprüchen wird deutlich, dass die Menschen entlang der Ems ein ihr eigenes Verhältnis zu ihrem Schöpfer pflegen, das sie in keiner Weise zur Diskussion stellen.

Gut passen hierzu die Gedanken eines Unbekannten aus einem kleinen Emsdorf:

Ich klage nicht darüber, dass hier kein Gasthaus steht.
Aber ich danke Gott,
dass meine Mitmenschen gastfreundlich sind.
Ich klage nicht darüber, dass hier keine tausend Lichter leuchten.
Aber ich danke Gott
für den Mond und die funkelnden Sterne.
Ich klage nicht darüber, dass ich hier keine Oper besuchen kann.
Aber ich danke Gott
für das Konzert der Vögel in den Bäumen.
Ich klage nicht darüber, dass ich nicht reich bin.
Aber ich danke Gott,
dass er mich unentwegt reich macht durch seine Schöpfung.

Gott offenbart sich uns durch Seine Schöpfung. Nicht minder aber offenbart sich uns Gott auch durch seine Geschöpfe, die Menschen – und diese offenbaren sich durch das was sie denken, reden und tun.

Ja, wer „mit Gott ein Problem" hat, hat nicht selten auch mit sich selbst ein Problem – und wer mit sich selbst im Unreinen ist, hat auch Probleme mit anderen Menschen...

Um so besser, einfach einmal „klein und still" zu werden, um dankbar und staunend die Wunder der Schöpfung zu genießen, in sich zu lauschen, still und offen zu werden „für mehr".

Schöne Einladungen dazu sind die anmutig stillen Emslandschaften.

Heinz Rühmann (1902–1994), der wohl beliebteste deutsche Schauspieler des 20. Jahrhunderts, sagte:

„Was immer schlimmer geworden ist und was mich stört, ist der Lärm, das Laute. Ich bin ‚ein lauschender Anhänger der Stille'. Ich finde, Stille ist Balsam für die Seele, Stille ist etwas Wunderbares."

Wer im Leben Probleme hat, schaue still und ruhig einfach auf „das, was ist". Im Problem liegt oft zugleich auch die Lösung. Wir übersehen oft nur das Schauen und Lauschen.

Die stillen Ufer der Ems laden dazu ein:

Weltgetümmel – von P. Vinzenz Stebler:

Ich hab den tollen Lärm der Stadt,
ihr Hasten und ihr Treiben satt,
die Welt und ihr Getümmel.
In Gottes freier Herrlichkeit,
im Wald und seiner Einsamkeit
erschließt sich mir der Himmel.
Der Vogel Flug, der Lerche Lied
und was das Feld mir sonst beschied,
will ich mit Dank genießen.
Ich will in allem, was da blüht,
was Farbe, Duft und Glanz versprüht,
die Spuren Gottes grüßen.

Ja: Pfeif auf die Welt und lebe geistlich. Das macht ruhig und unverwundbar. Es weitet Herz und Gemüt, macht frei und innerlich stabil.

Die Dichterin Angela Kramberich schreibt:

Das Glück erscheint, wie überall,
auch nicht bei dir in einem Schwall.
Es regnet immer tropfenweise,
geht unsichtbar oft auf die Reise.
Es unbedingt dir zu erzwingen,
wird dir zu keiner Zeit gelingen.
Willst Glück du dir zu eigen machen,
so achte auf ein Kinderlachen;
den Stern am dunklen Firmament,
den niemand hier mit Namen kennt;
ein Lied, das mit dem Wind verweht,
ein Mensch, der deinen Schmerz versteht;
die Liebe, die du andern schenkst,
ein Danke, das du heimlich denkst.
Den Tropfen Glück am Wegesrand
zu finden, liegt in deiner Hand.

Achtsamkeit ist das Schlüsselwort. Es ist so: An sich ist alles gut... Beachte das Wesentliche und lass dich vom Getöse der Welt nicht verrückt machen. Lebe gut, doch vermeide die Unersättlichkeit der Welt – du holst dir dabei nur Blessuren:

Gott bewahrt stäötske Ossen vör lange Hörner.
Gott bewahrt stößige Ochsen vor allzu langen Hörnern.

Das soll heißen, dass auch die ach so Ruhmreichen und Mächtigen keine „Platzkarten für den Himmel" haben. Zugleich soll mit diesem Spruch auch mehr Bescheidenheit angemahnt werden. Weniger ist oft mehr. Epikur (341–270 v. Chr.) sagte:
„Wem genug zu wenig ist, dem ist nichts genug."
Genug haben genügt.
Wer sich von Gott geborgen weiß, kann vieles geschehen lassen, was ohnehin seine Kräfte überfordern würde. Alles ist ohnehin nicht zu haben. Nicht wer wenig hat, sondern wer zuviel haben will, ist arm!
Leo Tolstoi (1828-1910) beschreibt das gut in der

Geschichte vom Bauern Pachom:

Der Bauer Pachom wollte bei den Baschkiren Land kaufen. Diese machen ihm ein äußerst verlockendes Angebot: Für 1000 Rubel darf Pachom bei ihnen soviel Land behalten, wie er an einem Tag umschreiten kann! Pünktlich mit der ersten Minute des neuen Tages eilt Pachom davon und hastet ohne Rast und Ruh dahin, um möglichst viele Wiesen und Äcker zu umrunden, die dann ihm gehören sollen. Bald machen ihm Hitze und Müdigkeit zu schaffen, aber er jagt Stunde um Stunde – wie besessen – unbeirrt weiter. Und doch dunkelt es bereits und er muss schließlich zurück, weil des Tages Ende nicht mehr fern ist. Aber ach: Viel zu weit ist er gelaufen, weswegen er sich nun auf dem Rückweg mehr denn je gewaltig sputen muss. Endlich erreicht er nun doch noch mit allerletzter Kraft seinen Ausgangspunkt und – bricht tot zusammen.

Tolstoi hat die Geschichte betitelt: „Wieviel Erde braucht der Mensch?" Er lässt sie damit enden, dass Pachoms Knecht seinem Herrn in der Erde ein Grab gräbt, genau so groß, wie Pachom es braucht...

Gibt es nicht auch unter uns viele Pachoms?

**Dat Glück, dat wi Mensken sööket,
is ümmer anners äs dat Glück, wat wi finnet.**
Das Glück, das wir Menschen suchen,
ist immer anders als das Glück, das wir im Leben finden.

Glücklich der, der seine Grenzen kennt und unbeirrt das tut, was er kann. Und wenn es dann doch einmal anders kommt als erwartet, dann vertrauen nicht wenige Menschen „ihren" Fürsprechern. Die Katholiken schätzen besonders die Fürsprache Mariens. Seit dem 14. Jahrhundert pflegen sie darum das tägliche Gebet vom Engel des Herrn. Bestimmte Glockenzeichen vom Kirchturm riefen zu bestimmten Tageszeiten – morgens, mittags und abends – auf zum kurzen Innehalten bei der Tagesarbeit.

Diese kurze Besinnungspause, „der Angelus", wurde zum stillen oder auch gemeinschaftlichem Gebet von drei Ave-Maria genutzt, beginnend mit dem Vers: „Der Engel des Herrn brachte Maria die frohe Botschaft."

Auch heute läuten (noch) vielerorts mittags die Glocken. Sie wollen aufrufen zu diesem alten christlichen Gebet, um besser durch den Alltag zu kommen. Wider dem Zeitgeist ermahnt uns jede Kirchenglocke:

Verlier dich nicht in der Welt – lebe geistlich!
Und sei dir und anderen gut...

Da die Größe Gottes menschlich unvorstellbar, und die Ehrfurcht es deshalb kaum zulässt, sich ihm „direkt" anzuvertrauen, wird – außer der Gottesmutter – auch den göttlichen Boten, den Engeln, in bestimmten Anliegen uneingeschränktes Vertrauen entgegengebracht.

Sind **Engel** auch nicht die Mitte des Glaubens, so zeugt das Vertrauen zu ihnen dennoch von einem guten Gefühl gläubiger Gewissheit:

Gott lässt uns nicht allein. Auch wenn wir die Nacht zum Tag gemacht haben, das Dunkle in der Welt haben wir nicht besiegt – auch nicht die dunklen Ahnungen der Ungewissheit unserer Existenz, trotz Wissenschaft und Technik. Es ist gut, auf „mehr" hoffen zu können.

Dessen ungeachtet müssen wir heute berücksichtigen, dass unsere Vorfahren früher in den unbändigen Naturgewalten und der aufziehenden Dunkelheit das Wirken böser Mächte gesehen haben. Auch sie hofften auf „mehr" – und begingen darum am 29. September, wenn die Nächte wieder länger als die Tage werden, feierlich den Michaelistag.

Die Bibel nennt nur drei Engel: Michael, Gabriel und Raphael. Der Michaelistag erinnert an die Macht Gottes über Naturgewalten, Kälte, Unbarmherzigkeit und Tod. Er gilt allen Engeln Gottes, besonders aber dem Erzengel Michael.

In der katholischen Kirche gedenkt man an diesem Tag der drei **Erzengel Michael, Gabriel und Raphael**. Die Silbe „Erz" zeichnet sie als „Fürsten der Engel" aus. Michael ist der berühmteste von ihnen. Im alttestamentlichen Buch Daniel wird er als „Erster unter den Engelfürsten" bezeichnet und das Neue Testament erzählt von seinem Kampf mit dem Drachen, der das Böse verkörpert (s. Offenbarung Kapitel 12, Verse 7 – 12).

So stammen auch von Martin Luther (1483–1546) in seinem Morgen- und Abendgebet die Zeilen: „Dein heiliger Engel sei mit uns, auf dass der böse Feind keine Macht an uns finde."

Der Erzengel Michael wurde zum Schutzpatron der Kirche und des deutschen Volkes, daher auch der Ausdruck „deutscher Michel". – Bei aller Skepsis und Nüchternheit führt die Vorstellung von Engeln und überirdischen Fürsprechern zu einem menschenfreundlichen Gottesbild.

Neben der alles überragenden Mutter Gottes, Maria, als „die Immerwährende Hilfe", und über den drei Erzengeln hinaus, vertrauen die Menschen entlang der Ems konfessionsübergreifend bereits seit dem 9. Jahrhundert „ihren" heiligen Fürsprechern. Besonders sind zu nennen:

Die 14 Nothelfer und ihre Gedenktage:

1. Achatius (8. Mai.)
   Helfer in Lebenskrisen, Zweifeln und Todesängsten
2. Ägidius (1. Sptember) für gute Einsicht, klares Denken und Demut
3. Barbara (4. Dezember)
   Helferin für einen guten Tod, Patronin der Bergleute
4. Blasius (3. Februar)
   Helfer bei Halsleiden und Patron der Weber
5. Christopherus (24. Juli)
   Schutzpatron der Reisenden und
   Beschützer vor einem jähen, unvorbereiteten Tod
6. Cyriacus (8. August)
   Helfer gegen böse Anfechtungen und Patron des Weinbaus

7. Dionysius (9. Oktober)
   Helfer in Gewissensängsten und bei Kopfleiden
8. Erasmus (2. Juni)
   Helfer bei Leibkrankheiten und Patron der Seeleute
9. Eustachius (20. September)
   Helfer in Krisen und schwierigen Lebenslagen
10. Georg (23. April)
    Helfer in schwierigen Lebenssituationen, wenn Zivilcourage und Tapferkeit gefragt sind, Kraftspender für ein tugendhaftes Leben, Helfer bei unheilbaren Krankheiten,
    Patron der Bauern und Beschützer der Haustiere
11. Katharina (25. November)
    Helferin gegen „alle Leiden der Zunge" und
    Patronin der Wissenschaft und Gelehrten
12. Margareta (20. Juli)
    Patronin der Schwangeren, Helferin bei Geburten
13. Pantaleon (27. Juli)
    Patron der Ärzte und Heilwirkenden
14. Veit (Vitus) (15. Juni)
    Patron der Behinderten und Epilepsiekranken
    Helfer bei Augenleiden

Des Weiteren weiß jeder um die Hilfe des Heiligen Antonius von Padua (1195–1231), Gedenktag am 13. Juni, wenn es darum geht, Verlorenes wiederzufinden.

Die heilige Gertrud von Nivelles (626–659), Gedenktag am 17. März, gilt zwar als die Schutzpatronin der Gärtner, doch setzte sich die fränkische Adelige auch für die Leiden und Sorgen von Kranken und Hinterbliebenen ein, weshalb viele „Gertrudis"-Krankenhäuser ihren Namen tragen.

Der heilige Leonhard (um 6. Jahrhundert), Gedenktag am 6. November), gilt nicht nur als Patron der Landwirtschaft und des Nutzviehs, sondern insbesondere auch als der Schutzpatron der politischen Gefangenen.

Die heilige Notburga (1265–1313), Gedenktag am 31. Oktober, wird als Fürsprecherin der Bäuerinnen verehrt.

Der heilige Valentin wiederum, Gedenktag am 14. Februar, gilt als Beschützer der Liebenden.

Valentin soll aus seinem Blumengarten Paare mit schönen duftenden Blumen beschenkt haben und als Bischof von Terni hoch angesehen und beliebt gewesen sein. Doch ließ ihn der römische Kaiser wegen christlich verbotener Trauungen 269 in Rom hinrichten.

Und mit ihrem Leitspruch: „Gott zur Ehr, dem Menschen zur Wehr" rücken die heimischen Feuerwehren aus, um Brand, Feuer und sonstige häusliche Schäden von uns abzuhalten.

Ihr Schutzpatron ist der bereits um 304 verstorbene Florian, sein Gedenktag ist der 4. Mai.

Man mott alle Hilligen ähr Wass gebben.
Man muss allen Heiligen ihr Wachs geben.

Als eine „sehr bodenständige" Fürsprecherin gilt seit Jahrzehnten **Schwester M. Euthymia** (Emma Üffing 1914-1955), deren blumenübersätes Grab auf dem Zentralfriedhof in Münster längst zu einer Pilgerstätte für Menschen in ausweglosen Situationen geworden ist.

Besonders die Menschen entlang der Ems haben diese (einst Plattdeutsch sprechende) Ordensfrau der Clemensschwestern liebevoll in ihr Herz geschlossen, weil sie mit ihrem schlichten, treuen und stets hilfsbereiten Wesen „ganz eine von hier" ist.

Gerade in besonderen Anliegen schöpfen viele Menschen aus den Fürbitten zu besonderen Nothelfern Zuversicht und Kraft: „Wohl dem, der da glaubt". So ist es ein hoffnungsvolles Zeichen gläubigen Vertrauens, wenn in den katholischen Kirchen von den Gläubigen Kerzen angezündet werden, um die Hilfe und den Beistand der heiligen Fürsprecher zu erbitten.

Die Heiligenverehrung ging ursprünglich gar nicht von der Kirche, sondern von den Gläubigen selbst aus. Schon immer bildeten sich um besondere Personen besondere Geschichten aus der überzeugend gelebten „Heil spendenden Wirkung" und der wohltuenden Ausstrahlung, die von diesen Personen ausging. Diese Heiligenlegenden gingen von Mund zu Mund. Selbstverständlich „verwischt" sich dabei so einiges im Laufe der Geschichte, doch ändert das nichts am geistlichen Kerngehalt.

Viele dieser guten Vorbilder dienen dem Leben; sie können uns Orientierung geben und ein Beispiel für entscheidende Herausforderungen sein – ganz gemäß der Devise:
Pfeif auf die Welt und lebe geistlich...

Die Menschen entlang der Ems sehen in ihrer Heiligenverehrung alles andere als eine Weltentrücktheit. Sie verbinden damit Gottvertrauen und stärken dadurch ihr Selbstvertrauen.

Den Kopf nicht hängen zu lassen, sondern unerschrocken zuzupacken, das ist eine typische Eigenart naturverbundener Menschen. Auch ist zu beobachten, dass „natürlich" lebende Menschen nicht nur lebensfroher und kreativer, sondern auch sozial aktiver und in religiöser Hinsicht aufgeschlossener sind. Es stimmt:

Wer glaubt, lebt länger; denn ein innerlich bejahter – und dem entsprechend auch liebevoll gelebter – Glaube ist gesund und tut in jeder Hinsicht gut.

Man mott alltiet dat Beste huopen,
dat Laige kümp fröh genoog.
Man muss stets das Beste hoffen,
das Schlimme kommt früh genug.

Instinktiv dreht sich das Denken „gut-gläubiger" Menschen um Inhalte, die der Seele gut tun; sie sehen ihr Schaffen als gottgewollt, darum handeln sie auch instinktiv weise und „richtig". Das verleiht auch in den dunklen Stunden des Lebens Zuversicht und Kraft. Sie sagen sich:

Use Härgott lött us wuohl maol sinken,
nich aower verdrinken.
Gott lässt uns wohl mal sinken,
nicht aber ertrinken.

Wohl auch deshalb wird Gott nicht aus dem hintergründigen Humor der Emsseelen ausgeschlossen. – Hört, hört!

Gott draff man ruhig all´s anvertruun, bloß kien drüüget Heu.
Gott darf man ruhig alles anvertrauen; nur kein trockenes Heu.

De Dübel schitt alltiet up den gröttsten Haupen.
Der Teufel scheißt immer auf den größten Haufen.

Auk weet Gott alles – bloß nich dat, wat in ´e Wuorst is.
Gott weiß alles – nur nicht das, was in der Wurst ist.

Wer so etwas hört, der muss wissen, dass sich diese Spielart religiös gefärbten Humors nur aus einem in Jahrhunderten gewachsenen Brauchtum entwickeln kann. Daraus resultieren Werte, die zwar nicht immer einfach zu leben sind, gerade deswegen aber häufig dem Leben dienen. „Gott sei Dank" verstehen es die Menschen hier, auf die Schicksalhaftigkeit des Lebens „augenzwinkernd" mit gutmütig schwarzem Humor zu reagieren.

Es geht in der Welt oft ungerecht zu: wer viel hat, bekommt oft noch mehr dazu. Drum darf es nicht gleich als ein Manko angesehen werden, wenn ein geistliches Leben nicht gerade eine Garantie für Reichtum und weltliche Macht ist.

Nichts gegen wirtschaftliche Sicherheit und Wohlstand (im Gegenteil!) doch wer auf Teufel komm heraus nur auf „das Habenwollen" hinaus ist, verliert sich in der Welt und er verliert sich selbst – drum merke:

Schick di in ´e Welt, süss scher di druut.
Tue das, was nötig ist, sonst bist du fehl am Platze.

Et giff Betters to doon
as Quecken begraben un Poggen versuupen.

Es gibt Besseres zu tun
als Unkraut zu vergraben und Frösche zu ersäufen.

Oh ja:

Et geiht nernswo duller to as in ′e Welt!
Es geht nirgendwo verrückter zu als in der Welt!

Drum:

Bangemaaken gellet nicht!
Bangemachen gilt nicht!

Denn:

Wenn Gott will, bleut ′n Bessenstell.
Wenn Gott will, blüht ein Besenstiel.

Zum Leben gehört Vertrauen in das Leben. Und die oft unerklärlichen Lebenszusammenhänge klären sich durch das Gefühl einer höheren Geborgenheit. Ist das gegeben, kann es noch so hoch hergehen, **wi bünd de nich bange vör** (wir haben keine Angst). Erst recht hat **windig Werks** (das, was suspekt erscheint) so keine Chance.

Haoll die an ′t elfte Gebott: Laot di nich verbluffen.
Halte dich an das elfte Gebot: Lass dich nicht überrumpeln.

Ob sie nun **kollersk** (aufbrausend und überdreht) sind, bluffen oder andere **in ′e Kladuse** (in Verlegenheit) bringen, von **Muulaapen** (Großmäulern, Maulaffen) sagt man in Anlehnung an das „Gebet unseres Herrn":

Dat is so eene(n) uut ′e semmde Bidde.
Das ist so eine(r) aus der siebten Bitte.

Das bedeutet nichts anderes, als dass in verzweifelten Situationen bei so manchem **Lumpsack** (Plagegeist, Gauner) schlicht und ergreifend die übernatürliche Hilfe Gottes aus dem Vaterunser alter Prägung herbeigefleht wird, wo es in der siebten Bitte heißt: Und erlöse uns von dem Übel...

Dagegen mutet eine andere plattdeutsche Redewendung schon weitaus lieblicher an:

Et geiht 'n Engel dör 'n Stuoben.
Es geht ein Engel durchs Zimmer.

Damit ist gemeint, dass in einer angeregten Unterhaltung eine plötzliche Stille eingetreten ist. Der Spruch zeugt zugleich von der Ehrfurcht vor den göttlichen Himmelsboten; würde deren Erscheinen den lebhaften Kreis von Menschen doch sogleich sicherlich stumm und betroffen machen. Das geht – mit einem Hauch himmlischer Harmonie – auch aus der Bemerkung hervor:

Se spellt met de Engelkes.
Sie (die Kinder) spielen mit den Engeln.
Anders ausgedrückt: Die Kinder schlafen; sie träumen.

Wie beneiden nicht wenige Erwachsene die lieben Kleinen doch um ihren friedlichen Schlaf.

Sie brauchen sich noch nicht mit Anfechtungen und Problemen herumzuschlagen; sie sind (wenn ihre Grundbedürfnisse befriedigt sind) zufrieden und können wohlgemut träumen. Und wir? Wir quälen uns mit ungelösten Problemen, mit enttäuschten Hoffnungen und erdrückenden Zukunftssorgen. Wie sollen wir ruhig schlafen und gut träumen, wenn wir unser Glück durch die dunkle Brille des Schicksals oder den rücksichtslosen Eifer der Welt bedroht sehen?

Wir schliefen besser, hinge über unserem Bett der Spruch von Theodor Fontane (1819–1898):
Das Glück, kein Reiter wird's erjagen.
Es ist nicht dort, es ist nicht hier.
Lern überwinden, lern entsagen,
und ungeahnt erblüht es dir.

Läuft das, was wir Glück nennen, nicht immer vor uns her? Wir wollen es erjagen – und kommen dabei nicht zur Ruhe. Fontante meint, ruhig und gelassen zu werden, sei schon Glück genug, und sein guter Rat dafür lautet:
„Lern überwinden, lern entsagen."
Scheint vielen von uns gerade das aber nicht der verkehrte Weg? Rauben nicht gerade jene Gedanken den friedlichen Schlaf, die uns suggerieren, mal wieder zu kurz gekommen zu sein?

Überwinden und Entsagen meint hingegen, dass wir uns lösen von Menschen und Dingen, an die wir uns verlieren – und dass wir verzichten, wo wir anderen vielleicht etwas schenken können.

Ohne Verzicht werden wir innerlich nicht frei; doch erst wenn wir selbst frei sind, sind wir gelassen, erst dann haben wir ein gutes Gewissen und können zur Ruhe kommen.

Überwinden und Entsagen schenken uns ein sanftes Ruhekissen. Dazu gehört selbstverständlich auch die Überzeugung, nach bestem Wissen und Gewissen „das Rechte" gut zu tun. In der Beziehung zu uns selbst und zu anderen schwanken wir immer wieder zwischen den Möglichkeiten der Rücksichtslosigkeit und der Überempfindlichkeit, der Selbstzweifel und Selbstüberhebung. Tröstlich, wenn es heißt:

Well mennt,
he hadde usen Härgott bi´n lütken Tehnt,
de hät den Dübel bi ´n Stert.
Wer meint,
er halte den Zeh vom lieben Gott in der Hand,
der hält in Wahrheit den Schwanzzipfel des Teufels.

Gott giff dat Guede nich met Scheppeln,
mehr so met Leppeln.
Gott gibt das Gute nicht mit Scheffeln,
sondern mehr so mit Löffeln.

So graut kann kien Grund un Buoden sien,
dat de Hiemmel up Erden päss.
So groß kann kein Grund und Boden sein,
dass der Himmel auf Erden passt.

Damit wäre wieder die Begrenztheit irdischen Glücks umschrieben. Der Himmel auf Erden... – oft ersehnt, doch Utopie. Hierzu wieder ein Zitat Theodor Fontanes (1819–1898):
„Leg's zum Übrigen."

Fontane hat viel gelitten und musste viel durchstehen – viel Undank und Häme auch von offizieller Seite. Wir irren, wenn wir meinen, nur „die Großen" hätten ihn, den Himmel auf Erden; nein, auch ihr Terrain ist dafür zu klein. Das wusste auch Theodor Fontane – und blieb sich selbst treu. Nein, es war ihm nicht alles egal, aber auf die aufgeblasene Allmacht der Welt konnte Fontane pfeifen. Er war ein Lebenskünstler, der zu Ärger und Vertracktem gelassen sagen konnte:
„Leg's zum Übrigen." Das passt zu seinen Zeilen:

> Es kann die Ehre dieser Welt
> dir keine Ehre geben;
> was dich in Wahrheit hebt und hält,
> muss in dir selber leben.

Also: Pfeif auf die Welt und lebe geistlich!

„Der Himmel auf Erden" ist eine Illusion.
Den Gang durch gefährliche Windungen und Wendungen muss jeder allein wagen. Sagen, weitersagen können wir die Richtungen und auch Hinweise geben, da oder dort besonders aufzupassen. Mehr nicht. Denn:
Immer sind auch neue Wege mit unbekannten Risiken zu beschreiten. Es hilft nicht, Unbelehrbare belehren zu wollen. Lohnt es, sich ihretwegen schwarz zu ärgern? – **Maak wat** (was soll's):
„Leg's zum Übrigen."
Pfeif auf die Welt und lebe geistlich.
Auch mit den Jahren wird das Rätsel Leben nicht weniger rätselhaft.
Es ist nicht alles weiß, es ist nicht alles schwarz. Die Farben gehen ineinander über. „Gott sei Dank." Läutert sich nicht oft manche Enttäuschung als eine Befreiung von Täuschungen?
„Leg's zum Übrigen" – daraus spricht keine Resignation oder Weltflucht, sondern Gelassenheit, die Erkenntnis, dass ein Pluszeichen dadurch entsteht, dass eine aufrechte Linie ein Minuszeichen kreuzt.
Was auch ist, entlang der Ems gilt das ungeschriebene Gesetz:

> **Gott mott demet bi sien,**
> **süss slött de Verdrott drin.**
> Gott muss mit dabei sein,
> sonst nimmt der Verdruss die Überhand.

In einem Brief an ihre Kinder schrieb die Theologin Dorothee Sölle (1929-2003):

„Zum kurzen Innehalten und innerem Auftanken schleppten wir Euch früher bei Reisen immer in Kirchen. Eins von Euch hat mal beim Besuch einer scheußlichen Kirche gesagt: ‚Ist kein Gott drin.' Genau das soll in Eurem Leben nicht so sein: Es soll ‚Gott drin sein', am Meer und in den Wolken, in der Kerze, in der Musik und, natürlich, in der Liebe. Ohne Grund im Grund des Lebens ist diese wirkliche Freude nicht da – und der Verdruss nimmt Überhand, weil unser Freuen dann immer Sachen und Anlässe braucht. Aber die Lebensfreude, das Glück, am Leben zu sein, ist nicht eine Freude, weil es köstliche Erdbeeren oder schulfrei oder wunderbare Gäste gibt. Die wirkliche Freude entspringt dem Geistlichen und ist ohne Warum, ‚sunder warumbe', wie mein bester Freund aus dem Mittelalter, der Meister Eckhart (1260-1328), sagt. Wenn ich Euch als Mutter nur ein wenig von dieser ‚sunder-warumbe-Freude' mitgeben könnte, das wäre schon sehr viel. Dann würde ich auf meine Extraspezialwünsche, diese mütterlichen Zumutungen, getrost verzichten..."

Also:
Pfeif auf die Welt und lebe geistlich.

Tu du das Deine,
dann tut Gott das Seine

Kontemplation (Schauen) und Aktion (Tun) können im menschlichen Leben nicht getrennt werden. Wie Wurzel und Stamm gehört beides zusammen: die sich dem Sinn öffnende – wertend beurteilende – Betrachtung und das – daraus resultierende – sinnvolle und mutige Engagement.

Dabei stören Reizüberflutungen. Sie sind auch nichts für die natürlich gewachsene Bedächtigkeit der Menschen entlang der Ems. Palaver stört ihren Willen zu innerer „Durchgeformtheit". Sie setzen auf Reife, Weitsicht und Beständigkeit. Wenn Aktion gefordert ist, muss schon etwas dahinterstecken. Arbeit muss „Hand und Fuß" haben. Ein Beispiel mag das verdeutlichen:

Drei Steinklopfer werden gefragt, was sie da machen. Der Erste: „Siehst du nicht, wie ich schwitze, ich behaue Steine." – Der Zweite: „Ich arbeite, damit meine Familie zu leben hat." – Der Dritte: „Ich baue hier mit an dieser Brücke."

Jede Antwort ist richtig. Aber der Dritte hat offensichtlich den größten Horizont. Für den einen ist die Arbeit ein notwendiges Übel und für den anderen eine Möglichkeit zur wirtschaftlichen Sicherheit. Der Dritte aber weiß sich als Mitarbeiter an einem großen Werk, ja, als Gestalter einer neuen Welt.

Um gut zu „über-leben" ist es wichtig, dass wir im Wechsel allen Geschehens, in den ständig neuen Kurven und Anforderungen des Alltags, einen festen Punkt in uns finden, der uns stabilisiert und Mut verleiht. Blaise Pascale (1623–1662) spricht von einem „point fixe", einem festen Punkt, von einer „balance" im Wirrwarr unseres Lebens.

Im Niederdeutschen finden sich zahlreiche Aussagen darüber, dass nur Gott allein im Leben dieser feste Punkt, der ruhende Pol, sein kann. Nur mit Ihm zusammen lässt sich „die Welt aus den Angeln heben". Irgend jemand sagte einmal: „Wer in Gott fest gegründet ist, den erschüttern die täglich schwankenden Marktpreise nicht."

Papst Johannes XXIII (1881–1963) brachte es auf den Punkt: „Wer glaubt, zittert nicht."

So einer wird und kann auch zuversichtlich (mit) anpacken. Die Bibel ermutigt uns zu jedem verantwortungsvollen Fortschritt in Wissenschaft, Technik und Kultur (vgl. Gen. 1,28 ff). Gott übergab uns Menschen die Welt nicht wie ein fertiges Haus, in dem wir es uns nur noch bequem zu machen haben; nein, eher wie einen Rohbau, den wir auszubauen und zu vollenden haben.

Gott giff us dat Körn – dat Brautbacken mött wi sömms doon.
Gott schenkt uns das Korn – das Brotbacken müssen wir selber.

Man sall Gott nix affbidden, wat ´m sömms doon kann.
Was man selbst kann, das soll man nicht von Gott verlangen.

Doo du dat Diene, dann dött auk Gott dat Siene.
Tu du das Deine, dann tut Gott auch das Seine.

Dennoch kann es sein, dass auch wir irgendwann mit unserem Latein am Ende sind. Denken wir nur einmal an das Gleichnis vom verlorenen Sohn. Schön und gut, wenn Gott das Seine tut, wenn alles einwandfrei läuft. Wenn es aber einmal ganz anders kommt als erhofft, tut Gott dann auch noch „das Seine"?

Im Gleichnis vom verlorenen Sohn (Luk. 15, 11-32) wird eigentlich alles auf den Kopf gestellt, was unsereins eigentlich so für „normal" hält.

Gerade der, der da als nicht gut gelittener Luftikus auszog und dann nach Jahren mittellos heimkehrt, genau der wird dem gleichgesetzt, der aus Traditionsbewusstsein auf die Sicherheit und Geborgenheit des heimischen Hofes setzte. Wenn einer von sich zu Recht sagen könnte: „Tu du das deine, dann tut Gott das Seine", dann er – oder?

Doch was tut da in diesem provozierenden Beispiel „der liebe Gott"?

Er ignoriert einfach das gewohnte Sicherheitsstreben, die Treue zu Haus und Hof und stellt ihn dem jüngeren Bruder gleich, jenem, der einst alle Warnungen und gut gemeinten Ratschläge in den Wind schlug – also den Unsicherheitsfaktor vorzog – und dafür nun eigentlich eine andere Quittung verdient hätte. Blicke da einer noch durch. Und doch:

Bi guet Wiär is guet fleiten, män wehe, et dreiht de Wind.
Bei gutem Wetter lässt sich gut und schön pfeifen,
doch wehe der Wind dreht sich.

Wir können gut und gerne fromm leben und große Flötentöne von uns geben, solange alles gut läuft – wehe aber, es kommt anders als erhofft. Tut also entgegen unseren Erwartungen Gott „das Seine", so ist das nicht immer einfach, damit ohne Knurren und Murren fertig zu werden.

Suorgen vör de Tiet, Suorgen in de Tiet un Suorgen nao de Tiet, dat bünd twee Suorgen tevull.
Sorgen vor, in und nach der Zeit, das sind zwei Sorgen zuviel.

Damit soll gesagt werden, dass unsere Hauptsorge auf die Gegenwart bezogen sein soll. Alles andere sind **Quinten** (Hirngespinste). Und je mehr wir uns in den Sinn dieses biblischen Gleichnisses vertiefen, umso mehr wird uns dabei die Wirklichkeit unserer eigenen Existenz bewusst, die schließlich auch ständig zwischen gestern und heute hin- und herschwankt, zwischen Gerechtigkeit und Ungerechtigkeit und zwischen der Sicherheit und Unsicherheit unseres Lebens.

Zwar können wir gewiss sein, dass „die Tür zu Gott" niemals verschlossen ist; dennoch gibt es Momente, wo unser eigener Trotzkopf den Eintritt verwehrt, weil wir Ihn nicht verstehen (wollen).

Met Spiet könn ji de Klock nich trüggedreihen.
Auch der Zorn kann die Zeit nicht verändern.

Wat för den eenen riep is, blaiht för den annern.
Was für den einen reif ist, blüht für den anderen.

Warum – weshalb? Fragen mögen berechtigt sein, doch helfen sie nicht weiter. Genau darum ist die Geschichte vom verlorenen Sohn ein sehr lebensnahes Beispiel:

Use leiwe Här lött sick nich in 'e Karten kieken.
Der liebe Gott lässt sich nicht in die Karten gucken.

Das heißt: Der Glaube ist keine Garantie gegen den Unsicherheitsfaktor in der Welt. Darum auch ziehen wir den Spatz in der Hand einer Taube auf dem Dach vor. Und doch: Sagen wir nicht auch völlig zu Recht:
Wer nicht wagt, der nicht gewinnt.
Stets wird deutlich, dass bei allem was wir tun, immer auch ein Scheitern möglich ist.

Ist also in diesem Sinne Glauben nicht auch ein Wagnis? Hier und heute, ja, „da weiß man was man hat". Doch wehe, es kommt anders. Sind wir aber ehrlich, offenbart sich uns die Erkenntnis, dass es erst die Unsicherheit, ja, die Ungeborgenheit ist, die den Blick über die weltliche Geborgenheit hinaus in metaphysische Weiten ermöglicht; nur auf „gemachte" Sicherheit und Geborgenheit bedacht, kämen wir in unserer Entwicklung überhaupt nicht weiter, wir drehten uns nur um uns selbst – immer wäre „am Zaun Schluss".

Bereichern nicht auch **Liendänzer** (Seiltänzer), also jene Leichtfüßler unser Leben, die sich über den Zaun hinwegsetzen, die Wagnisse eingehen, ja, die unserer Ansicht nach das Leben vielleicht nicht ganz so ernst nehmen? Machen Harlekine unser aller Leben nicht bunter und interessanter? Machen sie uns nicht auch nachdenklicher? Dass wir oft selbstherrlich über sie lachen oder gar einen großen Mund über sie haben, verrät eigentlich nur die unausgesprochene Unzufriedenheit über die eigene Eingeengtheit. Die Frage sei erlaubt: Wie urteilen wir oft über Traumtänzer...?

So gesehen ist im Gleichnis vom verlorenen Sohn auch keiner der beiden Brüder besser oder schlechter, würde also mehr oder weniger „verdienen" als der andere. Richtig betrachtet, beinhaltet dieses biblische Gleichnis sowohl etwas sehr Ermutigendes, zugleich aber auch etwas ungemein Tröstliches, nämlich: Die Zusage einer Geborgenheit in der Ungeborgenheit. Der Philosoph Peter Wust nennt dieses Phänomen: „Die Heilserfahrung im Scheitern..."

'n bettken scheef, häff Gott leef.
Sowohl die Geschundenen und Gescheiterten im Leben,
als auch die Gaukler, hat Gott besonders lieb.

Wat Gott us giff, dat mott de Düwel us wuohl laoten.
Was Gott uns gibt, das muss uns der Teufel wohl lassen.

Es gibt eine – durch Zuversicht getragene – gute Gewissheit, die lautet: Auf Dauer ist das Gute stärker als das Böse. Wer hingegen ständig den Teufel an die Wand malt, hofiert ihn nicht nur, sondern fordert ihn geradezu heraus. Also:

Nich den Kopp hangen laoten!
Nicht den Kopf hängen lassen!

Vielmehr: „Nun erst recht" ran an den Speck!

Solange ji sweet', bin ji noch nich verhext.
Wer schwitzt, ist gegen Hirngespinste und Schwarzmalerei bestens gewappnet.

Ora et labora (Bete und arbeite) war für unsere Vorfahren das Lebensgesetz schlechthin. Schwitzen ist gut, doch „ständig unter Dampf" sein nicht. Heute zählt fast nur noch das labora...
Die meisten Menschen haben – außenorientiert – nur Höchstleistungen, Sozialprestige, „ein feines Leben" oder gar Machstreben im Blick. Sie wollen nur „gut ankommen", erfolgreich sein und Spaß haben. Warum auch nicht. Aber wenn Ruhe und Besinnung zu kurz kommen, „fehlt am Ende was".
Was? – Diese Frage bleibt dann häufig offen. Statt dessen ist Zerstreuung angesagt, am besten rund um die Uhr, Vergnügen bis zum Abwinken.

Fier`n ohne Maote, dao danzt de Düwel up Stelzen.
Bei maßlosem Feiern tanzt der Teufel auf Stelzen.

Die maßlose Vergewaltigung unseres Biorhythmus verhindert einen sinnvollen und gesunden Lebensstil, der sich durch eine ausgewogene Zeiteinteilung mit festen Gewohnheiten auszeichnet. Statt dessen **wärd huult** (gefeiert) und drauflosgelebt. Völlig vergessen werden dabei schöne Rituale. Nehmen wir uns ein Beispiel an naturverbundene Menschen.
Für sie sind **sinnvolle Rituale** ein fester Bestandteil ihres Lebens. Besonders hervorzuheben sind hier bestimmte Feiertage im Jahresverlauf. Aber auch für Tagesbeginn, Tagesmitte und Tagesende lassen sie sich genügend Zeit; dabei halten sie sich unverrückbar – jahrein, jahraus – an ganz bestimmte Handlungsweisen, die wiederum tagein, tagaus in weitgehend genauer zeitlicher Reihenfolge verlaufen.
Das ist mit ein Grund dafür, dass naturverbundene Menschen ausgeglichen und auf eine heiter-gelassene Art bescheiden und genügsam sind. Sie leben nicht einfach so willkürlich in den Tag hinein, nicht heute so und morgen so, ihr Leben verläuft „in festen Bahnen" – und genau das lässt sie auch ruhig und zufrieden altern. Denn sie lassen sich in ihrer Art zu leben weder von Modeerscheinungen, noch von den Erwartungen, Wünschen und Erfolgen anderer verunsichern.

Met Ordnung in 'e Tiet kümp man met Maote wiet.
Mit Ordnung in der Zeit kommt man ruhig und angemessen weit.

So gut und segensreich eine geregelte Arbeit ist, doch sie allein darf auch nicht nur unseren Zeitplan bestimmen. Stress ist auch ein liebloser Umgang mit sich selbst. Kleine „Lebensanker" wirken Wunder. Das können Sprichwörter oder gute Vorsätze sein.

Solche **Selbstbestärkungen** geben Halt. Wie soll Gott das Seine tun, wenn wir uns im ganzen Welttheater verlieren und keine Zeit mehr für Besinnung haben?

Unsere Vorfahren hier entlang der Ems haben ihr Dasein „höher" gewertet; darum auch waren sie durchweg mit sich und der Welt zufriedener als wir heute. Ihnen war bewusst, dass Geist und Seele, die Träger des Bewusstseins, einen vornehm-höheren Rang hatten als jedes noch so laute Welttheater. Nur aus dieser inneren Sicht, aus dieser inneren Stabilität heraus, konnten sie „über" vieles stehen, was uns heute „umhauen" würde:

Wat bin ick riek!
Een Wams an´ Buuk un een´n up ´n Struuk.
Was bin ich reich! Eine Jacke bzw. einen Rock am Bauch
und eine(n) – zum Trocknen – auf dem Strauch.

Wer darüber heute schmunzelt, der bedenke: 1924 erschien die erste Rentenmark, die mit 4 Billionen und 200 Millionen Papiermark verrechnet wurde. Nicht genug damit kam auch noch der strenge Winter 1946/47, der schlimmste des vergangenen Jahrhunderts.

Es gab nichts mehr. Und wo es etwas gab, da mussten die Menschen stundenlang Schlange stehen. Wie „verrückt" dagegen die Ansprüche, die heute „mindestens" erfüllt sein müssen, damit „man" sich gut fühlt und/oder Anerkennung findet.

Dat Geckwärn fäng alltiet in´ Kopp an.
Das Närrischwerden (Hochmut) beginnt immer im Kopf.

Schrappers sööket usen leiwen Härn un sien Glück ümsüss.
Die Gierigen suchen das Glück und den lieben Gott vergebens.

Umweltzerstörung ist so ein schlimmes Zeichen maßloser Gier. In der Maßlosigkeit überfordern wir uns „heil-los" und verlieren das Gespür für ein wirklich „gutes Leben". Häufig leider erst, wenn es zu spät ist, merken wir die Verstrickungen in eine der größten Widersacher für ein gutes Leben – insgesamt sind es:

Die acht Laster

1. Völlerei
2. Unzucht
3. Habsucht
4. Traurigkeit
5. Zorn
6. Überdruss
7. Ruhm- und Gefallsucht
8. Stolz

**Männigeen verlangt et nao Wulle –
un kümp geschoren wier nao Huuse...**
Mancher sucht Wolle und kommt geschoren wieder heim...

Vertrauen wir einer guten Portion Zuversicht und Glauben, dann erkennen wir, dass unser Wille allein uns zur Qual werden kann.

Je weniger wir verbissen etwas wollen und je mehr wir vertrauensvoll geschehen lassen können, je mehr wird uns bewusst, dass wir von „irgendeiner höheren Macht" durchdrungen sind, die es spürbar gut mit uns meint und uns ahnen lässt:

Mach dich nicht verrückt. Tu du das Deine, dann tut Gott das Seine...

Das hat nichts mit Blauäugigkeit zu tun. Vielmehr stellt sich dieses Vertrauen umso eher ein, je früher wir damit beginnen, unser Leben unseren Vorstellungen gemäß ein wenig mehr zu vereinfachen; das, was wir haben, wertschätzen zu lernen, statt unentwegt Vergleiche anzustellen.

**Better is ′n klein Bestaohn
äs ′n graut Vergaohn.**
Es ist besser im Kleinen zu bestehen
als im Großen unterzugehen.

Und doch mühen wir uns ab, um möglichst viel vom Leben zu „haben", immer „up to date" zu sein, etwas zu gelten – und machen dabei häufig aus aufgeblasener Eitelkeit und Rechthaberei ein Welttheater um nichts, während um uns wahre Wunder geschehen und an uns die Zeit wie im Vogelflug vorbeirauscht...

**Kummdeer män ruhig –
nich een Vüögelken stüert sick dedran.**
Was auch immer du befiehlst –
es stört sich kein Vögelchen daran.

Wir sind vernarrt in uns. Doch während wir ärgerlich meinen, zu kurz zu kommen, strömt das Leben mit all seinem Reichtum an uns vorbei. Würde ein Vögelchen aufhören zu singen, nur weil es uns in den Sinn käme, es ihm zu verbieten?

Während wir um **Killefit** (unbedeutende Kleinigkeiten) die Stirn kraus ziehen und uns mal wieder ach so fürchterlich ärgern, geschehen um uns herum tausend Wunder. Das meiste, was uns quält, verursachen wir selbst.

De Welt, de is vull Piene, weil: jeder süht män bloß dat siene.
Die Welt ist voller Pein,
weil jeder nur seine eigenen Schwierigkeiten sieht.

Immer nur das Beste haben und ohne Rücksicht auf Verluste nur der Erste sein zu wollen, das frisst auf Dauer Lebenskraft.

Alle Egozentrik, jedes „aber ich", alle Willkür, alle willentliche Verbissenheit, alle Unruhe, alles Lamentieren, alle Spekulationen, was sein könnte, alles Eigenmächtige ohne den Glauben an einen guten Ausgang, all das verhindert „ein gutes Leben". Erst wenn Selbstvertrauen und Gottvertrauen sich paaren werden wir ruhig und fühlen uns gut.

Laot Gott′s Waater öewer Gott′s Land laupen.
Lasse Gottes Wasser über Gottes Land laufen.

Diese Mahnung zu mehr Ruhe und Geduld will uns keine Gleichgültigkeit suggerieren, darin steckt mehr:
Wissen was man will besiegt Kleinmut und Zweifel
und übertrifft zu wissen, was man nicht will!

Man kann usen Härgott vull affbidden, män nich dwingen.
Man kann von Gott viel erbitten, aber nichts erzwingen.

„... dann tut Gott das Seine" – leider wird das häufig nur dann akzeptiert, wenn es uns „in den Kram" passt. Dagegen zeichnet sich ein Ems-Charakter durch Langmut aus. Dagegen sind wir alle zu ungeduldig geworden. Mit der Ungeduld einer geht immer die Hektik. Hektik und Stress machen alles nur noch schlimmer, denn Hektik und Stille vertragen sich nicht. Hektik und Zuversicht, das passt nicht zusammen; Langmut kann sich da so wenig entfalten wie Gottvertrauen.

Wir drücken uns entlarvend präzise aus, wenn wir sagen, dass in der Hektik die Vernunft auf der Strecke bleibt.

Vernunft kommt von vernehmen – und nur in der Stille lässt sich Wesentliches ver-„nehmen"; erst wenn ich ruhig geworden bin, kann ich etwas in Empfang nehmen, was mir gewissermaßen „zuwächst" und mich stärkt. Wohl auch darum wird hier ein plattdeutscher Spruch in Ehren gehalten, der sozusagen als Präambel zu den „Statuten der Ems" stehen könnte:

Swiegen un denken dött nich eenen kränken.
Schweigen und denken tut keinen kränken.

Kennzeichen der Westfalen, Emsländer und Ostriesen ist es, dass sie – ohne viel Aufhebens darum zu machen – würdevoll, still und unverdrossen ihren Weg gehen. Sie schweben nicht über den Wassern. Sie nehmen die Probleme als einen selbstverständlichen Teil des Lebens.

Aber dieser eine Zusatz: „**... dann dött Gott dat Siene**", scheint ihnen Kraft zu geben; Kraft in oft ausweglosen Situationen, in denen sie sich ihren starken Gleichmut bewahren.

Nichts überhasten, dafür aber **van binnen haruut gründlick weg** (von innen heraus gründlich und verlässlich). Charakteristisch hierfür die Schilderung von August Hollweg in seinem „Buch von der Ems":

„Hier entlang der Ems schauen dich die Menschen siebenmal an, ehe sie mit dir sprechen. Und besonnen lesen sie dir dein Denken aus den Augen, ehe sie lächeln. Doch wenn du einer bist, dem sie die Hand zum Gruße reichen, dann sei gewiss, dass du einen Freund gefunden hast, auf den du von nun an immer bauen kannst."

Erst einen Sack Salz gemeinsam zu verzehren, um „zusammen zu können", da is was dran hier. Wilhelm Busch (1832– 1908) reimte:
Wie wolltest du dich unterwinden,
kurzweg die Menschen zu ergründen.
Du kennst sie nur von außenwärts,
du siehst die Weste, nicht das Herz.

Es scheint aber auch Personen zu geben, die über „einen sechsten Sinn" für die Beurteilung von Menschen verfügen. Es sind häufig besonders naturverbundene, introvertierte, ruhige und nachdenkliche Menschen. Statt viel zu reden, beobachten sie. Dabei spüren sie instinktiv, wenn Inneres und Äußeres nicht übereinstimmen. Sie schauen jemanden an – und schon „wissen sie mehr".

Mehr als irgendwo sonst traf man gerade früher solche Menschen **met 'n Vörgesicht** (mit einem „zweiten Gesicht") entlang der Ems. Im Volksmund heißen sie **Spöökenkieker**. Es ist belegt, dass viele Voraussagen, die sie machten, tatsächlich auch eintrafen. Wischen wir das nicht einfach beiseite. Um mit dem niederländischen Philosophen Baruch de Spinoza (1632–1677) zu reden, ist es so gut wie sicher, dass „unsere Welt" noch „mehr Attribute" hat, die jenseits unseres Erkenntnisvermögens liegen. Spinoza spricht von den „unendlichen Attributen" dieser Welt (substantia sive natura sive deus), Wesenszüge, die uns Menschen verschlossen sind, wie etwa den Tieren die Mathematik. Und doch sind wir erstaunt, wenn hin und wieder „Menschen mit dem sechsten Sinn" anscheinend zu einigen dieser Attribute vorzudringen vermögen.

Auch sind wir nicht minder verwundert über so manche Zeitgenossen mit einem sicheren „Instinkt für alles, was stinkt". Herrscht das Gefühl vor, dass moralische Bedenken über Bord geworfen werden, ist hier schnell „Schluss mit lustig". Drum:

Halte dich fern von **Mensken met Nücken** (unaufrichtige, durchtriebene, aber auch jähzornige Menschen).

Kraihen un Duuwen fleiget nich meteneene.
Krähen und Tauben fliegen nicht gemeinsam.

Es ist wichtig darauf zu achten, welchen Umgang wir pflegen. Schon im Alten Testament ist im Buch der Sprüche (22 – 25) nachzulesen:
Geselle dich nicht zum Zornigen
und halte dich fern von jedem Zügellosen,
du könntest auf seinen Weg geraten
und dich dadurch selbst zu Fall bringen.

**Dat bünd slechte Pütten,
wo ji dat Waater
henslören mött´.**
Das sind schlechte Brunnen,
zu denen das Wasser
getragen werden muss.

Dieses Beispiel meint Tagediebe, die hinten und vorne nicht hochkommen und für alles, was ihnen daneben geht, Gott und die Welt anklagen. Was nutzt ihnen die Hilfe Gottes, wenn sie sich selbst im Wege stehen?

Bei vielen Sprichwörtern und Redensarten entlang der Ems könnte Johann Gottfried Herder (1744 – 1803) mit seiner Einsicht Pate gestanden haben:

„Klar und unbeirrt denken, was klug, förderlich und wahr ist, dabei fühlen, was schön, stärkend und klar ist, und dann mutig wollen, was hilfreich und dienlich ist – dadurch erhebt sich die Seele über alle dunkle Niedertracht; darin erkennt der Geist gute und ungetrübte Ziele für ein sinnvolles Leben."

Und der schweizerische Dichter Gottfried Keller (1818–1890) sagt ganz richtig:

„Wer heute einen Gedanken sät, erntet morgen die Tat,
übermorgen die Gewohnheit, danach den Charakter
und endlich sein Schicksal."

Wie gesagt, kommt das Wort Vernunft von „vernehmen". Nichts ist dafür hilfreicher als „innere Sammlung". Nur dabei ist es auch möglich, Gott in unserem Tun „wahr-nehmend" mit einzubeziehen.

Stellt sich Ihnen nicht auch manchmal die Frage:
Was soll eigentlich übertönt werden, dass es überall so laut ist?

Gegen Ruhe und Stille wird ein Aufwand getrieben, der kaum noch zu verstehen ist. Kein Wunder, dass die Seele ermattet – sie spannt nicht mehr ihre weiten Flügel über stille Landschaften aus, so als flöge sie nach Hause. Sie ist hin- und hergerissen von ständig neuen Eindrücken und Zweifeln. Vielen schwirrt der Kopf. Das Wichtige vom Unwichtigen zu unterscheiden, macht beinahe schon „verrückt".

Nich de Geliägenheiten verpasset us –
wi verpasset de Geliägenheiten!
Nicht die Gelegenheiten verpassen uns –
wir verpassen die Gelegenheiten!

Zwar läuft im Leben nicht immer alles so wie man es sich wünscht; umso mehr aber gilt es, aufzupassen und „die Gelegenheit" am Schopfe zu fassen.

Wir können dabei viel von unseren Vorfahren lernen, denn sie mussten hart arbeiten. Zwar verfügten die Bauern einst über ausreichendes Personal, aber nicht so wie heute über Maschinen, die ihnen die Arbeit erleichterten. Der Arbeitstag begann früh und endete spät. Tagein, tagaus.

Aus dieser Zeit stammt der Spruch:

Een Jaohr kann man et gar bi ′n Düwel uuthaoll′n.
Ein Jahr kann man es selbst beim Teufel aushalten.

Mägde und Knechte machten diese Erkenntnis zum geflügelten Wort und munterten sich damit gegenseitig auf, wenn sie sich mit ihrer Arbeitskraft beim Bauern verdingten.

Diese Arbeitsverhältnisse hatte der „Alte Fritz" bereits 1753 in der Gesindeordnung geregelt. Sie enthielt die Auflage, sich mindestens für ein Jahr beim Brotherrn zu verpflichten. Wer nun vor Ablauf dieses Dienstjahres sein Bündel schnürte, von dem hieß es:

He häff sick 'n bunt Fiäken haalt.
Er hat sich ein buntes Ferkel geholt.

Es galt als Ehrensache, so ein Jahr ohne Murren aufrecht durchzustehen.
Besonders wenn es hart wurde, hielt man es mit dem bekannten Leitspruch:
Doo du dat Diene, dann dött Gott auk dat Seine.
Doch zeigt eine ganze Kette von Sprichwörtern und Redensarten, dass es wahrlich nicht immer ganz einfach war, danach zu leben:

De eene mäck dat Bedde un de annere legg sick drin.
Der eine macht das Bett und der andere legt sich hinein.

'ne nie'e Bux mott met de olle verdeint wärn.
Eine neue Hose muss mit der alten verdient werden.

Auk dat beste Perd häff seine Nücken.
Auch das beste Pferd hat seine Eigenarten.

Weder sind Menschen Pferde, noch sind sie Maschinen. Jeder Mensch ist seinen ureigensten Stimmungen und Gefühlsschwankungen unterworfen. Sie sind es, die unsere Arbeitsfreude, unser Wohlbefinden und unseren Umgangston beeinflussen. So kann Begeisterung derart beflügeln, dass selbst schwierige und unangenehme Arbeiten erst gar nicht als Last empfunden werden. Schwarzmalerei und beständige Kritik hingegen lässt alles in einem düsteren Licht erscheinen, nimmt Mut, macht ärgerlich, gereizt, lustlos oder gar verzweifelt. Zwar ist einiges im Alltag hinzunehmen – aber nicht alles. Wenn es zuviel wird, hilft nur eines: Heraus aus dem Schmollwinkel, Hilfe in Anspruch nehmen und laut und deutlich das Unheil beim Namen nennen! Doch aufgepasst: Nicht selbst zum Meckerfritzen werden. Alles ist nicht Zuckerschlecken und einiges will auch durchgestanden sein:

Dat stäödigste Perd treck haddest den Wagen.
Das gleichmütigste Pferd zieht am kräftigsten den Wagen.

Besser, als sich seinen Launen hinzugeben, ist Gleichmut und Beständigkeit im Tun. Auch führen Überlegung und Besonnenheit eher zum Ziel, als **hassebassen** (blindlings eingeschlagener Galopp).

Gleichzeitig spricht daraus auch die Warnung vor einem unkritischen Leistungsverständnis. Mit möglichst geringem Aufwand einen möglichst großen Erfolg zu Stande zu bringen, gelingt nicht ohne Bedacht, Fleiß und Ausdauer. Ja:

Üm ′n grauten Satz to maaken,
moss erst ′n paar Tratt trügge.
Um einen großen Sprung zu tun,
musst du zunächst einmal ein paar Schritte zurück.

Wer versucht, aus dem Stand heraus zu springen, kommt nicht weit. Es fehlt der Schwung. Anders, wenn man nur einige Schritte zurück geht.

Das lässt Vergleiche mit dem Leben zu.

Wer nur das Zufallsprinzip gelten lässt, wer versucht, ohne Bedacht „aus dem Stand" heraus zu springen, der kommt nicht weit. Er kennt keine Entwicklungen, weiß nichts um die Hintergründe, hat eine Sache nicht durchschaut, bezieht keine Erfahrungen mit ein und macht leicht Fehler.

Jede Generation versucht, der anderen die besten Bedingungen abzusehen, um möglichst gut durchs Leben zu kommen. Doch mit allen Fortschritten sind zugleich immer auch neue Schwierigkeiten und alte Nöte mitgeschritten.

Gott sei Dank sind wir bei allem Fortschritt Menschen geblieben. Immer gibt es jene, die vor lauter Wichtigkeit vergessen, was wirklich wichtig ist. Immer aber gibt es auch jene, die „weiter denken" und dabei erkennen, dass jeder Augenblick nicht nur seine Entstehung hat, sondern auch weiter wirkt. Wer das berücksichtigt, kann jederzeit gut mit der Zeit gehen (nicht hasten und rennen).

Von Jahr zu Jahr mehr zu lernen, mit der Zeit sinnvoll umzugehen, das ist es, worauf es ankommt. Intelligenz, Einsicht und Einfühlungsvermögen sind dabei hilfreich. Dennoch wissen wir bei allem Wissen von Jahr zu Jahr mehr, dass uns letztlich „eigentlich" etwas fehlt. Das Wissen, dass wir sterblich sind, sollte uns darum „hier und jetzt" nachdenklicher, milder, umgänglicher, menschlicher und hoffentlich auch weiser machen.

Jedem von uns wird etwas „zugemutet". Es kommt weniger darauf an, welchen Rang wir damit in der Vergänglichkeit der Welt einnehmen als vielmehr, welchen Wert und Sinn wir dem beimessen, von dem wir uns die Erfüllung unseres Lebens erhoffen.

Wenn wir erkannt haben wo unsere Gaben liegen, erkennen wir auch unsere Aufgaben.

Endlos ist sie nicht, „die Zeit", um unsere Aufgaben so gut wie möglich zu erfüllen. Doch sehen wir „unsere Zeit" als „eine Larve der Ewigkeit", bleibt uns neben „der Pflicht" auch noch „Zeit für mehr":

Zeit zum Staunen und Zeit zum Danken für all die vielen lieben Mitmenschen, die es gut mit uns mein(t)en. Dann bleibt zu jeder Zeit auch noch genügend Zeit für die vielen Freuden des Lebens, um gelassen sagen zu können:

Tu ich das meine,
dann tut Gott wohl auch das Seine...

Jedem steht sein Tag bevor

Ein Kind der Ems, der (bereits mehrfach genannte) Religionsphilosoph Josef Pieper (1904-1997) aus Elte bei Rheine nennt den letzten Band seiner autobiographischen Aufzeichnungen: „Eine Geschichte wie ein Strahl" (Kösel-Verlag, München). Er meint damit das Leben und schreibt dazu im Vorwort, dass „eine Strecke" begrenzt ist von Punkt a nach Punkt b, „ein Strahl" hingegen von einem Punkt a ausgeht, nicht aber einen festen Punkt b hat...

Für uns und die Welt mag das Leben eine (oft sogar mühsame) Strecke (Zeit) sein. Doch geistlich betrachtet, so Pieper, bliebe „der Punkt Omega" ein unergründliches Mysterium.

Das trifft auch zu, wenn wir von der „Zeit" reden. Unser Wort „Zeit" entstammt dem Niederdeutschen **„tid"**, wie es sich in den „Gezeiten" der Meere, den „Tiden" noch bis heute erhalten hat. Im Sinne von auf und ab bezeichnet aus diesem Auf und Ab „die Zeit" einen Abschnitt; doch ist dieser nicht etwa fixiert, fest verfügbar, sondern indem dieser Zeitabschnitt da ist, uns präsent ist, ist er uns – ähnlich der Welle des Meeres – zugleich schon wieder entschwunden.

Auk de dickste Fuust krigg de Tiet nich to packen.
Auch die stärkste Faust bekommt die Zeit nicht zu fassen.

So ist das mit der Zeit, sie zerrinnt uns in den Fingern, und dass sie uns zerrinnt, dass sie begrenzt ist und dass wir ihre Grenze nicht kennen, das gehört zu den unerbittlichsten Erfahrungen unserer Existenz – **dao kanns gries bi wärn´n** (da kannst du grau bei werden). Drum merke:

Wat nutzt et, aolt to sien un doch nich wiese?
Was nutzt es, alt zu sein und doch nicht weise?

Ohne Akzeptanz des Alters und ohne Einsicht in die damit verbundenen Lebenserfahrungen kann das Alter durchaus zur Belastung werden. Zudem wird uns mit zunehmendem Alter mehr und mehr bewusst, dass wir mit der Zeit nicht einfach (mehr) so unbekümmert umgehen können. Aus dem „Kapital der Gelegenheiten" verbleiben einige mehr oder weniger große „Restbeträge".

Unwiderruflich zeigen sich irgendwann in der Bilanz Versäumnisse. Nicht selten, und die verlorene Zeit nimmt den Charakter der Schuld an. Das beginnt schleichend. Und doch:

**Dat Öller kümp sachte weg van sömms –
män et geiht nümmernich wier weg.**
Das Alter kommt – oft ohne dass wir es merken – von alleine; doch geht es nie wieder weg.

Irgendwann scheint es, als würde die Uhr „durchsichtig". Die Zeit, ist sie uns davongelaufen – sind wir ihr davongelaufen?
Zwar zeigt uns, je älter wir werden, die altvertraute Uhr nach wie vor die Stunde an, doch scheint es eine andere Stunde zu sein; nicht mehr die der Leistungsbilanz, sondern die der Lebensbilanz. Soll das alles gewesen sein? Viel ist in diesem Buch über Sinn und Erfüllung im Leben gesagt worden. Spätestens jetzt, im Alter, ist die Zeit reif geworden für intensivere Lebenserfahrungen, für das, was letztlich zählt und erfüllt.
Kehrtwendungen – Be-„kehrungen" – sind im Alter nicht ungewöhnlich. Gehört das nicht wohl mit zu den größten Erfahrungen des Alters, ja, zur eigentlichen Weisheit des Alters überhaupt?
Und doch ist davon in der Öffentlichkeit wenig zu spüren. Die Werbung suggeriert uns „die ewige Jugend" – Ältere kommen da gar nicht erst vor. Dennoch sagten unsere Alten:

Ollen Speck giff 'n lecker'n Pott.
Alter Speck verleiht dem Essen einen guten Geschmack.

„Geschmack am Leben" zu haben ist nicht in erster Linie eine Frage des Alters oder des Aussehens, sondern eine Frage der Reife, es ist weder eine Frage der Zeit, noch ein Privileg der Jugend. Nicht nur „das Alter", sondern jedes Alter für sich hat seinen eigenen, guten und abgerundeten Geschmack.
Doch scheint es, dass „die Älteren" ganz andere Sorgen haben, z.B. darauf bedacht sind, so lange wie möglich „jung" zu bleiben und die Haut, besonders „an den Problemzonen", immer schön straff zu halten. Obwohl schon die ägyptische Königin Cleopatra täglich in frischer Eselsmilch badete, konnte auch sie sich weder die ewige Jugend erhalten noch ihr zeitliches Ende verhindern. Und heute?

Heute lächeln die Medizintechniker nur über Eselsmilch. Sie sind in der Lage beispielsweise ein Gen direkt ins Herz einzupflanzen, das dafür sorgt, das abgenutzte Arterien von selbst nachwachsen. Schon fast übermütig lautet ein Werbeslogan einer Biotech-Firma: Wir erneuern den Körper, bis er wieder reibungslos funktioniert.

Führt das nicht zu einer Fortschrittsgläubigkeit, die blind macht gegenüber menschlichen Grenzen? Das Alter ist nicht mehr gut oder schlecht, es wird einfach ignoriert. Wer will schon alt sein?

Aolt wärn, dat will jedereens – män aolt sien, dat will kieneener!
Alt werden, dass will jeder – doch alt sein, das will keiner!

Alte Menschen kleiden sich wie junge Leute und reden ihnen nach dem Mund, sie lassen sich neue Hüften einsetzen, oben „liften" und unten „die Orangenhaut" absaugen – und gehen anschließend auf Kreuzfahrt...

Nichts gegen eine Kreuzfahrt: Im Gegenteil.

Aber der Drang, um jeden Preis jung zu erscheinen, verhindert, es auch tatsächlich zu sein...

Warum ist es „angesagt", immer „up to date" zu sein? Warum meinen „die Alten", „um jeden Preis" noch immer an vorderster Front mitmischen zu müssen? Es muss nicht so sein, doch könnte oft schiere Verzweiflung dahinter stecken, so etwas wie eine Flucht aus einer tief empfundenen Sinnleere.

Betrachten wir nämlich „das Phänomen der ewigen Jugend" näher, so offenbart sich darin – heute mehr denn je – ein Paradoxon; denn, rationell betrachtet, folgt auch Wissen dem Prinzip von Angebot und Nachfrage. Wissen wurde „früher" menschlich mündlich weitergegeben. Seit eh und je lebten unsere Vorfahren in der Tradition mündlich überlieferter Lebenserfahrungen. Da waren sie als Überbringer lebensnotwendigen Wissens gefragt und geachtet; denn wie hätte man ohne dieses kollektive Gedächtnis (gut) überleben können? Das hat sich in den letzten fünfzig Jahren grundlegend geändert.

Heute ist in unserem hochgezüchteten Informationszeitalter das in einem alten Menschen gespeicherte Wissen so gut wie nichts im Vergleich zu den weltweit vernetzten Datenbeständen unserer Computer. Außerdem lebt „der moderne Mensch" von Veränderungen. Nie zuvor hat sich Neues immer wieder so rasend entwickelt wie heute. Damit sich Neues durchsetzen kann, muss das Überholte und Alte so schnell wie möglich weichen. Nicht nur das Alte, häufig auch „die Alten" sind dabei hinderlich. Damit wäre im Gegensatz zu früheren Generationen heute genau das Gegenteil eingetreten.

Was heute gefragt ist, ist das Kurzzeitgedächtnis – und damit kommt ein weiterer Minuspunkt für die Alten hinzu... Kein Wunder, dass in dieser auf Perfektionismus ausgerichteten technisierten Welt alte Menschen nur toleriert werden, wenn sie den modernen Ansprüchen und Erwartungen wenigstens (noch) einigermaßen entsprechen. Deshalb fühlen sich nicht wenige alte Menschen schon „schuldig", wenn sie „nicht mehr mitkommen". Wo Schuld ist, keimt auch Buße (das sind die oft peinlichen Anstrengungen, ja nicht „alt zu sein") – wer sich schuldig fühlt, wird schnell sein eigener Richter...

Und so leugnen sie denn alle ihr „So-Sein", diese an sich bedauernswerten „jungen Alten", die sich selbst und anderen was vormachen, um ja auch noch ein bisschen anerkannt zu sein.

Doch auch „der moderne Mensch" macht sich was vor. Indem nur das eine gilt, wird das andere vernachlässigt. Darum wird zunehmend Wissen mit Weisheit verwechselt – und darum wird unsere Welt immer inhumaner und kälter. Denn Weisheit reift und gedeiht nur im Langzeitgedächtnis – ein hoher Pluspunkt bei alten Menschen. Wir alle brauchen Geschichte (und „seelen-volle" Geschichten), um Distanz zur vermeintlichen „Allmacht der Gegenwart" zu bekommen. Wie sonst wohl wäre die über alles erhabene und von allen so ersehnte Gelassenheit möglich? Verleiht nicht erst so etwas wie ein weitsichtiger „Durchblick" eine „Erhabenheit über die Zeit"? Wer besser als die im Alter gereiften Menschen können dafür „ein beseelendes Zeugnis" abgeben? Kein Computer kann zeitlos gute Gespräche ersetzen! Schon im Alten Testament steht im Buche Sirach (41, 21): „Pfeifen und Harfen lauten wohl, aber besser als die beiden sind gut gemeinte, freundliche Worte."

So wichtig Wissen, Technik und Arbeitseinsatz auch sind; sie können (und dürfen) nicht alles sein. Schauen wir nur genauer hin: Auch der Computerfreak sammelt, und die Museen, als die über die Zeit erhabenen Kulturtempel, haben Hochkultur. Warum? Je schnelllebiger die Zeit, umso größer das Bedürfnis nach „Zeitumgehung". Es äußert sich u.a. dadurch, dass wir gezielt Gegenstände sammeln, die uns demnächst, wenn „jetzt" „früher" sein wird, an das „Jetzt" erinnern und es noch einmal erleben lassen...

Dennoch passt das genau zu dem Phänomen, dass so gut wie nichts jemals irgendwo in Ruhe ein Ende findet. Was nicht mehr „modern" ist gilt als „alt" – und wird sogleich entsorgt. So wird die Verbindung mit der Vergangenheit weggewischt. Ist aber nicht oft der Glanz gerade dann am größten, wenn er im Begriff ist zu vergehen? Drum:

Flüchte nicht vor der Vergänglichkeit, du entrinnst ihr ohnehin nicht.

Olle Lüe mött´ sterben,
junge Lüe könnt´ sterben.
Alte Menschen müssen sterben,
junge Leute können sterben.

Wer kann seinem Ende schon ein Schnippchen schlagen?

Doch heißt Alter nicht nur eine quantitative Abnahme von Fähigkeiten und Fertigkeiten; Altern bedeutet auch eine qualitative Veränderung der Lebensumstände, die jedoch nur der Älterwerdende selbst (rechtzeitig) vornehmen kann. Älter wird jeder ohne eigenes Zutun, doch die Gestalt(ung) des Lebens im Alter ergibt sich nicht von selbst. – Hilfreich sind

die 10 Regeln für ein gutes Alter:

- Sinnorientierte, befriedigende Lebensziele, die „frisch, fromm, fröhlich und frei" mit Leib und Seele das Denken und Handeln motivieren = stimmige Grund- und Kontrollüberzeugungen.
- Heitere Gelassenheit = innere Ruhe statt verbissenem Konkurrenzdenken. Lernen, sich von Bedingungen zu lösen. Grundsatz: Ich muss mich nicht mehr beweisen, ich lebe bewusst gut und gerne.
- Regelmäßige Tätigkeiten zu bestimmten Tageszeiten, die den Tag strukturieren = Verantwortungsbereitschaft.
- Ein rhythmengerechtes Leben entsprechend den Tages- und Jahreszeiten ohne übermäßige Belastungen mit einem geregelten Tagesablauf und ausreichend Schlaf (mittags auch „ein Nickerchen").
- Natürliche, abwechslungsreiche Ernährung mit viel landesüblichem Obst und Gemüse; einfach und genügsam.
- Naturverbundenheit – und Freude an den kleinen Dingen des Alltags.
- Gartenarbeit oder regelmäßige körperliche Betätigungen in frischer Luft ohne leistungsorientierte Überforderungen.
- Schöne Freizeitbeschäftigungen = „gerne etwas tun".
- Pflege guter sozialer Beziehungen = Stimmigkeit in Ehe, Familie, Freundes- und Bekanntenkreis.
- Sich glaubend innerlich öffnen durch eine liebevoll praktizierte Religiosität, von der man vertrauensvoll Heil und Segen erwartet.

Schlimm dagegen, wenn Uneinsichtigkeit und Altersstarrsinn die letzten Möglichkeiten zur Aufgeschlossenheit, Versöhnung und liebevollen Auseinandersetzung mit sich selbst, den Lieben und dem Leben verhindert. Leider ist nicht selten zu beobachten:

Viele Sinne nehmen im Alter ab –
nur ein Sinn nimmt mit dem Alter offensichtlich immer mehr zu,
das ist der Eigensinn...

As de Höhner aolt wärd, kraiht se sick heesterig.
Wenn die Hühner alt werden, krähen sie sich heiser.

De öllsten Bücke häbt de stiefsten Hörne.
De ältesten Böcke haben die härtesten Hörner.

Wer nur sich selbst sieht (dabei mag die eigene Sitation durchaus nicht rosig sein) und am Eigensinn festhält, hat Probleme damit, loszulassen. Dabei ist das Loslassenkönnen die Grundbedingung einer Zufriedenheit im Alter und schützt vor dem Nichtwahrhabenwollen der eigenen Realität und des eigenen Todes. Es heißt sehr treffend in einem Lied:

**Wer in sich selber nicht zuhause ist,
ist nirgendwo zuhaus...**

Einsam sein heißt alles andere als verloren sein; dem alten Wortsinn nach heißt es „zum Einen neigend". Das bedeutet keine Aufgabe, sondern mehr „ein Dazulernen".

**So aolt is kiene Kooh,
se lehrt alltiet noch wat deto.**
So alt auch die Kuh ist, sie kann jederzeit dazulernen.

Leben ist ein ständiges Lernen – auch im Alter.
Wer resigniert, gibt sich auf.
Andererseits stimmt es auch, dass es unmenschlich wäre, Gefühle des Abschieds von dem Schönen was einmal war, nicht wahrhaben zu wollen. Das macht stumpf, hartherzig und am Ende verbittert. Zulassen sollten wir durchaus diese unausweichliche Melancholie, ja, sehnsuchtsvolle Melodie des Lebens, von der Viktor Hugo (1802–1885) so treffend sagt, sie sei letztlich „das Glück, traurig zu sein". Darin liegt trotz einer nicht zu leugnenden Wehmut über die Vergänglichkeit aber vor allem doch wohl eine liebevolle Dankbarkeit – oder?
Vergil (70 – 19 v.Chr.): „Jedem steht sein Tag bevor."

Um<u>gehen</u> lässt sich diese Tatsache nicht,
doch wie wir (jeder für sich) mit dieser Tatsache <u>um</u>gehen,
das allein ist entscheidend.

Et is de noch kieneener vör weglaupen.
Es ist noch keiner davor weggelaufen.

Eenmaol löpp dat Klüwen aff.
Einmal läuft das Knäuel ab (ist es zu Ende).

Ist nicht das ganze Leben geprägt von Sterbe- und Werdeprozessen? Bereits mit der Geburt hat das Kind den schützenden Mutterleib zu verlassen, sonst könnte es sich als Mensch nicht weiter entwickeln; durch Kindergarten und Schule muss ein Stück Elternhaus und heile Kindheit aufgegeben werden, um nicht in den Kinderschuhen stecken zu bleiben; mit Studium, Beruf und/oder eigener Partnerwahl erfolgt die endgültige Lösung vom Elternhaus, um selbständig zu werden. Und so geht es weiter über den Abschied irgendwann vom Beruf, dem Abschied von der vermeintlich unerschöpflichen Vitalität durch Krankheiten bis hin zum Tod geliebter Menschen, vielleicht sogar den des eigenen Partners. Nichts bleibt wie es war. Die Zeit, sie rinnt. Alles bleibt in Bewegung.

Klammern und Festhalten nützt nichts. Im Gegenteil.

Well priädigen will,
mott auk Amen säggen.
Wer predigen will,
muss auch Amen sagen.

Mit einem „Amen" wird das Lösen von dem, was war, leichter. Abgesehen, dass ohnehin keiner etwas mitnehmen kann, schadet uns und anderen das Klammern und das „Nicht-Lösen-Wollen" nur.

Gerade in der letzten Phase des Lebens behindert zwanghaftes Denken, unversöhnliches Beurteilen und verbittertes Richten wichtige letzte Chancen einer Weiterentwicklung (noch) hin zum Guten.

Ob es uns passt oder nicht: unser Ego, das immer alles kontrollieren und nur bestimmte Gedanken und Sichtweisen zulassen will, muss (nun endlich) lernen, loszulassen, um durch „eine transparente Haltung" auch die unabänderlichen Tatsachen des Lebens akzeptieren zu können. Erst dann werden wir ruhig und zuversichtlich „trotz allem".

Leben bedeutet, im Fluss der Zeit zu sein.

„Alles fließt" – ob wir die Wolken des Himmels betrachten oder den Fluss der Ems – nichts bleibt so wie es ist...
Alles verändert sich. Auch unser Leben – und zwar ständig.
Unser derzeitiges Befinden allein ist nicht alles.
Es gibt auch ein undiszipliniertes Sich-gehen-lassen in Kummer und Leid. Wenn wir Selbstdisziplin üben, verzichten wir auf vielleicht noch so berechtigte Klagen, um dadurch nicht auch noch den Rest Lebensqualität herabzuwürdigen.

Disziplin hat eine lateinische Wurzel, die „fassen" bedeutet. Erst die Disziplin ermöglicht es uns, über Begrenzungen hinaus Wesentliches zu „er-fassen", dass einem Höheren dient. Und doch: Ab und zu ist es „nicht zu fassen"! Der Schmerz über einen Verlust übersteigt unsere Kraft. Verzweiflung packt uns. „Fassungslos" wird uns bewusst:

Eenmaol kloppet et auk an diene Dööre.
Einmal klopft es auch an deine Tür.

Der christliche Glaube betont, dass wir mitten im Leben vom Tod umfangen sind. Wer denkt schon gerne an ihn? Nie war der Mensch aus sich heraus seinem Anfang und seinem Ende gewachsen. Ist sein Verhalten hierzu aber wirklich nur rat- und wehrlos? Das wäre schlimm.

Die Menschen der Ems haben sich weitgehend ihre Natürlichkeit bewahrt; dadurch haben sie auch ein natürliches Verhältnis zum Leben und zum Sterben.

Unter anderem steht hierfür das bereits erwähnte Wort: **Spöökenkieker**, was wörtlich übersetzt soviel heißt wie „Geistseher".
Viele unserer Vorfahren hatten gewissermaßen einen „Durchblick" für das Werden und Vergehen.
Die berühmteste „Frau mit dem zweiten Gesicht", war Annette von Droste Hülshoff (1797–1848), die als „Seherin" unsterbliche Balladen, wie „Der Knabe im Moor", aber auch diese „Letzten Worte" verfasste:

Geliebte, wenn mein Geist geschieden,
So weint mir keine Träne nach;
Denn, wo ich weile, dort ist Frieden,
Dort leuchtet mir ein ew'ger Tag!

Wo aller Erdengram verschwunden,
Soll euer Bild mir nicht vergehn,
Und Linderung für eure Wunden,
Für euern Schmerz will ich erflehn.

Weht nächtlich seine Seraphsflügel
Der Friede übers Weltenreich,
So denkt nicht mehr an meinen Hügel,
Denn von den Sternen grüß' ich euch!

Wie für diese große Dichterin, so gehörte auch für unsere Vorfahren der Tod zum Leben. Hier zweifelt niemand daran: Wie gelebt, so gestorben. Mehr als heute gingen früher die Menschen entlang der Ems mit dem Alter, dem Sterben und dem Tod auf eine ihr eigene Art und Weise „vertrauenswürdig", ja, man möchte sagen, fast liebevoll um.

Man hatte einen Blick dafür, wenn das Ende nahte und handelte danach. Da war zwar Trauer, nicht aber Verzweiflung oder Bitterkeit, weil der Tod nicht als Feind, sondern als ein dem Leben Zugehöriger betrachtet wurde. Davon zeugen so natürliche Sprüche wie:

Maak wat!
Wi ollen Lüe bünd Mensken van eenen Dag.
Da kann man nichts machen!
Wir alten alten Leute müssen täglich mit dem Tod rechnen.

So is dat nu maol:
Geiht kieneene daut, is kien Liäben up ´n Kerkhoff.
Es ist nun einmal so:
Stirbt niemand, dann ist kein Leben auf dem Friedhof.

He is all beswoget in´ Ssieggenhiemmel.
Er ist bereits ohne Bewusstsein (im Ziegenhimmel).

Et is nix mehr met em, he geiht uut de Tiet.
Lange dauert es nicht mehr, dann ist er tot.

Se ligg öewer Stiärwen.
Sie liegt im Sterben.

He is sacht met ´n Daut affgaohn.
Er ist sanft gestorben.

Wir mögen solche „freimütigen" Redensarten heute vielleicht nicht mehr so richtig verstehen. Kann es aber nicht auch als Gnade betrachtet werden, den Abend seiner Zeit als gegeben hinzunehmen?
Wie sieht es heute durchweg aus? Es ist ein Signum der Moderne, dass der Tod ignoriert wird. Wir haben durch die Vergötzung von Wissenschaft und Technik verlernt, schlicht und einfach dem Leben zu vertrauen – und gerade das macht das Sterben so schwer. Weil wir unsere seelischen Bedürfnisse nicht mundtot machen können, leben wir in ständiger Furcht vor dem Unbekannten.

Die Hospizbewegung ist die Therapie gegen das letzte Nichtwahrhabenwollen, gegen die Fremdheit des Todes und dagegen, dass man dieses letzte Stück des Lebensweges nicht allein gehen muss. Auch dies gehört zum neuen Schicksal unserer ach so fortschrittlichen Zeit: In einer Welt, die den Tod in den toten Winkel der Existenz schiebt, wird es einsam um die, die selbst in diesen Winkel driften...

Natürlich liegt darin auch Schmerz und Wehmut.
Doch die Menschen fügten sich dem früher anders als heute.

Je näher dem Sterben jemand war, je mehr Ruhe und Stille billigte man ihm zu. Man wusste, dass „die letzte Zeit" eine Zeit ist, in der er sich von allem, was außen geschieht, zurückzieht und sich mehr und mehr nach innen wendet. Worte verlieren ihre Wichtigkeit. Die Stille bekommt eine ihr eigene Qualität. Zeitlosigkeit entsteht...

Folgende körperliche Veränderungen zeigen an, dass der Körper seine Kraft verliert; es sind mögliche Anzeichen eines nahen Todes:

- Nach einer bedrohlichen Krankheitsphase blüht der Sterbende noch einmal wieder auf, ist kontaktfreudig und oft noch guten Mutes.
- Danach beginnt die ruhige Phase. Er zieht sich langsam von der Welt zurück, möchte keinen Besuch mehr, nur noch Ruhe und viel schlafen.
- Der Blutdruck sinkt.
- Der Puls verlangsamt sich.

- Die Körpertemperatur verändert sich. Arme und Beine können durch die geringe Durchblutung kälter werden.
- Auch übermäßiges Schwitzen ist möglich.
- Die Augen sind offen oder halb offen, aber sehen nicht wirklich.
- Die Pupillen werden glasig und reagieren nicht mehr auf Licht.
- Der Mund ist offen.
- Die Atmung hat Aussetzer und ist nicht mehr gleichmäßig.

„Alles in allem" heißt es hier entlang der Ems vielsagend:

Kiek män. Kerkhoffblömkes blaiht all.
Schau nur: „Friedhofsblümchen" blühen bereits...

Das bedeutet, dass Hautverfärbungen auftreten; insbesondere die Körperunterseite, die Füße, Knie und Hände verfärben sich dunkler – „das Blut sackt ab". Spätestens jetzt sind alle nahen Angehörigen um den Sterbenden betend versammelt, um ihm beim Ausscheiden aus dieser Welt beizustehen.

Was dann manchmal wie der allerletzte Atemzug scheint, wird noch von ein oder zwei langen Atemzügen vollendet, bis dass der Tod eintritt...

Noch bis Mitte des letzten Jahrhunderts blieb die Leiche im Haus. Sie wurde von den Nachbarn gewaschen und für ihre letzte irdische Reise „schön gemacht". So aufgebahrt in der guten Stube, versammelten sich alle um den Leichnam, beteten gemeinsam und trösteten sich gegenseitig. Ja:

Es tut weh, Abschied zu nehmen.

Ein Blick in die Psalmen des Alten Testamentes zeigt, dass es urmenschlich und zugleich urreligiös ist, aufzuschreien, zu wehklagen und zu trauern, wenn der Tod uns hier auf Erden das Liebste genommen hat.

Es tut aber auch gut, zu wissen, dass selbst Jesus „am toten Punkt" seines Lebens so urmenschlich reagiert hat bei seinem klagenden Ausruf: „Eli, Eli, lema sabachtani?" (Mt. 27, 46, Mk. 15, 34).

Und auch für uns, wenn wir „nicht mehr weiter wissen", ist er urmenschlich, dieser klagende Schrei: „Mein Gott, mein Gott, warum hast du mich verlassen?" (vgl. Psalm 22, 2).

Da stößt unser Verstand an seine Grenzen. Schiere Verzweiflung tut sich auf. Wir wissen weder ein noch aus.

Und doch geht das Leben weiter. Und doch ist es widersinnig, sich so an den Verlust und das Leid zu klammern, dass dadurch von nun an das ganze Leben an Sinn verliert und schlecht wird. Weitaus besser ist es, sich – wenn es auch schwer fällt – das Goethe-Wort bewusst zu machen:
„In jeder großen Trennung liegt ein Keim von Wahnsinn; man muss sich hüten, ihn auszubrüten und zu pflegen."

Der Versuch, Leid „festzuhalten", ja, zu „pflegen", blockiert unsere eigene Weiterentwicklung. Je mehr wir festhalten und je weniger wir loslassen, umso mehr Leid und Schmerzen...

Zwar mag gerade der in diesen Lebenslagen aus Verzweiflung geborene Trotz verständlich sein, doch ist er als „Wahn-sinn" alles andere als hilfreich.

Eegenpass is ′n slecht Gewass.
Eigensinn (auch Verzweiflung) ist ein schlechtes Gewächs.

Selbstüberwindung ist nie einfach – doch nur sie hilft weiter, besonders im Umgang mit dem, was wir so Schicksal nennen.
Im Annehmen ihrer Grenzen konnten sich unsere Vorfahren fügen.
Zum Sich-fügen-können gehört Demut und Zuversicht.
Fehlt es dem Menschen daran, fehlt es ihm zugleich an der „Ein-sicht" weiterzudenken, Verantwortung über sich hinaus zu tragen – also versucht er sich an allem. Unsere Vorfahren hingegen „fügten" sich:

Up de Welt un van ′e Welt,
dat is ′ne Quiälerie!
Geboren werden und sterben, das ist nicht einfach,
ja, es ist (oft) eine Quälerei.

Heute verwischen sich hierbei die Grenzen zwischen Chancen und Gefahren, zumal die Forschung den Gesamtbestand aller Gene für das menschliche Erbgut entschlüsselt hat. – Designer-Menschen?
Wird damit zugleich auch hinsichtlich Anfang und Ende „die Quälerei" ein Ende haben?
Wissenschaft bedeutet immer auch Macht. Welche Wertmaßstäbe und Kriterien werden bei der Selektion zu Grunde gelegt? Reicht schon der Verdacht auf eine mögliche Behinderung zum Abtöten?

Kann es sein, dass Wissenschaft und Wirtschaft über teure lebendige Ersatzteillager verfügen, ja, Leben getötet wird, um anderes Leben zu verlängern? Wer wird sich das „leisten" können?

Fragen über Fragen, die längst für sich schon zur Qual geworden sind...

Und dann der Tod. Ja: Jedem steht sein Tag bevor.

Doch von wegen!

Weil der Tod als Niederlage gegenüber dem technischen Fortschritt empfunden wird, wird er mit den raffiniertesten Apparaten bekämpft. Was gut gemeint ist, entpuppt sich am Ende oft als sinnlose Quälerei. Wer kann so am Ende noch friedfertig loslassen?

Nein, dafür wird mit technischem Ehrgeiz am längst hinfälligen Menschen herumlaboriert, wobei er oft weit über seine physischen und seelischen Grenzen hinaus „künstlich" am Leben erhalten und ihm so erst recht das ruhige Scheiden nahezu unmöglich gemacht wird.

Auch wenn es seltsam klingen mag:

Solange wir das Leben nur als Anspruch und Anrecht sehen und den Tod nicht als einen natürlichen Übergang, ja, nicht selten sogar als Gnade, so dürfen wir uns nicht wundern, wenn uns der eigene (unausweichliche) Tod nicht nur zum größten Feind, sondern zugleich auch zur größten Quälerei des Lebens wird.

Tatsächlich schieden viele unserer Vorfahren im Bewusstsein eines natürlichen Endes ruhig und gefasst „geistes-gegenwärtig" dahin; sie wussten, dass ihre Stunde gekommen war – und fügten sich...

Ludwig Uhland (1787–1862) schrieb:

> Du kamst, du gingst mit leiser Spur,
> ein flücht'ger Gast im Erdenland.
> Woher? Wohin? – Wir wissen nur:
> Aus Gottes Hand in Gottes Hand.

Was bleibt?

Unser Reden, unsere Absichten und unser Tun sind „von weit her" geprägt. Es stimmt, was Heinrich Böll seiner Enkelin schrieb:
„Wir kommen von weit her..."
Hier und heute steht uns ein unermesslicher Fundus an erprobten Erfahrungswerten zur Verfügung. Hier und heute prägen wir wiederum mit unserem Denken, mit unseren Träumen und Zielen die Zukunft. Alles ist einander zugetan.

Unser Denken – unsere Vorstellung vom Leben – bestimmt unsere Gefühle; die eine Idee entspringt der anderen; der eine Gedanke baut auf tausend anderen Gedanken auf; die eine Erkenntnis wächst der anderen zu; die eine Empfindung entströmt aus vielen Ahnungen.

Wie in den vorherigen Seiten beschrieben, kann uns vieles an-„sprechen"; es gibt viele gute Worte, die uns jederzeit helfen können, Worte, die lange vor uns gedacht wurden und dennoch nicht verklungen sind. Es ist ein ununterbrochenes Geben und Nehmen.

Was bleibt, ist die liebevolle Substanz all dessen, was einmal war.

Wie wir miteinander umgehen, wie wir sprechen, denken und handeln ist nicht egal.

Wir, die wir dieses Buch geschrieben haben, glauben, dass ohne unser Wissen immer und überall auch viele andere mit uns, ja, durch uns lachen und leiden. Darum ist auch das, was wir selbst denken, wollen und tun, nicht egal. Zwar müssen und können wir nicht alles „wissen" und verstehen, doch es hilft schon, wenn wir hin und wieder an eine Ordensregel des heiligen Benedikt von Nursia (480–547) denken:

„Auch wenn du nichts geben kannst,
so schenke – so gut und so oft es geht –
ein gutes Wort mit einem freundlichen Gesicht".

Ja:

„Ein gutes Wort geht über die beste Gabe" (Buch Sirach 18, 17).

Wie schön wäre es, wenn jeder einen guten Vorrat an guten Worten jederzeit parat hätte, um bei passender Gelegenheit damit freigebig zu sein.

Worte wirken weiter...

'n heelen Haupen guede Waorde (viele gute Worte) haben uns jene hinterlassen, die lange vor uns da waren – durch ihre Worte aber nach wie vor bei uns sind...

Es dient hier und heute dem Leben, alte Gedanken neu zu beleben. Das macht nicht nur weitsichtig, gelassen, zuversichtlich und ruhig, sondern schenkt zugleich ein **Schmüstern**, diesen feinen, ganz tief von innen her kommenden **stillkefeinen Humor**, der gerade die Menschen entlang der Ems so unverwechselbar liebenswürdig macht, weil Gelassenheit und Langmut daraus sprechen:

Laot de Schaope män schieten,
de Wulle wäss dr wuohl üm!
Lass doch die Schafe scheißen,
die Wolle wächst deshalb wohl weiter.

Also: Worüber regst du dich auf...? – Wäre es nicht schön, wenn auch wir aus diesem reichen Schatz an ungeschminkten, guten und humorvollen Worten etwas weitergeben? Wir können gewiss sein: Es wirkt weiter – und dient damit zugleich jenen, die nach uns kommen.

Als schönes Beispiel hierfür sei zum Schluss der große münstersche Bekennerbischof Johann Bernard Brinkmann zitiert. Als man ihn im Kulturkampf (1872–1887) in Haft nehmen ließ, sagte er als typisch unbeugsamer **Emskopp** ruhig und dennoch verschmitzt:

„**Maakt met mi, wat ji willt:**
Auk so'n Trioter geiht vörbie.
Ohne mi geiht de Welt wuohl nich unner.
Män wenn et längs de Iemse
kiene Wallheggen
un kien Plattdüütsk mehr giff,
dann is dat Schönste hier bi us so druut."
Macht doch mit mir, was ihr wollt: Auch so ein Welttheater geht vorbei. Ohne mich geht die Welt schon nicht unter.
Aber wenn es entlang der Ems keine Wallhecken und kein Plattdeutsch mehr gibt, dann ist bei uns hier so das Schönste raus.

Also dann:

**Ass de döss de, wat de kass de,
watt de sass de dann noch mehr?**
Wenn du das tust, was du kannst,
was sollst du dann noch mehr?

Pflegen auch wir doch bitte weiterhin die Wurzeln unserer heimatlichen Kultur „längs der Ems". Lassen wir dabei als Ausdruck unseres Gemüts auch unsere schöne plattdeutsche Sprache nicht untergehen!
Drum allen Lesern abschließend ein herzliches:

**„Guetgaohn
un Munter-blieben!"**

So möchten wir das Buch schließen mit den schönen Worten des Dichters Friedrich Bodenstedt (1819–1892):

Wenig große Lieder bleiben,
mag ihr Ruhm auch stolzer sein –
doch die kleinen Sprüche schreiben
sich ins Herz des Volkes ein;
schlagen Wurzeln, treiben Blüte,
tragen Frucht und wirken fort.
Wunder wirkt oft im Gemüte
ein geweihtes, wahres Wort...

Literaturverzeichnis:

Annette von Droste-Hülshoff (Liechtenstein Verlag Vaduz) — Gesammelte Werke
Born, Walter (Regensberg Verlag): Plattdüütsk is gans anners
Büld, Heinrich (Aschendorff Verlag): Niederdeutsche Sprichwörter zwischen Ems und Issel
Niederdeutsche Schwanksprüche zwischen Ems und Issel
Gehle, Heinrich (Westfälischer Heimatbund): Wörterbuch westfälischer Mundarten
Geschichte eines Ostfriesischen Geschlechts: Die Groenevelds (Starke Verlag, Glücksburg)
Grün, Anselm und Dufner, Meinrad (Vier Türme Verlag): Gesundheit als geistliche Aufgabe
Gutknecht, Christoph (Verlag C.H. Beck): Lauter spitze Zungen
Hilckmann, Anton (Eigenverlag): Sollen die niederdeutschen Dialekte sterben?
Hollweg, August (Altmeppen Verlag): Die Ems
Horbelt / Spindler (Rowohlt Verlag): Oma, erzähl mal was vom Krieg
Tante Linas Nachkriegsküche
Hoye, William (Franz Hitze Haus Münster): Würde des Menschen, Licht der Vernunft
Knittermeyer, Hinr. (Wissenschaftl. Buchges, Darmstadt): Grundgegebenheiten des Lebens
Kostenzer, Helene und Otto (Rosenheimer Verlag): Alte Bauernweisheiten
Müller, Fritz (Econ Verlag): Wer steckt dahinter?
Müller, Jörg (Vier-Türme-Verlag): Nein-sagen-können
Pieper, Josef (Kösel Verlag): Das Viergespann
Reiners, Ludwig (C.H. Beck Verlag): Stilkunst der deutschen Sprache
Robertson, Patrick (Überreuter Verlag): Was war wann das erste Mal?
Röhrich, Lutz: Das große Lexikon der sprichwörtlichen Redensarten
Rosenstengel, Hermann (Aschendorff Verlag Münster) — Mein Münsterland
Sauermann / Schmitz (Archiv für westfälische Volkskunde): Alltag auf dem Lande
Schneider, Wolf (Goldmann Verlag): Deutsch für Profis
Tausch-Falmmer, Diakonisches Werk Leinfelden — Die letzten Wochen und Tage
Utrooper's (Emden-Ostfriesland): Kleines Buch vom Platt – Buch vom ostfriesischen Tee
Winckler, Josef (Lechte Verlag, Emsdetten): So lacht Westfalen
Wust, Peter (Kösel-Verlag): Ungewissheit und Wagnis

Für eine mögliche Neuauflage würden wir uns über evtl. weitere schriftliche Anregungen freuen, die jedoch keine Gewähr für eine Veröffentlichung bieten. Richten Sie diese bitte ausschließlich schriftlich an folgende Adresse:

P ö t t e r
Steinburgring 15 a

48431 Rheine-Wadelheim

Auch wenn wir dafür bereits an dieser Stelle ausdrücklich für Ihr Interesse danken, bitten wir um Verständnis dafür, dass nicht alle Zuschriften beantwortet werden können. Die Angabe Ihrer Telefonnummer jedoch erleichtert eine schnelle Kontaktaufnahme.